다산 정약용 평전

다산 정약용 평전

김삼웅

두레

책머리에

나라를 새롭게 개혁하고자

'다산(茶山)'을 글자 그대로 풀이한다면 야트막한 우리네 시골 차밭이 떠오른다. 그러나 '다산' 뒤에 고유명사 '정약용(丁若鏞)'이 붙으면 차밭은 온데간데없이 사라지고 거대한 학문의 산맥과 도무지 그 넓이와 깊이를 헤아리기조차 힘든 사상의 바다에 이르게 된다. 그야말로 산숭해심(山崇海深, 산은 높고 바다는 깊음)이다.

다산 정약용을 가리키는 말은 그 어느 인물보다 많다. 조선 후기의 대표적인 실학자, 개혁사상가, 다양한 분야의 책을 수백 권 쓴 저술가, 조선의 레오나르도 다빈치, 통합적인 인문학자, 전방위적인 지식경영자, 실천적 이론가, 조선의 엔지니어, 사회비평가, 우리 차(茶) 문화의 중흥자, 시 2,500수를 쓴 시인, 조선 최고의 메모광, 건축학자, 동학농민혁명을 불러일으킨 개혁사상가, '민보의(民堡議)'를 제창한 국가안보론자, 탈중화를 주장한 자주파, 정조의 문체반정에 호응한 약골 문인, 주자학에 맞선 조선 실학사상의 비조(鼻祖), 유학과 서학의 창조적 통합자, 서학 사상의 개척자, 조선 시대 초기 천주교 신자, 근대를 연 민중주의자 등 이루 다 헤아릴 수 없다.

우리는 학창 시절에 다산을 흔히 '조선 후기의 실학자'로 배운다. 그러나 실학자라는 좁은 틀로 규정하기에는 그의 학문과 업적이 너무 높고 넓고 깊고 심오하다.

정약용은 앞에서 언급한 호칭 외에도, 지방행정관의 행동지침을 정리한 『목민심서(牧民心書)』를 펴낸 행정가, 조선의 형률을 정리한 『흠흠신서(欽欽新書)』를 엮은 법학자, 유네스코가 세계문화유산으로 지정한 수원 화성을 설계한 건축가, 천연두 치료법을 다룬 『마과회통(麻科會通)』을 지은 의학자이기도 하다.

다산의 박람강기(博覽強記, 여러 가지의 책을 널리 많이 읽고 기억을 잘함)는 정치·경제·사회·국방·법률·과학·건축·의학·문학·철학·윤리·역사·지리·음악·예학·천문 등 이르지 않는 분야가 없었다. 그래서 추사 김정희(1786~1856)는 다산의 저작물을 살펴본 뒤에 "선생의 백세대업(百世大業)은 위대하도다!"라고 찬탄하고, 위당 정인보(1893~1950)는 "선생 한 사람에 대한 고구(考究)는 곧 조선 역사의 연구요, 조선 근세사상의 연구요, 조선 심혼(心魂)의 밝아짐과 어두워짐, 전 조선 성쇠 존멸에 대한 연구다"라고 정리했다.

경이원지(敬而遠之, 공경하되 가까이하지는 않는다는 뜻으로 '경원'이라고도 함) 하고 싶은 인물이 있는데 다산이 내게 그런 존재였다. 그래도 될까?

산삼이 귀한 이유는 약효는 좋은데 깊은 산속에 있고 눈에도 잘 띄지 않아 구하기 어렵기 때문이다. 그래도 사람들은 숱한 어려움을 무릅쓰고 산삼을 구하기 위해 끊임없이 노력한다. 이와 마찬가지로 다산이라

다산 정약용 초상.

는 태산에 오르기 어렵다고 포기하기에는 아까울 만큼 그의 산맥과 심해에는 유용한 가치들이 차고 넘친다. 산이 높다고, 바다가 깊다고 어찌 포기할 수 있으랴.

다산은 개인적으로는 대단히 불우한 사람이었다. 타고난 천재성에다 금수저를 물고 좋은 가문에서 태어나 훌륭한 문중의 배필을 만나고 왕의 총애까지 받았으니 삶의 절반가량은 평탄하고 평온했다. 그러나 하늘의 시기였는지 시대를 잘못 만난 탓인지 그 뒤에 잇따른 불행과 불운은 그를 이전까지의 삶과는 정반대로 그를 괴롭혔다.

자식 6남 3녀 중 4남 2녀를 일찍 잃고, 후계자로 삼으려 한 조카 정학초(丁學樵, 정약전의 아들)는 17살이라는 이른 나이에 세상을 떠났다. 천주교를 믿는다는 이유로 셋째 형 정약종(丁若鍾, 1760~1801)은 참수되고, 정약용과 둘째 형 정약전(丁若銓, 1758~1816)은 머나먼 남녘 땅으로 유배되었다.

정약용의 지기(知己)이자 멘토였던 이벽(李蘗, 정약현의 처남)은 너무 일찍 세상을 떠났다. 기대가 컸던 조카사위 황사영(黃嗣永, 정약현의 사위)은 조선 천주교를 재건하기 위해 베이징 주교에게 보내는 백서(帛書, 비단에 쓴 글)를 썼다가 발각되어 참형을 당했다(황사영 백서 사진). 가히 온 집안이 풍비박산이 났다 해도 과언이 아니었다.

다산이 황사영 백서 사건으로 다시 구속되자 반대파(서인)에서는 "천 사람을 죽여도 약용을 죽이지 않으면 아무도 죽이지 않는 것과 같다"라며 참소와 모함이 끊이지 않았다. 사활을 건 당파싸움 속에서 남인의 대표적인 인물이었던 다산은 유배 생활을 하지 않으면 생명을 건지기도 어려울 지경이었다. 다산을 든든하게 받쳐주었던 정조가 없었기에 모든 풍파를 홀로 받아내야 했다. 불행한 생애라 하지 않을 수 없다.

그러나 모진 겨울 추위를 이겨내고 아름다운 꽃을 피우는 인동초처럼, 다산의 다산다움은 역경 속에서 더욱 빛을 발한다. 추방과 유배라는 모진 고난을 겪으면서, 다산은 불굴의 신념과 뛰어난 능력을 바탕으로 정치가이자 관리에서 학자로 거듭나게 된다. 곤장 30대를 맞고 만신창이가 되어 둘째 형과 함께 머나먼 전라도 산골 오지로 유배될 때 그의 집안은 폐족(廢族, 조상이 큰 죄를 짓고 죽어 그 자손이 벼슬을 할 수 없게 됨)으로 풍비박산된 상태였다. 그런데도 그는 뜻을 굽히거나 체념하지 않았다.

오히려 민초의 삶을 직접 보고 겪으며 자기 시대의 사회적 모순과 부조리를 낱낱이 파헤치고, 그 시정책을 제시하는 각종 저술을 집필했다.

다산은 "천하에 가르쳐서는 안 될 두 글자"는 '소일(消日, 하는 일 없이 세월을 보냄)'이라 일렀다. 두 아들에게 "시간을 소비해선 안 된다"라고 가르치는 것은 물론이요, 본인도 촌분(寸分)을 아껴 책을 읽고 글을 썼다. 정인보가 "한자가 생겨난 이후 가장 많은 책을 지은" 사람이라고 한 다산이 남긴 책은 무려 500여 권에 이른다. 요즘 책으로 치면 400쪽짜리 50여 권에 이르는 분량이다. 유배 후반기에는 제자들의 도움을 받았으나, 모두 다산이 직접 지은 저술들이다. 먹을 갈아 한 자 한 자에 혼을 불어넣듯 심혈을 기울여 썼다.

강진 시절의 제자 황상(黃裳)은 "우리 스승은 귀양지에서 18년 동안 저술에만 힘써 과골(踝骨, 복사뼈)이 세 번이나 구멍 났다. 나중에 뼈가 시어 앉아 있을 수가 없어서 벽에 시렁을 매어놓고 서서 글을 썼다"라고 증언한다.

프랑스 혁명 전에 파리에 디드로 등 '백과전서파'가 있었듯이, 조선 후기에 다산은 1인의 '백과전서파'였다. 그래서 누군가는 "다산의 전공이 무엇이었느냐?"라는 애교 섞인 질문을 던지기도 했다.

스스로 나라에 "털끝 하나도 병들지 않은 것이 없다"라고 썼듯이, 다산의 저술 작업은 조선 후기에 이르러 골수까지 깊이 병든 국가를 개혁하는 데 그 목적이 있었다. 그의 모든 저술, 나아가서 생애를 관통하는 중심축은 개혁사상과 제도개혁, 즉 "낡은 우리나라를 새롭게 개혁한다"라는 뜻의 '신아지구방(新我之舊邦)'이었다.

그러나 정조(1752~1800)가 사망한 뒤 무능한 군주들과 이를 둘러싼 척족(戚族, 성이 다른 일가), 그리고 세상의 변화를 읽지 못한 채 그 알량한 기득권 지키기에만 '소일'한 수구세력의 국정농단이 이어지며 결국 일제에 나라를 빼앗기는 국치를 당하게 된다.

아홉 가지 의문

나는 젊은 시절부터 언젠가 '다산'이라는 큰 산에 오르고자 틈틈이 다산과 관련된 자료를 찾아 모으고 읽었다. 그렇게 그럭저럭 모은 책이 130여 종에 이르고, 관련 논문까지 합치면 200종이 넘는다.

그중에는 1934~38년에 다산 서거 100주년에 즈음하여 정인보와 안재홍이 교열한 금속활자본으로는 처음 펴낸『여유당전서』여러 질도 있다. 이 사료는 1975년에 내 수준으로는 거액을 주고 매입했다. 다산을 늘 가슴속에 품고 지내다보니 지금은 다산의 고향이기도 한 남양주에 살고 있다.

내가 게으름을 피우고 시사(時事)에 쫓기면서 그야말로 '소일'하고 있을 때 다산 선생에 관한 연구는 세세연년 쌓여갔다. 그 이전부터 쭉 훑어보면, 정인보와 안재홍을 필두로 최익한, 고승제, 홍이섭, 이을호, 김영호, 정해창, 이우성, 금장태, 박석무, 송재소, 김상홍, 임경택, 심경호, 조성을, 정민, 고미숙 제씨들의 연구업적이 속속 출간되었다. 특히 김영호, 박석무, 정민 세 분의 연구는 현재도 꾸준히 이어지고 있다.

학계에서는 드물게 2000년 5월부터 다산학술문화재단에서 ≪다산학(茶山學)≫이라는 연구서가 간행되고 있고, 이에 앞서 1978년부터 ≪다

정인보와 안재홍이 교열한 금속활자본 『여유당전서』(김삼웅).

산학보≫가 간행되었다. 척박하기 그지없는 우리 학계에서 이는 이례적
인 일이다.

북한에서 이루어진 연구성과는 괄목할 만하다. 북한과학원 철학연구
소는 1962년에 다산 선생 탄생 200주년 기념논문집 『정다산 연구』를 출
간했다.

이 책은 서문에서 다음과 같이 밝힌다. "그는 봉건적 억압과 착취를
반대하여 싸운 당시의 우리 민중이 낳은 역사적 인물이었다. 18년간의
유배 생활을 통하여 봉건제도의 각종 폐해와 농민대중의 참상을 겪으면
서 그는 '낡은 우리나라를 혁신하자'라는 애국적 염원으로 농민해방과
사회개혁을 위한 수많은 저술을 하였다."

북한에서는 또한 독립운동가이기도 했던 마르크스주의 역사학자 최
익한(崔益韓)이 1938년에 국내 신문에 「여유당전서를 독함」을 연재했고,
1955년에 이 글을 대폭 수정해서 엮은 『실학파와 정다산』을 펴냈다. 그

는 1948년 평양에서 열린 남북연석회의에 참석하기 위해 월북했다가 다시 남쪽으로 내려오지 않고 그곳에 머물렀다. 그러면서 정치활동보다 『조선사회정책사』, 『조선명장전』, 『정다산선집』 등을 간행했다. 다산을 연구한 대표적인 저술인 『실학파와 정다산』은 1989년에 한국에서도 출간되었다.

우리나라에서 다산에 관한 연구는 꾸준히 이어지고 있다. 책이나 읽고 글깨나 쓴 사람 치고 다산에 대해 언급하지 않은 사람이 드물 만큼 인문·역사·과학 분야를 뛰어넘어 다산은 실학과 한국학의 중심가치로 탐구되고 일반화되었다. 다산의 유배지를 찾는 기행문과 소설도 여러 편이 나오고, 일부는 베스트셀러가 될 만큼 대중의 사랑을 받았다.

다산의 평전과 전기도 이미 여러 권이 출간되었다. 이 분야 전문가들의 연구 결실이다. 솔직히 말하건대 능력이나 전문성으로 보아 이분들의 성과를 뛰어넘을 자신이 희박하다. 그런데도 또 하나의 다산 평전을 더하는 것은 지난 수십 년 동안 자료를 모아온 정성에 스스로 보답하고, 나름의 몇 가지 의문점을 찾고 덧붙이기 위해서이다. 그 의문점들을 정리하면 다음과 같다.

첫째, 조선조 두 번째의 문화적 르네상스라는 정조 연대에 계몽군주가 있고, 그 주위에 다산을 비롯해 채제공, 홍대용, 박제가, 이덕무, 이가환, 이옥, 김려 등 쟁쟁한 인물들이 있었음에도, 왜 정조의 죽음으로 개혁정치가 무너지고, 하루아침에 다시 수구세력에 권력이 넘어가게 되었는가?

둘째, 조선 사회가 두 차례 호란을 겪은 뒤 극심했던 '북벌론'에서 '북학론'으로 어젠다가 바뀌게 되고, 이런 과정에서 '성호 이익의 중농학파

→연암 박지원의 이용후생파→다산 정약용의 경세치용파'로 이어지면서도 이들 실학파가 정치세력의 중심이 되지 못한 이유는 무엇인가?

셋째, 다산은 "조선인으로서 조선 시"를 지어야 한다고 누누이 역설하면서 정작 본인은 500여 권의 저술 중 시 한 편도 한글로 짓지 않은 배경은 무엇인가? 또 정조의 '문체반정(文體反正)'에 적극 호응하고 더욱 강경하게 대응하도록 촉구한 것은 왜인가? 한자에 중독된 당시 지식인 사회의 구조적 틀을 그 역시 벗어나지 못했기 때문인가? 다산보다 훨씬 앞서 살았던 허균(1569~1618)이나 김만중(1637~1692) 등은 한글로 소설과 시를 짓지 않았던가!

넷째, 강진에서 긴 유배 생활을 하는 동안 곡창지역 호남 농민들의 탄압과 수탈상을 지켜보며 "어느 것 하나라도 병들지 않은 것이 없어서 이를 고치지 않으면 반드시 나라가 망할 것"이라며 『목민심서』와 『경세유표』를 쓰고, 이런 책들을 동학군 지도자 전봉준과 김개남 등이 읽고 동학혁명의 이론적 지침이 되었다고 한다. 또한 동학혁명기 동학군은 '다산비결'이라는 문건을 품속에 지니고 다녔다는 설도 전한다. 이런 이야기들에 대한 실상은 무엇인가?

다섯째, 그의 집안은 천주교 집안이다. 자형이 우리나라 최초의 영세자이자 순교자인 이승훈이고, '황사영 백서 사건'의 황사영이 조카사위였고, 형제들도 천주교도였다. 형인 정약종은 순교했다. 그런데 천주교 박해가 시작되자 다산은 천주교를 버리고 가족들을 고발했다고 알려졌다. 그럼, 다산은 과연 배교자인가, 아닌가?

"(천주를) 미워하기를 원수같이 하고 성토하기를 홍역같이 하였는데, 양심이 이미 회복되자 이치가 자명해졌으므로, 전일에 일찍이 흠모한 것을 돌이켜 생각하니, 하나도 허황하고 괴이하고 망령되지 않은 것이 없었습니다." 이는 천주교와 단절했다는 다산이 올린 상소문의 한 구절이다.

지금 한국 유학 계열의 연구자들은 다산이 천주교를 배교했다고 한다. 그러나 한국 천주교 측에서는 다산을 '복자(福者, 가톨릭교회에서 신앙생활의 모범으로 공적·공경을 받는 사람에게 주는 존칭 또는 그 존칭을 받은 사람)'로 지정했다. 또한 다산이 귀양살이에서 풀려난 지 2~3년 뒤부터 배교한 것을 뉘우치고 다시 독실한 신앙생활을 했고, 종부성사를 믿고 운명했다고 주장하며, 로마 교황청에 '성인품(聖人品)'으로 청원했다. 다산에 관한 진실은 무엇인가?

여섯째, 그의 수많은 저술 중에 유독 『목민심서』와 『흠흠신서』 등만 널리 알려지고 읽히게 된 배경은 무엇 때문인가? 다산은 오히려 자신의 저서 중 『주역사전』과 『상례사전』을 특히 아끼는 책으로 손꼽았다. 그는 다른 모든 저술이 사라져도 이 두 권만은 오랫동안 전해지길 바랐다. "만약 내가 사면을 받게 되어 이 두 가지 책만이라도 후세에 전해진다면 나머지 책들을 없애버린다 해도 괜찮겠다"(「두 아들에게 주는 교훈」).

일곱째, 강진 유배지에서 18년 동안 책 500여 권을 저술했으나 귀양이 풀려 고향에 돌아와 18년을 더 살면서는 달리 새로운 책을 쓰지 않았다. 「자찬묘지명」을 짓고, 『흠흠신서』와 『매씨서평』 등을 수정하고, 이가환·정약전·권철신 등의 묘지명을 짓는 것 외에는 별다른 저작을 남기지 않았다. 왜일까? 기력이 소진했던 것일까, 아니면 해배(귀양에서 풀어줌) 뒤 감시와 수구파 집권의 정국 상황에서 필화를 피하기 위해서였을까?

여덟째, 그의 호는 사암(俟菴), 탁옹(籜翁), 태수(苔叟), 자하도인(紫霞道

人), 철마산인(鐵馬山人), 열수(洌水), 다산 등 여러 가지였고, 당호는 여유당(與猶堂)이었다. 게다가 그는 생전에 다산이라는 호를 저술에 명기하지 않았고, 사암과 열수라는 호를 주로 사용했다. 귀향하여 지은 「자찬묘지명」에는 '사암'이라는 호를 썼다. 그런데 왜 후대에 이르러 열수나 사암 대신 다산이 호로 쓰이게 된 것일까?

아홉째, 정약용에게도 숨기고 싶은 곡절이 있는데, 평전이나 전기에서는 이 내용이 대부분 삭제되고 구전이나 야사 정도로만 전해진다. 강진 유배 시절에 정을 나눈 여인과 그 사이에서 태어난 딸 정홍임의 이야기이다. 1999년에 서울의 한 고서점에서 발견된 〈남당사(南塘詞)〉(16수)라는 시는 강진에 유배 생활을 하던 학자를 보살폈던 여인의 마음을 담았다. 그 여인은 남자가 해배되었을 때 집까지 따라왔으나 정부인으로부터 내침을 받은 것으로 보인다. 시의 작자는 알 수 없으나 다산의 소실의 이야기인 것은 맞는 듯하다. 이때의 시름과 원망과 그리움을 담아서 〈남당사〉를 지었을까? 작자는 정약용, 소실 정 씨, 제3자 중 누구이고, 인륜대사를 다산은 왜 모른 체했을까?

이 같은 의문들은 어쩌면 소소한 호기심 수준일지 모른다. 다산은 척박한 그 시대에 오로지 백성들의 삶을 개선하고 보호하려는 애민정신과, 배교 여부와는 상관없이 서학을 접하면서 외래문화와 전통문화의 조화를 통한 균형 감각, 여기에 객관적 사실을 중시하는 합리적 학문 자세, 그리고 과학적인 실용정신 등을 하나로 녹여낸 당대 학문의 선구자였다. 오늘날 우리 시대 지식인들의 지표가 되고도 남는다. 그러나 다산 역시 완벽한 성인은 아니기에 아홉 가지 줄기에도 관심을 갖고 거목에 접근하려 한다.

다빈치 못지않은 천재성

나는 조선 왕조 500년은 너무 길었다고 생각한다. 영국의 역사가 아널드 토인비(1889~1975)가 1930년대에 일본에 갔다가 조선에는 들르지 않겠느냐는 질문에 "한 왕조가 500년간 지속한 나라에서 뭘 배우겠느냐"라며 끝내 조선에 들르는 걸 거부했다고 한다. 일제강점기라 일본 언론의 조작일 수도 있겠지만, 어쨌든 자체 국방력을 갖추지 못한 무능한 왕조는 임진왜란이 끝나고 교체되었어야 했다.

임진왜란과 정유재란 뒤 참전국 명나라와 전범국 일본에서는 왕조가 바뀌었다. 그런데 정작 전쟁터가 된 조선은 부패하고 무기력한 왕조가 300여 년이나 더 계속되었다. 역사를 더 거슬러 올라가면, 신라는 1,000년 왕조가 계속되다가 말기에 외교랍시고 당나라 군대를 끌어들이는 패착으로 고구려와 발해의 광활한 영토를 잃는 결과를 가져왔다. 속으로 곪을 대로 곪은 조선 왕조는 끝내 나라를 일본에 빼앗기고 일제의 식민지가 되고 말았다.

뜬금없이 '왕조 타령'을 한 것은, 이런 와중에도 어떻게 다산 같은 큰 학자가 등장했을까 하는 의문 때문이다.

귀족문화와 양반문화의 퇴폐한 토양에서 다산 같은 전방위적인 경세가이자 애민사상가가 나온 것은 기적에 가깝다. 물론 여기에는 정조 치세 24년간 일군 치적과 발전의 토대, 그리고 왕의 전폭적인 지원이 있었지만, 그런데도 한 사람의 역량으로 그토록 많은 분야에 걸쳐 연구·저술하고 실천한 경우는 세계사에서도 유사한 사례를 찾기가 쉽지 않다.

토니 부잔(Tony Buzan)과 레이먼드 킨(Raymond Keene)은 『천재에 관한 책

(Buzan's Book of Genius and How to Unleash Your Own)』에서 세계 처음으로 역사상 가장 위대했던 천재들에게 객관적인 순위를 매기는 시도를 한 바 있다.

그들은 대상자들을 독창성, 다재다능성, 분야의 우월성, 시각의 일반성, 힘과 에너지 등을 포함해 여러 분야로 나누어 순위를 정했다. 이들이 정한 10위부터 2위까지는 다음과 같다.

10위 알베르트 아인슈타인, 9위 피디아스(아테네의 건축가), 8위 알렉산드로스 대왕, 7위 토머스 제퍼슨, 6위 아이작 뉴턴, 5위 미켈란젤로, 4위 요한 볼프강 폰 괴테, 3위 피라미드를 만든 사람들, 2위 윌리엄 셰익스피어.

그럼 1위는 누구였을까? 바로 레오나르도 다빈치였다. 잘 알려진 대로 그는 〈최후의 만찬〉, 〈모나리자〉 등을 그린 화가인가 하면, 헬리콥터와 잠수함 설계도를 비롯해 수많은 기계를 발명한 발명가였다. 그는 또 조각가, 건축가, 과학자, 음악가, 공학자이기도 했다. 말 그대로 그는 팔방미인의 대명사이다.

부잔과 킨이 제시한 세계적인 천재 다빈치의 '7원칙'은 다음과 같다.

1. 호기심(curiosita) : 삶에 대한 식을 줄 모르는 관심과, 지속되는 배움에서의 가차 없는 질문.
2. 실험정신(dimostrazione) : 경험을 통해 얻은 지식을 시험하려는 열의와 고집, 실수에서 배우려는 의지.
3. 감각(sensazione) : 경험에 생명을 주는 수단으로서의 감각, 특히 시각을 지속적으로 순화시킴.

4. 불확실성에 대한 포용력(sfumato): 모호함과 패러독스와 불확실성을 포용하려는 의지.

5. 예술/과학(arte/scienza): 과학과 예술, 논리와 상상 사이의 균형 계발하기. '뇌 전체를 쓰는' 사고.

6. 육체적 성질(corporalita): 우아함과 양손 쓰기 계발하기와 건강과 균형감 키우기.

7. 연결관계(connessione): 모든 사물과 현상의 연관성을 인식하고 평가하는 것. 시스템 사고(컴퓨터 체제에 따라 행동이나 의사 결정을 더욱 넓은 관점에서 하려는 발상법).[1]

또 뜬금없이 다빈치를 소환한 이유는 쉽사리 짐작할 수 있을 것이다. 다산의 천재성이나 폭넓은 연구 영역은 다빈치와 많이 닮았다. 16세기 초 이탈리아의 화가 다빈치와 19세기 초 조선의 인문학자 다산의 '외도성' 말이다.

불행한 것은 우리 쪽이다. 다산과 같은 인물이 살아남기 어려운 정치 풍토, 모함과 배척의 건전하지 못한 정치세력으로 인해 다산의 천재성과 사회개혁론은 문자로만 남겨지고 말았으니, 안타깝고 개탄스럽기 그지없다. 이와 달리 1789년에 다산이 대과에 급제하여 첫 직장을 얻을 때 프랑스에서는 '자유·평등·박애'를 내세우며 대혁명이 일어났다.

다산의 천재성은 어려서부터 드러났다. 15살에 결혼할 때 초례식장에서 일어난 일이다. 사촌 처남인 홍인호가 어린 신랑을 놀리느라 "사촌 매부가 삼척동자구나(四寸妹夫 三尺童子)"라고 하니, "신중하고 온후해야 할 장손이 경박한 소년이로다(重厚長孫 輕薄少年)"라는 대구로 이를 되받아 잔치에 참석한 사람들을 놀라게 했다.

다산이 과거에 급제한 뒤 정조가 그의 영특함을 알고 어느 날 다산을 궁궐로 불렀다. 그리고 정조는 다산과 함께 다음과 같이 글자 놀이를 하며 서로 식견을 견주었다고 한다. 이 놀이는 상대방이 글자를 말할 때 대답하지 못하면 지는 게임이다. 절세의 박학군주로 알려진 정조가 아닌가.

> 정조: "말니(말의 이빨) 마치(馬齒) 하나둘 일이(一二)."
> 다산: "닭의 깃이 계우(鷄羽) 열다섯 이오(一五)."
> 정조: "보리뿌리 맥근맥근."
> 다산: "오동열매 동실동실."
> 정조: "아침까치 조작조작."
> 다산: "낮송아지 오독오독."
> 정조: "못 위 붉은 연꽃은 '나는 점'과 같다(池上紅荷 吾與點也)."
> 다산: "앞에 펼쳐진 붉은 버들은 모두 말하기를 '수'라고 한다(展前碧柳 僉日垂哉)." [2]

'마치(馬齒)'는 '말 마'와 '이 치', '계우(鷄羽)'는 '닭 계'와 '깃 우'이다. '일이(이리)'는 하나둘(一二)의 한자음이고, '이오'는 열다섯(一五)의 한자음이다. '맥근맥근'은 '보리 맥(麥)'과 '뿌리 근(根)'을 합친 말이고, '동실동실'은 '오동나무 동(桐)'과 '열매 실(實)'을 합친 말이다. '조작조작'은 '아침 조(朝)'와 '까치 작(鵲)'의 합성어이고, '오독오독'은 '낮 오(午)'와 '송아지 독(犢)'의 합성어이다. 군신 사이에 양보 없이, 서로 우열을 가리기 힘들 만큼 재치 있는 답들이 오간다.

다시 어느 날 궁궐에서 군신 간에 같은 글자 세 개가 모여 한 글자가 된 한자를 아는 대로 대는 놀이를 했다. 이때 다산이 "전하께서 한 자만은 신에게 미치지 못할 것입니다"라고 하니, 정조가 "모든 자전(字典)에 있는 것을 하나도 빠짐없이 죄다 암기했는데 한 글자는 미치지 못한다니 웬 말이냐?"라고 물었다. 다산은 "그래도 한 자만은 저에 미치지 못할 것입니다"라고 자신 있게 말했다. 그러고 나서 두 사람은 서로가 쓴 글을 비교했다. 그러고 나서 두 사람은 글자들을 제시했다.

두 사람이 합성한 한자는 정(晶), 간(姦), 삼(森), 뇌(磊) 자 등은 일치했으나, 왕은 삼(三) 자를 기입하지 않았다. 그래서 군신이 크게 웃었다고 한다.[3]

정약용은 혁명을 꿈꾸는 시인이었다.

아시다시피 다산이 차를 마시는 걸 좋아했는데 찻물 끓는 소리를 솔바람 소리라고 그래요. 송풍성이라고 해요. 다산이 『목민심서』를 쓰던 곳이 송풍 암이잖아요. 그런데 솔바람 소리와 찻물 끓는 소리를 들으면서 선의 경지에 들어가는 것이 추사와 초의라면 다산은 솔바람 소리를 민중의 울부짖음으로 듣고 혁명을 꿈꾸죠. 『목민심서』와 『경세유표』를 쓰고 새 시대를 열려고 하죠. 다산의 시가 많지만 대부분이 그런 목적을 가진 시죠. 그냥 자연을 논하는 것이 아니고 대부분 지주들의 행패에 대한 민중의 분노나 새로운 나라를 만들어야겠다는 꿈이 정취로 녹아든 거예요. 목적시고, 요즘 말로 참여 시죠.[4]

다산 정약용 가계도

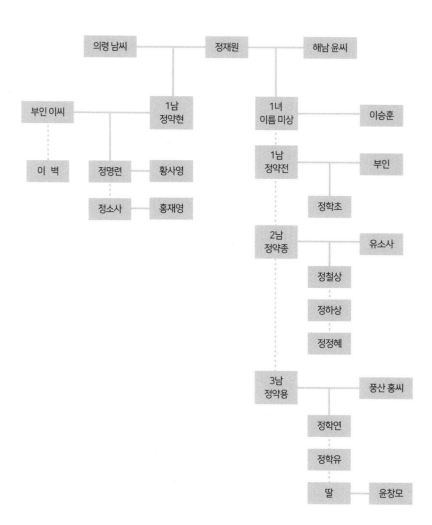

차례

캄캄한 시대에 뜬 별

집안의 복동이가 태어나다

조선인의 눈을 밝히는 별 하나가 홀연히 떴다. 1762년(영조 38) 6월 16
일(음력), 한양(서울)에서 가까운 한강 상류의 마재(오늘날 남양주시 조안면 능
내리)에 나타난 별이다.

사대주의적인 낡은 존명사상과 비루한 중화주의가 조선의 하늘을 덮
은 지 이미 오래였다. 그래서인지 이 땅의 어둠을 밝히는 큰 별은 좀처
럼 나타나지 않았다. 아니, 간혹 별은 떴으나 시기심과 정쟁에 찌든 권
력의 칼질과 이를 추종하는 유생들의 붓끝으로 회칠되어 사라졌다.

'별'이 나타나서 20여 년이 지난 뒤 그 별은 자신의 손으로, 자신이 살
게 되는 '공간'을 그렸다. 1782년에 그는 〈술지이수(述志二首)〉라는 시에
서 자신의 뜻을 다음과 같이 밝혔다.

슬퍼라, 우리나라 사람들이여

자루 속에 갇힌 듯 너무 외져라

삼면은 바다로 둘러싸이고

북쪽엔 높은 산이 주름졌어라

팔다리가 언제나 굽어 있으니

큰 뜻이 있다 한들 무엇으로 채울 건가

성현께선 만 리 밖 먼 곳에 계시니

그 누가 이 어둠을 열어주려나

머리 들어 인간 세상 바라다봐도

밝은 마음 가진 사람 보기 드물고

남의 것 본뜨기에만 정신없으니

정성껏 자기 몸 닦을 틈이 없어라

무리들이 어리석어 바보 하나 떠받들고

야단스레 다 같이 숭배케 하니

질박하고 옛스런 단군 세상의

그 시절 옛 풍습만 못한 듯해라[1]

조선의 지배층은 '남의 것(중국 것)'의 본뜨기에만 정신을 팔았고, 세상은 짙은 어둠에 덮여 있었다. 정약용이 21살 때 지은 이 시에는 당시 조선 사회의 모습이 잘 담겨 있다.

그나마 그때는 영조가 집권하면서 '현종→숙종→경종' 이래의 난정(亂政)이 어느 정도 정리되고 탕평책을 실시하여 인재 등용이 가능했으나, 국정 전반에 걸친 적폐는 여전히 심각한 상태였다.

다산 생가. 집 뒤쪽(사진의 오른쪽 상단) 산에 다산 부부의 묘가 있다.

　정약용은 아버지 정재원(丁載遠)과 둘째 부인 어머니 해남 윤씨 사이
에서 태어났다. 위로 정약전, 정약종과 누나가 있었고, 아버지의 첫 부
인인 의령 남씨가 낳은 큰아들 정약현이 있었다. 아버지 정재원과 친모
해남 윤씨는 이들 외에 4남 2녀를 더 두었으나 모두 요절했다.

　어머니 윤씨 집안은 고산 윤선도(1587~1671)의 가문이다. 노론의 영수
송시열에 맞선 남인의 영수였던 윤선도는 노년에 전라도 보길도에 머물
며 〈오우가(五友歌)〉와 〈어부사시사(漁父四時詞)〉 등을 지은 문사이고, 그
의 증손자 윤두서는 '조선 시대 회화의 삼재'로 불린다. 윤두서의 아들
윤덕렬의 딸이 바로 정약용의 어머니다. 뒷날 정약용은 강진에서 귀양
살이할 때 외가인 해남 윤씨들의 도움을 많이 받았다.

　정약용의 직계 선대는 8대가 계속하여 옥당(玉堂, 홍문관)에 오를 만큼
대대로 학자를 배출한 명예로운 집안이었다. 정약용은 이를 자랑스럽게
여길 만큼 자부심이 컸다. 5대조 정시윤이 숙종 연간의 극렬한 정쟁에서

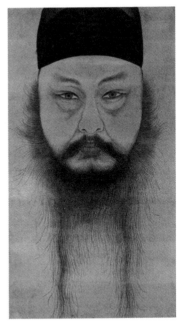

고산 윤선도의 초상(왼쪽)과 그의 증손자 공재 윤두서의 자화상(오른쪽).

도 초연하다가 만년에 산수가 빼어난 남양주 마재에 터를 닦고, 정약용의 고조부와 조부까지는 벼슬에 나가지 않고 이곳에서 평범하게 살았다.

정약용이 태어나던 해(1762)에 아버지 정재원이 진사 시험에 합격했다. 그리고 영조 앞에서『예기(禮記)』를 강론한 것이 계기가 되어 임금의 특지로 연천현감, 화순현감, 예천군수 등을 지내고, 중앙 정계에 들어와 호조좌랑과 한성서윤을 지냈다. 정재원의 집안은 전통적인 남인 계열이고 당시 노론이 집권하고 있었으나 영조의 탕평책으로 정재원은 미관이나마 관직에 오를 수 있었다.

정약용은 집안의 '복동이'였다. 그가 태어나면서 집안의 운세가 풀리기 시작했기 때문이다. 당시는 3대에 걸쳐 관직에 나가지 못하면 아무리 양반 가문이라도 평민이 되는 시대였다.

행운만 따른 것은 아니었다. 1762년 윤5월, 다산이 태어나기 채 한 달도 안 남은 날에 사도세자가 뒤주에 갇혀 죽는 사건이 벌어졌다. 14년간 자신을 대신해 정사를 보았던 세자를 영조는 패륜행위와 정신질환을 이유로 뒤주 속에 가두었고, 사도세자는 뒤주에 갇힌 지 8일 만에 죽고만다. 영조가 즉위하는 데 공을 세운 집권 세력인 노론이 자신들에게 비판적인 세자를 음해하고, 결국 살해까지 한 것이다. 이 사건으로 노론은 세자의 죽임을 정당화하는 벽파(僻派)와 이를 동정하는 시파(時派)로 당파가 나뉘었다. 또한 이 사건은 이후 오랫동안 정쟁의 불씨가 되었다.

1763년에는 뒷날 정약용에게 사상적으로 많은 영향을 끼치고, 정약용이 사숙하게 되는 성호 이익(1681~1763)이 사망했다. 그는 양반 집안 출신이나 아버지와, 스승으로 따르던 형 이잠이 정쟁으로 희생된 뒤 숨어 지내며 조정에서 벼슬을 내려도 나가지 않았던 올곧은 선비였다.

이익은 교조적인 성리학을 비판하고 실학을 강조하면서 다양한 사회 개혁을 제시했다. 특히 토지를 농민에게 고루 나누어주는 한전론을 이상적인 토지제도로 제시했다. 이는 곧 현실적인 방안으로 기본적인 생활을 유지하는 데 필요한 토지를 영업전(永業田)으로 정해놓고, 영업전 이외의 토지에 대해서만 매매를 허용하여 점진적으로 토지 소유의 평등을 이루어야 한다는 주장이었다. 그가 남긴 대표적인 책으로 『성호사설(星湖僿說)』 등이 있다.

정약용이 태어나던 해에 프랑스에서는 루소가 『사회계약론』을 발표했다. 영국에서는 1765년에 제임스 와트가 증기기관을 발명했으며, 1773

년에 미국 보스턴에서는 미국 독립운동의 단초가 되는 보스턴 차(茶) 사건이 일어났다.

수리학에 능통할 소질을 보인 아이

천재는 타고나는 것인가 길러지는 것인가, 즉 선천적이냐 후천적이냐 하는 문제는 해묵은 논쟁거리 중의 하나이다. '발명의 천재'라는 에디슨은 "1%의 영감과 99%의 노력"이라고 했고, 독일의 정치가 비스마르크는 "천재란 한 덩어리의 대리석이다. 여기에 노력·정신이라는 칼끝을 가하면 무엇이든지 된다. 이것으로 신의 상을 만들든지 물그릇을 만들든지 하는 것은 노력·정신이라는 칼끝의 흔적에 불과하다"라고 말했다.

조선 왕조는 주자학(성리학)을 정학(正學)이라 하여 교조적으로 신봉하면서 통치이념으로 삼았다. 조금이라도 주자(朱子, 1130~1200)의 어문(語文)과 다르면 사문난적(斯文亂賊, 교리를 어지럽히고 사상에 어긋나는 언행을 하는 사람)으로 몰아 죽이거나 파문했다.

윤휴(1617~1680)는 "천하의 이치를 어찌 주자만 알고 나는 모르겠는가. 주자는 나의 학설을 인정하지 않아도 공자와 맹자가 살아온다면 내 학설이 승리할 것"이라고 주장하다가 사문난적으로 몰렸다. 박세당(1629~1703)은 『사변록(思辨錄)』에서 주자를 비판하고, 공자와 맹자의 사상으로 돌아갈 것을 주장했다가 역시 사문난적으로 몰리고 책이 몰수되었다.

정약용이 태어나기 이전의 일이지만, 당시 조선의 지식인 사회는 여전히 '사문난적'의 주술에 갇혀 헤어나오지 못하는 시대였다. 일제강점

백호 윤휴(왼쪽)와 서계 박세당(오른쪽)의 초상.

기의 '후데이 센징(불령선인)'이나 해방 후 한국의 '빨갱이' 언술과 다르지 않았다. 천재가 태어나기도, 성장하기도 어려운 풍토였다.

정약용의 가문은 남인계의 시파에 속했다. 시파는 세자와 견해가 다르던 이들이 권력을 유지하기 위해 세자를 비방하고 모함하여 죽음에 이르게 했다고 여기는 파당으로, 장헌세자(사도세자)를 보호하려는 계파였다. 아버지 정재원은 일찍이 출사했다가 영조의 둘째 아들인 사도세자가 서인 노론의 벽파(사도세자의 행위에 잘못이 많았으니 죽임을 당한 일은 정당하다고 여긴 파당)에 의해 참혹하게 살해되자 관직을 버리고 고향으로 돌아왔다.

때마침 아들(정약용)이 태어났다. 아이는 자질이 뛰어나고 대단히 총명했다. 5살 때부터 아버지한테서 『천자문』을 배웠다. 하나를 가르치면 둘, 셋을 알았다. 성장기에 학식 높은 아버지의 '귀농'은 어린 그에게는 축복이었다. 뒷날 정약용이 아버지에 대해 쓴 글이나, 그의 스승격이었던 번암 채제공(蔡濟恭)의 정재원 일대기인 「통훈대부진주목사정공묘갈명」에 따르면 정재원은 아들들을 훌륭히 키워낼 인품과 능력을 갖춘 학인이었다.

정약용이 6살 때 아버지가 다시 벼슬길에 나가게 되었다. 정약용은 아버지가 경기도 연천현감으로 부임하자 아버지를 따라 연천으로 가서 각종 경전을 읽고 타지 생활을 처음으로 겪었다.

그가 7살 때 오언시를 지었는데, 시의 제목은 〈산(山)〉이다.

> 작은 산이 큰 산을 가렸네(小山蔽大山)
>
> 멀고 가까움의 지세가 다른 탓이지(遠近地不同)

이 시는 7살 소년의 작품이라고 생각하기 어려울 만큼 뛰어나다는 평이 따랐다. 아버지는 아이가 수리학에 능통할 소질이 있다고 크게 기뻐했다. 과연 정약용은 분수와 산수 등 수리학에도 뛰어나고, 과학적 사고까지 탁월해서 뒷날 거중기 등을 제작했으며, 수원 화성을 축조하는 설계를 하고, 한강에 배다리를 성공적으로 설치하는 등 공학적 역량을 유감없이 발휘했다. 당시 유학자로는 보기 드문 일이었다.

9살 때 정약용은 견디기 어려운 아픔을 겪는다. 어머니 해남 윤씨가 세상을 떠났기 때문이다. 조선 후기 예학과 시가로 이름 높았던 윤선도의 후예인 어머니는 지혜롭고 자상한 사람이었다. 정약용은 커갈수록 조선 회화사의 걸작이라는 자화상을 남긴 외증조부 윤두서의 모습과 닮았다고 한다. 그래서 그는 자신은 외탁이었다고 술회하기도 했다.

정약용은 어머니를 잃은 아픔을 견디면서 옛 경전과 각종 사서를 읽고 글을 지었다. 1년 동안 쓴 글이 자신의 키만큼 쌓였다고 한다. 그리고 이때 지은 글을 책으로 엮고, 책 이름을 『삼미집(三眉集)』이라고 지었다. 눈썹이 3개라는 뜻의 '삼미(三眉)'는 정약용의 오른쪽 눈썹이 3개로 나뉜 데에서 따온 것이다. 정약용은 7살에 마마(천연두)를 앓았는데, 그 후유증으로 오른쪽 눈썹 위에 흔적이 남아 눈썹이 3개로 나뉘었다고 한다. 정약용의 여러 호 중에서 '삼미자(三眉子)'라는 호도 이 때문에 생겼다. 10살 소년이 엄청난 양의 글을 쓰고, 또 이를 책으로 엮은 것은 예나 지금이나 보기 드문 일이다. 뒷날 500여 권의 책을 쓸 수 있는 재능은 이렇듯 어려서부터 차곡차곡 쌓여나갔다.

그는 성장하면서 친·외가의 내력에 관심을 기울이면서 자부심을 갖고, 뒷날 「제가승초략(題家承抄略)」에서 가풍을 네 가지로 들었다. 어느 연구자는 이 네 가지를 다음과 같이 설명했다.

첫째는 '삼감[謹]'이다. 그의 가문은 국가의 위난을 맞아 순국하는 충절을 보이지는 못했으나, 비리를 저지르거나 세력을 추종하는 일이 없었다. 둘째는 '서투름[拙]'이다. 그의 선조들은 권력을 차지하거나 경쟁하는 일에 민첩하게 나서는 것이 아니라 멀리서 염려하며 한발 물러서서 속을 굳게 지켰다. 셋째는 '착함[善]'이다. 그의 집안사람들은 독기가 없으며 원망이나 보복을 하지 않았다. 넷째는 '신실함[諒]'이다. 그의 친족들은 허황한 말을 함이 없고 믿음직하며 진실하였다.

이처럼 정약용은 자신의 집안이 강직한 의리를 내세워 죽음도 두려워하지 않는 지사도 아니요, 권세와 이익을 탐하여 교활하고 민첩하게 행동하는 소인배도 아니며, 언제나 조심하고 선량하며 외유내강의 지조를 지키는 학자 집안으로서 성실한 가풍을 지켜왔음을 강조하였다.[2]

15살에 홍화보의 딸과 혼인

조선 시대 악습 중의 하나는 조혼제였다. 평균수명이 그만큼 짧았고, 농사일에 노동력이 필요하기도 했겠지만, 10대 초중반의 나이에 혼인하는 것은 악습이었다. 정약용은 15살이던 1776년 2월 22일, 서울 중심의 회현에 사는 풍산 홍씨 홍화보의 딸과 혼인했다. 부인이 정약용보다 한 살 많았다.

정약용은 장가들러 양평에서 배를 타고 서울로 갔는데, 이때 배 안에서 시를 한 수 지었다(앞으로 인용한 시문의 원문은 모두 한문임).

> 아침햇살 뱉은 산 맑고도 멀고
> 봄바람 스친 물 일렁거리네
> 옅푸른 풀 그림자 물 위에 뜨고
> 노오란 버들가지 하늘거리네
> 차츰차츰 서울이 가까워지니
> 울창한 삼각산 높이 솟았네

처가 역시 대대로 명문세족이었다. 장인 홍화보는 문무를 겸한 인물인데, 무과로 급제하여 승지 벼슬을 지냈다. 지략과 용맹이 있었고, 병법에도 따를 사람이 없었다. 특히 지네 모양의 오공진(蜈蚣陣)법과 북두칠성 모양의 칠성진법에 조예가 깊었다. 성품이 강직하고 결기가 있고 바른말을 잘해서 당시의 세도가인 홍국영에게 찍히는 바람에, 딸이 결혼하던 해에 평안도 운산으로 유배를 당했다.

주위에서 홍국영에게 뇌물을 주어 유배를 면하라고 권했으나 홍화보는 끝내 그 말을 듣지 않았다. 유배형을 당하더라도 소인배에게는 허리를 굽히지 않겠다는 결기 있는 모습이었다.

사위는 유배를 떠나는 장인의 기개를 시로 읊어 위로했다.

> 이별 길에 가을빛 깊어가고
> 작별의 자리 노랫소리 호방하네
> 빙산 같은 권세야 모를 일이라
> 풍파 만나 부서질 줄 어찌 알리오[3]

결혼 첫해에 장인이 귀양 가는 비극을 겪었으나 정약용의 서울 생활은 그에게 커다란 의미가 있었다. 먼저, 시골 마재 마을에서 벗어나 안목과 식견을 넓히는 데 큰 도움이 되었다. 그때는 아버지가 다시 벼슬길에 올라 호조좌랑이 되면서 서울에서 지냈다. 정약용은 신혼의 셋집에서 아버지의 거소와 처가를 오가며 새로운 세상을 점점 많이 알아갔다.

정약용과 홍씨 부인은 6남 3녀를 낳았으나 4남 2녀를 먼저 떠나보내는 고통을 겪고, 폐족의 위기를 함께 견뎠다. 또 남편의 귀양으로 부부가 생이별하며 18년의 세월을 떨어져 지내고, 한때 남편이 귀양지에서 외도한 일로 부인이 속을 썩기도 하고, 귀양에서 돌아온 뒤 부부가 다시 18년을 더 남편의 고향에서 함께 살았다. 그러다가 하필이면 결혼 60년이 되는 회혼(回婚)에 남편이 사망하면서 마침내 두 사람이 함께한 여정은 끝을 맺었다. 이런 기구한 사연을 가진 부부도 세상에는 흔치 않을 터이다.

정약용은 결혼을 계기로 서울살이를 하면서, 당대의 학인들과 만나 학문을 논하고 더 넓고 깊은 세상에 발을 들이게 되었다. 이는 결국 정약용이 학문에 더 힘쓰게 된 계기가 되었다. 뒷날 「자찬묘지명(自撰墓誌銘)」에 다음과 같이 기록했다.

15세에 결혼을 하자 마침 아버지께서 다시 벼슬을 하여 호조좌랑이 되셨으므로 서울에서 셋집을 얻어 살게 되었다. 이때 서울에는 이가환 공이 문학으로써 일세에 이름을 떨치고 있었고, 자형인 이승훈도 또한 몸을 가다듬고 학문에 힘쓰고 있었는데, 모두가 성호 이익 선생의 학문을 이어받아 펼쳐나가고 있었다. 그래서 약용도 성호 선생이 남기신 글들을 얻어 보게 되자 흔연히 학문을 해야 되겠다고 마음을 먹었다.

「자찬묘지명」은 정약용이 귀양에서 돌아와 61살 되는 회갑의 해(1822)에 고향에서 쓴 글이다. 스스로 지은 자신의 '묘지명'으로, 숨김도 거짓도 미화도 비하도 없는 내용이다. 역사상 자서전과 회고록 등이 수없이 많으나 정약용의 「자찬묘지명」처럼 담백하면서도 사실적인 기록도 찾아보기 어렵다. 그의 생애를 가장 잘 보여주는 기록물이기도 하다.

본가와 외가에 이어 처가에 이르기까지 명문가로서 손색이 없는 상류 가문이었다. 정약용의 파란곡절 많은 생애에서 이 시기가 정약용에게는 가장 행복한 때였을 것이다.

"성씨를 따지고 가문을 따지는 신분 사회의 질서가 강건했던 시대, 다산은 기본적으로 그런 조건에서는 유리한 입장에 있었음이 분명했다. 친가·외가·처가가 모두 명문의 집안이었으니 말이다. 15세인 1776년 2월 15일 관례를 치르고, 16일 상경하여 복사꽃이 활짝 핀 2월 22일 혼례를 올리고 서울 생활을 시작했다."[4]

호학군주 정조 즉위로 출셋길 열려

성호학파 사람들

정약용이 결혼하고 서울 생활을 시작할 때 정조가 즉위했다(1776). 장장 반세기가 넘는 기간 동안, 정확히는 52년간 집권했던 영조(1694~1776)가 죽고 사도세자(1735~1762)의 아들이자 영조의 손자인 정조가 임금의 자리에 오른 건 정약용에게 행운이었다. 더욱이 새 군주 정조의 곁에는 남인 출신이고, 혁신정치를 이상으로 하는 탁월한 정승 번암 채제공(1720~1799)이 있었다.

정조의 등극은 정약용에게 '출세의 시대'를 여는 계기가 되었다. 정조가 있었기에 남인 계열의 정약용이 입신할 수 있었고, 중앙 정계에 진출하여 자유로이 활동하며 개혁정치의 소신을 펼 수 있었다. 채제공은 젊은 정약용의 재능을 알아주었고, 반대세력으로부터 보호벽이 되어주었

정조 어진(수원 화령전).

다. 18세기 정조의 치세 시기는 세종이 이끈 15세기의 르네상스에 이어 조선 역사에서 두 번째 맞이하는 르네상스 시대였다.

이 시대 르네상스의 주역은 문화 혁신을 주도한 호학군주 정조와 그의 혁신정치를 보좌한 정승 채제공, 그리고 박제가나 박지원, 정약용 등 신시대를 염원한 실학자들이라고 할 수 있다. 특히 일군의 실학자 중에서도 조선의 다빈치로 불린 천재 학자 정약용의 역할이 가장 돋보였다. 따라서 정조, 채제공, 정약용을 18세기 르네상스의 트로이카라고 불러도 과언이 아닐 것이다.[1]

번암 채제공 초상(수원 화성).

    호학군주 정조가 등극했을 때, 군주와 열 살 터울인 정약용은 채 15
살이 안 된, 한창 학문에 매진하는 소년이었다. 그러나 타고난 재능에다
부지런함까지 갖춘 그의 학문은 하루가 다르게 향상되었다. 그렇다고
학구(學究)에만 매달린 것도 아니었다. 가족사를 중심으로 엮여 있는 당
대의 문사들과 교유하면서 활동과 사유의 영역을 넓혀나갔다. 그의 주
위에는 출중한 인재들이 많았다.

    서울에서 살면서 정약용의 교유는 넓어졌다. 그는 이 무렵 누님의 남편으
로 여섯 살 위인 이승훈(李承薰, 1742~1801)과 어울렸고, 큰형의 처남인 여덟
살 위 이벽과 친하게 지냈다. 또한 이승훈과 함께 학문으로 명성이 높은 이

가환(李家煥, 1742~1801)을 만났다. 이가환은 이승훈의 외삼촌이었으며, 이익(李瀷, 1681~1763)의 종손으로 당시 이익의 학풍을 계승하는 중심인물의 하나였다.

이들은 성호학파에 속하는 인물들로서 당시 이익의 저술을 함께 익히고 토론하면서 성호학파의 학풍을 일으키고 있었다. 정약용은 이가환이 중심인 성호학파의 선배들을 따라 이익의 저술을 읽기 시작하면서 비로소 새로운 학문의 세계에 뛰어들게 된 것이다.[2]

성호 이익의 학풍을 계승하는 이승훈, 이벽, 이가환 등은 정약용의 삶과 사상에 큰 영향을 미치게 되는 인물들이다. 이들은 또 정약용과 스승과 제자, 선배와 후배의 관계를 뛰어넘는 혈연적 관계였다. 정약용은 이들 외에 권철신, 이덕무, 박제가 등 당대의 학자들과도 교제했다.

젊은 다산은 성호의 유고들을 탐독하고 이에 깊이 공명하였다. 성호의 제자인 청담(淸潭) 리중환(李重煥), 순암(順庵) 안정복(安鼎福)의 저서들도 많이 읽었으며, 연암 박지원과 담헌(湛軒) 홍대용(洪大容), 연암의 제자인 초정(楚亭) 박제가(朴齊家) 등과도 일정한 접촉을 하고 있었다.

연암, 담헌, 초정은 실학파로서 성호와 함께 반계(磻溪) 류형원(柳馨遠)의 영향을 받은 학자들이지마는 북학론자(北學論者)로서 실학파들 중에서도 일종 급진적 성격을 띤 학파에 속한다고 볼 수 있다. 이들은 양반의 문벌로 보아서는 성호 계통의 남인들보다는 우월한 지위에 있었으나 당시의 청나라에 대한 태도 문제에 있어서와 천주교를 반대하는 태도에 있어서는 보다 적극적이었다.[3]

정약용은 15살을 전후하여 성호학파의 대표적인 저서를 읽고, 북학론자들과 사귈 만큼 대단히 조숙한 편이었다. 아무리 혈연으로 얽힌 인연이더라도 '대화'가 통하지 않으면 지속하기 어려운 것이 학제 간의 관계임을 감안하면 정약용의 실력이 어느 정도였는지 짐작된다. 이때부터 정약용의 머릿속에는 성호학파의 실학사상이 자리 잡는다. 뒷날 자식들에게 "나의 큰 꿈은 성호 이익 선생을 사숙하면서 깨닫게 된 것이 많다"라고 말할 정도로 이익의 사상은 정약용에게 큰 영향을 미쳤다.

정조와 처음 만나다

16살 되던 해 가을, 아버지가 전라도 화순현감으로 자리를 옮겼다. 정약용도 아버지를 따라 전라도 화순으로 내려갔다. 이때 처음으로 정약용은 전라도와 인연을 맺게 된다.

인간 세상이 사람 만나는 일로 이루어지나 정약용의 경우 때때로, 곳곳에서 특출한 사람과 만나는 경우가 많았다. 화순의 관아에 딸린 서재 금소당에서 글을 읽을 때 만난 조익현이 대표적인 사람이다. 정약용보다 25살이나 많은 진사 조익현은 보통 선비가 아니었다. 서로 금방 뜻이 통하고, 두 사람은 곧 망년지우(忘年之友)가 되었다. 조익현은 아들뻘인 정약용과 학문을 토론하고, 헤어진 뒤로도 20년이 넘도록 서신을 왕래하면서 우정을 나누었다. 정약용은 "남자는 사방에 노닐지 않을 수 없는 것이다. 한 고을에 이르렀는데도 이런 사람이 있구나"라고 감탄했다.

17살 가을에 정약용은 화순에서 가까운 동복현의 물염정(勿染亭)과 광

화순 만연사 대웅전.

주의 서석산(지금의 무등산)을 유람했다. 서석산은 조익현과 동행했다. 겨울에는 중형 정약전과 화순현 만연사 옆에 있는 동림사에서 40여 일간 머무르며 공부했는데, 이때 『맹자』를 읽으면서 송유(宋儒) 주해를 많이 비판했다. 이렇게 형제들과 남쪽 지방의 명산대찰을 둘러보았다. 그리고 이듬해에 한성으로 돌아와서 과거시험을 준비하고 성균관 승보시에 합격했다. 그러나 감시(監試)에서는 쓴잔을 마셔야 했다.

다시 이듬해 봄에 아버지가 화순현감에서 경상북도 예천군수로 자리를 옮겼다. 그러자 정약용도 아버지를 따라 예천으로 와서 관아 서재에서 공부했다. 이때 화순을 떠나 예천으로 올 때 진주를 들렀는데, 귀양 갔던 장인 홍화보가 해배되어 지난해에 경상우도 병사로 진주에 부임해 있었기 때문이다. 그러나 그해 겨울에 청렴했던 아버지가 암행어사의 모함으로 탄핵되어 예천군수에서 물러나면서 정약용도 함께 다시 고향으로 돌아왔다. 얼마 뒤 장인 홍화보도 암행어사의 모함을 받아 평안도 숙천으로 유배된다. 가족사에 불행이 겹친 것이다.

정약용은 21살 때인 1782년에 처음으로 서울에 집을 마련했는데, 집이름을 체천정사라 지어 불렀다. 가을에는 봉은사(奉恩寺)에서 경의(경전의 뜻을 풀이) 과거시험을 공부했다. 22살 되던 봄에 드디어 경의 진사에 합격하고, 이어 2차인 회시(會試)에도 합격하여 4월에 태학(太學)인 성균관에 입학하게 되었다.

이때 태학에 입학한 이들이 임금에게 사은하는 행사가 창경궁 선정전에서 열렸는데, 정조는 정약용의 답안지를 보고 그에게 다가와 얼굴을 들라면서 나이를 묻고 관심을 보였다. 정조와 정약용이 처음 만나는 역사적인 순간이었다.

정약용은 이날 이후 다시 한번 정조 임금과 맺게 된 인연을 「자찬묘지명」에서 다음과 같이 적어놓았다.

계묘년(22세, 1783) 봄에는 경의과 진사 시험에 합격하여 태학(太學)에서 공부하게 되었다. 그때 임금이 중용강의(中庸講義) 80여 조목에 관하여 답변토록 과제를 내려주셨는데, 이때 나의 친구 이벽(李檗)이 학식이 넓고 품행이 고상하다는 이름을 얻고 있어서 함께 과제에 답변할 것을 의론했다. 이발(理發) 기발(氣發)의 문제에 있어서 이벽은 퇴계의 학설을 주장했고, 내가 답변한 내용은 문성공(文成公) 율곡(栗谷) 이이(李珥)의 학설과 우연히 합치되어서 임금이 다 보시고 난 후 매우 칭찬하시고 1등으로 삼아주셨다. 도승지 김상집(金尙集)이 밖에 나와 사람들에게 말하기를 "정 아무개는 임금의

정조 어제어필 '만천명월주인옹자서' 현판(국립중앙박물관).

칭찬을 받음이 이와 같으니 크게 이름을 떨치리라"고 했었다.

여기에서 '이발'은 퇴계 철학을 대표하고, '기발'은 율곡 철학을 대표하는 개념이었다. 이황은 남인, 이이는 서인의 정신적 지주였으니, 남인집안 사람인 정약용의 답이 이이의 학설과 합치하는 것은 뜻밖이었을 것이다.

이렇듯 정조가 있었기에 정약용 같은 인재가 발굴되었다. 정조는 자신을 스스로 '만천명월주인옹(萬川明月主人翁, 달을 비추는 시내는 만 개지만 달은 오직 하나다)'이라고 부를 정도로 자긍심과 학식이 높은 군주였다.

11살 때 아버지 사도세자가 뒤주에 갇힌 채 죽는 모습을 직접 보고, 24살에 조선의 22대 왕위에 오른 정조는 당쟁의 폐해를 누구보다 뼈저리게 느꼈던 군주였다. 그래서 탕평책을 실시하고 혁신정치를 펴고자 했다. 정약용에게 양양(洋洋)한 앞길이 내다보였다. 호학 군주가 총명하고 개혁적인 청년 선비를 아끼지 않을 리 없었다. 더욱이 채제공 같은

재상이 군주를 곁에서 보좌하고 있었다.

이후 정조와 정약용은 군신 관계라기보다 동지적 모습이라 할 만큼 끈끈한 관계를 이어간다. 「자찬묘지명」에도 군주가 자신을 특별히 생각했음을 잊지 않고 기록했다.

가을에 임금께서 검서관 유득공을 보내어 『규장전운옥편(奎章全韻玉篇)』의 의례에 대하여 이가환과 나에게 상의하도록 하였으며, 겨울이 되자 나를 부르셔서 규영부(奎瀛府)에 들어가 이만수·이재학·이익진·박제가 등과 함께 『사기영선(史記英選)』을 교정하도록 하셨다. 출판할 책의 이름을 결정하는 데 자주 참여하도록 해주셨고, 날마다 진귀한 선물과 맛있는 음식으로 배불리 먹게 해주셨다. 또 자주 쌀이나 땔감·꿩·젓갈·홍시·귤 등 과일 및 아름답고 향기로운 보물들을 하사해주셨다.

『규장전운옥편(奎章全韻玉篇)』은 근세 우리나라에서 가장 널리 사용된

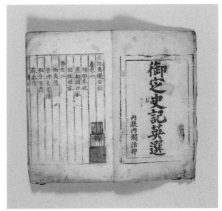

『사기영선』(국립중앙박물관).

옥편으로 『전운옥편(全韻玉篇)』이라고도 부른다. 『규장전운』은 조선 정조 연간에 규장각에서 이덕무 등이 왕명에 따라 편찬한 운서(韻書, 한자의 운을 분류하여 일정한 순서로 배열한 서적)인데, 『전운옥편』은 『규장전운』에 수록된 한자를 쉽게 찾아볼 수 있도록 부편으로 편찬했던 것으로 보인다.[4]

성호 이익

혼례를 치른 뒤 정약용은 아명인 귀촌 대신 약용이라는 관명(冠名)으로 바꾸고, 곧이어 미용(美庸)과 용보(庸甫)라는 자(字)를 사용했다. 뒷날 사용하는 아호는 열수(洌水), 열초(洌樵), 죽옹(竹翁), 탁옹(籜翁), 균옹(筠翁) 등 여러 개였다.

그동안 살던 서울 창동의 셋집에서 회현방 재산루(在山樓) 아래로 집을 옮겼다. 집의 이름은 누산정사(樓山精舍)라고 지었다. 이 집은 부모님이 마련해주었다. 작은 시내 동쪽에 있고 널판자 사립문을 둔 집이었다. 정약용은 〈여름날 누산정사에서 지은 잡시(夏日樓山精舍雜詩)〉라는 제목으로 시를 지어 집과 주변을 이렇게 표현했다.

> 산속에 쓸쓸하다 흰 판자 사립문
> 작은 시내 내린 비에 풀이 무성하고
> 어느새 한 조각 석양빛이
> 푸른 이끼 물들이고 나그네 옷 비추누나[5]

그해 9월에 큰아들 학연(學淵)이 태어났다. 2년 전 7월에 첫 딸을 낳았으나 5일 만에 사망하는 아픔을 겪은 뒤라 기쁨이 더 컸다.

정약용은 아버지와 함께 충주·진천·아산 등지에 묻힌 조상들의 산소를 찾아 참배하고, 돌아오는 길에 학문의 큰 스승으로 사숙해온 성호 이익의 옛집을 찾고, 묘소에 들러 참배했다. 그동안 성호의 문집을 읽었고, 지금 가까이하는 학인의 대부분이 그의 제자이거나 '성호학파' 출신들이었다. 그래서 성호 선생에 대한 존중과 경외의 정신은 남달랐다.

이때 〈성호 선생의 옛집을 지나며(過剡村李先生舊宅)〉라는 시를 지었다.

> 도맥(道脈)이 뒤늦게 우리나라에서 시작되니
> 설총이 맨 먼저 그 길을 열었다
> 면면이 이어져 포은, 목은에 이르러서
> 충의의 정신까지 부족함 없이 발휘했네

『성호사설』(성호박물관).

퇴계 나오셔 주자의 오묘함까지 펴 보이고

천 년 만에 그 도통 크게 이었네

육경에도 다른 해석 없게 되자

모두가 다 함께 어진 이로 받들었다네

맑은 기운이 모두 동관(潼關)으로 모여들어

활짝 핀 문운(文運)이 섬천(剡川)에 빛났네

지향하는 뜻 공맹(孔孟)에 가까웠고

주내고 해석함은 마음·정현이었어라

어리석고 가리운 것들 한가닥 활짝 벗겨

깊이 잠긴 자물쇠를 열어젖혔네

어리석은 우리네 지극한 뜻 헤아리지 못하나

미묘하고 깊게 도체(道體)는 움직인다네

『성호사설』의 내지(성호박물관).

정약용이 성호를 사숙한 것은 개인사를 훨씬 뛰어넘는 '역사'가 된다. 조선 경학사, 조선 실학사의 거대한 산맥이 성호에서 다산으로 이어지기 때문이다. 그는 「자찬묘지명」에서 성호를 사숙하게 된 배경을 다음과 같이 밝힌다.

15세에 장가를 들었는데 선고(先考, 아버지)가 다시 벼슬하여 호조좌랑이 되어 서울에 우거하였다. 이때 이가환이 문학으로 한 세상에 명성을 떨쳤다. 자부 이승훈이 또 몸을 단속하고 뜻을 가다듬어 모두 성호 이익 선생의 학문을 조술(祖述)하였다. 용(정약용)이 성호의 유저를 보고는 흔연히 학문하기로 마음먹었다.

정약용이 성호 이익을 '만나지' 않았다면 평범한 관리이거나 유능한 재상으로 종신했을지 모른다. 이익 덕분에 실학사상의 진수를 배우고,

스승을 뛰어넘는 실천적인 경세인으로 성장할 수 있었다. 그는 뒷날 스승을 회고하며 "성호의 유집이 거의 100권이나 된다. 우리들이 능히 천지가 크고 일월이 밝은 것을 알게 된 것은 모두 선생의 힘이다"(『여유당전서』 시문집 중 「답중씨손암서(答仲氏巽菴書)」)라고 밝혔다.

성호는 나라의 정치가 잘되지 아니하고 사회가 어지러운 이유를 '여섯 가지의 좀(蠹)'이 있기 때문이라 들고, '6좀'의 해독이 도적보다 더 크다고 지적했다. 이 역시 정약용의 사회개혁사상으로 이어진다. 그 여섯 가지 좀은 다음과 같다.

> 첫째는 노비이니, 노비제도가 있으므로 상전이란 자들이 호의호식하고 남의 노력을 탈취할 뿐이며,
>
> 둘째는 과거이니, 과거는 아무 쓸데 없는 문사(文詞)에 사람의 정력을 허비케 하고 다행히 급제된 사람들도 한낱 벼슬의 권리를 악용하여 인민의 고혈을 짜먹게 하며,
>
> 셋째는 문벌이니, 문벌은 양반이란 명목 밑에서 노동을 싫어하고 농업을 천시하고 무재무능하면서도 인민을 내려다보며,
>
> 넷째는 기교, 즉 실용성이 없는 사치품만을 좋아하고 요술과 미신으로써 인민을 미혹시키는 동시에 인민의 재산을 낭비하며,
>
> 다섯째는 승려이니, 승려는 불교를 신앙하기보다는 노동과 병역을 도피하고 유식(遊食)의 무리로 전화하며,
>
> 여섯째는 나타(懶惰)이니, 나타는 근로를 천시하고 남의 등골을 빼먹기만 힘쓰다가 나중에는 사기와 절도를 일삼게 된다.[6]

서학과 중용 철학 수용

정약용이 이벽을 통해 서학에 접했다고 했으나 곧바로 천주교를 신앙한 것은 아니었다. 그 이전부터 자형인 이승훈이 베이징에서 가져온 천주교 서적을 남인 계열의 학우들과 돌려 읽으면서 천주교를 종교가 아닌 학문, 즉 서학으로 인식하게 되었다.

이승훈은 1783년에 동지사의 서장관으로 떠나는 아버지를 따라 베이징에 갔다가 그곳에 40여 일을 머물며 교리를 배운 뒤 그라몽 신부에게 '베드로'라는 세례명을 받아 한국인 첫 영세자가 되었다. 베드로는 조선 천주교의 주춧돌이 되라는 의미였다. 이로써 그는 세계 천주교 선교 역사상 선교사가 파견되기 전에 스스로 영세를 자청한 최초의 인물이 되었다.

이듬해 고국으로 돌아올 때 이승훈은 마테오 리치가 중국에서 한자로 펴낸 『천주실의(天主實義)』와 『성세추요(盛世芻蕘)』를 비롯한 수십 종의 서학 교리서적과 십자가와 성화(聖畵), 묵주, 상본(像本), 그리고 각종 과학서적 등을 가지고 돌아왔다.

이승훈은 정약용의 맏형 정약현의 처남 이벽에게 서학을 전하고, 이 서학은 이벽을 통해 정약용의 집안에 이르렀다. 그런데 이승훈이 베이징 천주교당을 찾아가 영세를 요청했다는 것은 그 이전에 조선에 이미 자생적인 천주교 조직이 있었다는 것을 의미했다. 그 조직의 지도자가 바로 이벽이었다.

"자생적인 이벽 덕분에 조선은 이승훈이 영세를 받기 전 이미 천주교 조직이 있었는데, 이승훈이 영세를 받고 귀국한 후 빠른 속도로 전파되고 있었다. 그리고 그 대상에는 정약용 형제들도 있었다."[7]

그럼, 정약용과 그 집안에 큰 풍파를 일으키게 되는 천주교(학)를 전파한 이벽은 과연 어떤 인물이었을까?

이벽의 호는 광암(廣菴)으로, 그의 집안은 본래 문관이었다. 그러나 증조부 때부터 무관으로 전환해 할아버지와 아버지 그리고 형과 동생이 모두 무관을 지냈다. 이벽은 키가 8척(약 180cm)이고, 한 손으로 무쇠 100근(약 60kg)을 드는 장사였다. 게다가 성호 이익으로부터 '장차 반드시 큰 그릇이 되리라'라는 말을 들을 만큼 머리도 총명했다. 집안에서 그에게 거는 기대가 컸을 것이다. 그러나 이벽은 벼슬에는 뜻을 두지 않은 채 명산대찰을 찾아다니거나 뜻 맞는 선비들과 토론하는 걸 즐겼다.

이벽이 천주교를 접한 것은 그의 고조할아버지 이경상 때문이었다. 이경상은 선양에 인질로 잡혀간 소현세자를 모셨는데, 소현세자가 베이징에서 아담 샬에게 받은 천주교 서적 일부가 이경상의 집안에도 전해져 내려왔다. 이벽은 이런 서적들을 보며 스스로 천주교를 접하게 됐다. 이때까지만 해도 서학 서적은 금기가 아니었다. 이벽도 천주교가 유교의 충효 개념과 배치된다고 생각하지도 않았다.[8]

아직 태학(성균관)생의 신분이었던 정약용은 태학에 나가 공부를 계속했다. 그러던 중 정조가 관생들에게 『중용』에 관한 질문 80여 조목을 내리고 각기 해답을 올리도록 했다. 정약용은 이벽과 상의하고 모든 문제를 하나하나 따져가며 답안을 작성했다. 그러자 임금은 다른 박식한 사람이 따로 있어 그를 도와준 것이 틀림없다고 말했다.

당시 조선 선비들 사이에는 이기이발론(理氣理發論)이 성리학의 쟁점이 되고 있었다. 요약하면 "기(氣)가 먼저냐 이(理)가 먼저냐"의 논쟁이었다. 그는 율곡 이이의 주장에 논거하여 "기질에서 발동한다"는 주장을 폈다. 이것이 정조의 마음에 쏙 들었던지 칭찬을 아끼지 않았다. "당시 정약용은 이벽과 만나면서 천주교 교리에 심취하였고, 천주교 교리의 새로운 세계관에 영향을 받으면서 '중용'을 새로운 빛으로 조명함으로써 『중용』이라는 경전에 신선한 새 생명을 부여하고 있었던 것이다."[9]

유교 덕목의 하나인 '중용'은 지나치거나 모자람이 없으며, 또 어느 한쪽으로 치우치지 않고 떳떳하며, 알맞은 상태가 그 정도를 뜻하는 도덕 규범을 말한다. 놀라운 것은 정약용이 같은 시기에 서학의 천주사상과 동양의 중용사상을 함께 받아들여 체화시킨 큰 그릇이었다는 점이다. 서학은 뒷날 죽음의 길로 몰아간 빌미가 되었고, 중용사상은 '다산경학'의 원동력이 되었다.

『중용강의』는 정약용이 경전을 해석한 최초의 저술이다. 이 저술은 정약용의 경학이 주자에게서 벗어나 자신의 독자적인 세계관을 밝히고 있다는 점에서 그 후 정약용이 평생을 통해 저술한 방대한 경전 해석의 출발점이요 원류가 된다. 또한 그가 경전해석을 통해 난공불락의 요새라 할 수 있는 주자의 정밀한 체계를 허물고 새로운 세계관의 경전해석 체계를 제시하기 시작하였음을 보여주는 중요한 사건이기도 하다.

『중용강의』는 '주자학의 경학'에서 벗어나서 '실학의 경학'으로 큰 산마루를 넘어가는 사상사의 일대 전환이요, '다산경학'이라는 새로운 패러다임을 천명하는 징표였던 것이다. 이러한 의미에서 『중용강의』는 정약용 사상을 형성하는 과정에서 중대한 전환계기를 확립하는 것이요, 한국사상사에 새로운 이정표를 세우는 하나의 중대한 사건이라 할 수 있다.[10]

서울 생활은 쉽지 않았다. 아직 태학생의 신분이라 조정에서 급료가 나오지 않았다. 아버지가 퇴임하면서 본가의 실정도 어렵기는 매한가지였다. 이때부터 검소한 생활이 몸에 배었고, 관직에 나아가서도 이때의 생활을 본보기 삼아 검약하게 생활했다.

23살이던 해, 긴 장마로 열흘 만에 집에 돌아와 보니 식량이 떨어진지 오래였다. 아내가 데려온 어린 여종이 이웃집 담장에 열린 호박을 몰래 따다가 죽을 끓였다가 아내에게 꾸중을 듣고 있었다. 어린 마음에도 굶고 있는 주인이 안쓰러워 저지른 일이었을 것이다.

정약용은 이 광경을 지켜보면서 〈남과탄(南瓜嘆)〉이라는 시를 지었다. 이 시에는 과거에 급제하고 서학을 접하며 폭넓은 식견을 가진 청년 선비의 고뇌와 야망이 담겨 있다. 또 여종의 작은 도둑질도 용서하지 않는 아내의 깨끗하고 올곧은 성품을 엿볼 수 있기도 하다. 다음은 그 시의 일부이다.

아아 죄 없는 아이 꾸짖지 마오
내 호박죽 먹을 것이니 두말 마시오
옆집 주인 노인께 사실대로 말하리니
오릉중자 작은 청렴 달갑지 않다
이 몸도 때 만나면 출세길 열리리라
안 되면 산에 가서 금광이나 파야지

만 권 서적 읽었으나 어찌 아내가 배부르리

밭 두어 이랑 있었던들 여종은 깨끗했을 텐데[11]

여기에서 오릉중자는 '오릉'이라는 곳에서 스스로 가난하게 살던 제나라의 유명한 사상가인 진중자(중자)를 가리키는 말이다.

영예와 굴곡진 행로

천주교를 접하다

정약용이 급제하여 첫 관직에 나아갈 무렵인 1780년대는 조선뿐만 아니라 청나라의 사정도 만만치 않은 시기였다. 이때 청나라는 전성기라 불리는 강희제(1654~1722)와 옹정제(1678~1735)를 이은 건륭제(1711~1799)의 시대였다. 청나라는 17세기 후반에서 18세기 말까지 130여 년간 강희·옹정·건륭 3대의 출중한 군주가 통치하며 태평성대를 누렸다. 그러나 내부적으로는 관료들의 부패가 심화되고 국권을 빼앗긴 한족의 저항이 꿈틀대고, 외부적으로는 서구 열강이 중국을 호시탐탐 기회를 넘보고 있었다.

서양의 예수회 선교사들이 천주교와 함께 갖고 들어온 서양의 선진화된 과학기술은 청나라의 학문에 크게 영향을 미쳤다. 중국은 전통 철학사상인 성리학이 명나라 때 양명학으로, 청나라 때는 다시 사실을 바탕으로 하여 진실을 구한다는 실사구시(實事求是)의 고증학으로 나타났다. 따라서 금석학이 크게 발전했다.

중국에서는 천주교의 전래로 백성들의 의식구조가 바뀌고 있었다. 전통적인 봉건사상에서 차츰 사람이 평등하다는 천주신앙이 밑바닥 민중들 사이에 움텄다. 천주교는 또 서학(西學)이라는 이름으로 곧 조선에도 전해졌다. 서학은 천주학(敎)과 서양 과학사상을 의미한다.

조선에 천주교와 서양 문물을 처음 소개한 사람은 이수광(1563~1628)이다. 그는 명나라에 사신으로 세 차례 다녀왔다. 이때 그가 보고 들은 내용을 바탕으로 쓴 『지봉유설』(1614)에 마테오 리치의 『천주실의』를 비롯해 천주교와 서양 문물을 소개했다. 서학은 조선 지식인들에게 새로운 학문으로 인식되었다.

1784년 4월, 정약용은 큰형수의 제사에 참석하고자 고향을 찾았다. 큰형수의 동생이었던 이벽도 누님의 제사에 참석했다. 이벽은 정약용보다 여덟 살이 많았으나 두 사람은 친구 사이였다.

정약용에게 성호 이익이 한 세대 전의 스승이었다면 이벽은 살아 있는 벗이며 학덕 높은 지우였다. 「이벽에게 드리는 글」에서 우정과 존경심이 묻어난다.

어진 이와 호걸은 기개 서로 합하고
친근함 돈독하니 기쁜 마음으로 돌아보네
아름다운 덕을 일찍부터 힘써 닦으니
비장한 결의 항상 얼굴에 드러나네

이수광의 『지봉유설』(국립중앙박물관).

　형수의 제사를 지낸 정약용은 둘째 형 정약전 그리고 이벽과 함께 한양으로 돌아가는 나룻배를 탔다. 정약용은 이 배에서 귀가 솔깃한 이야기를 듣는다.

　　그는 23세에 서학자(西學者)로 유명한 우인(友人) 이벽(李檗)으로부터 기독교＝천주교리를 들었으며, 또 자기 자형 이승훈의 중국 연경행을 통하여 천주교 서적과 서양 근대 천문학·수학, 지구도, 자명종, 천리경, 서양풍속기, 기타 다수한 서적과 기물을 얻어 보았다.
　　예기(銳氣)가 왕성한 다산은 부패하고 대중성이 없는 유교를 싫어하고 과학기술과 부국강병을 배경으로 선전하는 종교에 호기심을 갖지 않을 수 없었으므로 이벽의 권고에 의하여 자기 중형 약전, 삼형 약종과 함께 한동안 교회에 비밀히 관계하였으며 '요한'이라는 세례자 영명(靈名)까지 받았다고 조선천주교회사는 말하고 있다.[1]

연암 박지원 초상.

　'예기가 왕성한' 정약용은 이때 처음으로 서학을 알게 되고, 새로운 학문의 세계를 접했다. 그동안 전통유학과 성리학, 그리고 성호학파의 실학정신으로 무장했던 그에게 서학은 문화충격이었다.

　조선에서는 18세기 옌징[연경(燕京), 오늘날의 베이징]을 거쳐서 간간이 서구 문화가 흘러들고 있었다. 담헌 홍대용(1731~1783), 연암 박지원(1737~1805), 아정 이덕무(1741~1793), 초정 박제가(1750~1805), 혜풍 유득공(1749~1807) 등이 정사나 수행원 자격으로 베이징을 다녀오면서 새로운 청나라 문화와 문명이 소개되고, 이들을 통해 서학도 전해졌다. 이들을 중심으로 만들어진 학파가 '북학파'였다.

　조선 왕조는 만주족이 세운 청나라를 호족·만족·오랑캐라 일컬으며 멸시했고, 병자호란을 겪으면서 북벌론을 국시처럼 받들었다. 그러던 청국이 '3대 중흥기'를 거치면서 문화가 비약적으로 번성했다. 조선의 선비들에게 신비한 현상이고 문화충격이 아닐 수 없었다.

천주교는 임진왜란 때 왜군의 틈에 끼어 천주교도가 조선 땅에 들어온 적이 있다고 하나 교리가 전파되지는 못하고, 이후 이수광과 허균, 유몽인 등에 의해 교리 내용의 일부가 소개되었다. 그러다가 1784년에 정약용의 자형인 이승훈이 그의 아버지 이동욱의 수행원으로 베이징에 가서 세례를 받고 들어오면서 본격적으로 조선 땅에 전파되기 시작했다. 이승훈에 의해 먼저 이벽, 권철신, 권일신, 이가환 등 남인 소장파 중심으로 전도가 이루어졌다. 그리고 마침내 정약용 형제들에게까지 소개되었다.

정약용은 배를 타고 서울로 돌아오면서 이벽을 송대 시인 소동파·소식과, 후한의 명사 이응에 견주어 덕을 높이는 시를 지었다. 그에게 이벽은 존숭의 대상이었다.

> 소동파 재주 높아 물과 달을 말하고
> 이응은 이름 존중받아 신선 같았다네
> 나 자신 졸렬하여 별수 없음 잘 알지만
> 남은 경전 붙잡아서 옛 현인에 보답해야지

대과에 장원 급제

훌륭한 도자기가 만들어지려면 여러 가지 조건이 맞아떨어져야 한다. 무엇보다 도공의 자질과 열정이 있어야 하고, 재료가 좋아야 하고,

가마 속의 온도도 적당해야 하며, 아울러 도자기를 알아볼 수 있는 안목 있는 구매자도 있어야 한다. 이탈리아 피렌체의 메디치 가문은 수많은 예술가와 학자들을 후원하면서 이탈리아 르네상스의 발달에도 큰 영향을 끼쳤다. 그 덕분에 보티첼리, 미켈란젤로, 레오나르도 다빈치 같은 불멸의 예술가들도 속속 등장할 수 있었다.

정약용에게 정조는 태양이었다. 군왕은 오래전부터 그의 박람강기와 기예(氣銳)한 자질을 알아보았다. 그래서 큰 그릇으로 쓰고자 시험하고 기다린다. 정약용이 23살 되던 해에 태학의 학생을 상대로 한 시험에서 6월에는 4등급, 9월에는 3등급에 잇달아 합격했다. 이듬해 11월에는 1등급을, 그리고 마침내 28살에 대과(문과)에 그것도 사실상 장원으로 합격했다. 명석한 데다 폭넓은 학문적 지식을 갖춘 정약용의 실력을 고려하면 늦어도 꽤 늦은 나이에 오른 급제이고 출사였다.

소과에 합격하면 일단 성균관에서 태학생이 될 수 있고, 그다음에 대과에 합격해야 관직에 나아갈 수 있는데, 다산은 이 기간이 좀 길었다. 참 위로가 되지 않는가. 다산 같은 '거인'도 알고 보면 삼수, 사수생이었다는 사실이.

대신 6년 동안의 태학생 시절 내내 정조가 내주는 과제에 성실하게 응답하여 수시로 상을 받았다. 그러다 마침내 기유년(28세, 1789) 봄, 대과에 수석으로 합격, 희릉 직장(禧陵直長)으로 첫 발령을 받는다.

동시에 규장각 초계문신으로 뽑혀 왕을 지근거리에서 모시게 되었다. 이후 왕이 내는 과제에 늘 최고의 성적으로 뽑혔고, 경기 암행어사, 병조참의, 동부승지 등 승승장구의 길을 달린다.[2]

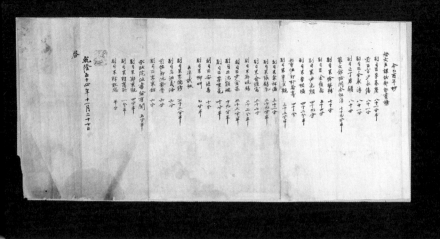

초계문신 과시방. 초계문신들이 치른 과시에 합격한 사람들 명단으로, 오른쪽에서 네 번째에 정약용(丁 若鏞)의 이름이 적혀 있다(국립중앙박물관).

희릉 직장은 중종의 계비 장경왕후의 능인 희릉을 관리하는 직책을 말하며, 초계문신은 조선 후기 규장각에서 특별교육과 연구 과정을 밟던 문신들을 이르는 말이다.

당대의 '수재'라는 평을 받던 정약용이라도 칠전팔기 끝에 급제에 성공했으니 즐겁지 않을 리 없었다. 더욱이 직계 선조로는 5대조 정사윤이 문과에 급제하여 벼슬한 이후 처음 나온 문과 급제자여서 가문에서도 영광이고, 고향 마재 마을은 온통 축제 분위기였다.

정약용은 이때의 심경을 〈문과에 급제하고 나서〉라는 시에 담아냈다. 그는 이 시에 나오는 '공정과 청렴'을 관직 생활의 모토로 삼는다.

> 임금 앞에서 보는 시험 몇 차례 응시했다가
> 마침내 포의 벗는 영광을 얻었네
> 하늘이 이룩한 조화 깊기도 하여

김홍도가 32살 때 그린 규장각(국립중앙박물관).

미물의 생성에 후하게 주었네
둔하고 졸렬해 임무 수행 어렵겠지만
공정과 청렴으로 정성 바치기 원하노라
격려 아끼지 않으신 임금님 말씀
그런데도 어버이 마음 위로되셨네

정약용은 이렇게 28살 되던 해 봄에 문과에 수석으로 합격하고 희릉
직장을 발령받았다. 그의 아버지 정재원도 한때 희릉 참봉을 맡은 적이
있었다. 정조가 정약용에게 더 공부하도록 한직을 배려한 것인지는 알
수 없으나, 정약용에게 왕궁 내의 규장각에 드나들 수 있도록 허락했다.
규장각은 정조가 설치한 궁중도서관이다. 정조는 능력 있는 학자들을

규장각에 모아 학문 연구의 중심으로 삼았다.

비록 한직이지만 그는 향후 12년간 계속되는 관직의 첫 출사여서 감회가 깊었고, 아버지의 발자취가 배인 곳이어서 더욱 뜻깊었다. 부임 첫날 재각(齋閣)에서 아버지의 발자취를 그리며 시 한 수를 지었다. 〈희릉산재작(禧陵山齋作)〉이라는 시이다.

> 자취 숨김은 진실로 나의 뜻이니
> 맡은 벼슬이 바로 능직이라네
> 아침에는 숲으로 창 열고 고요함 익히며
> 저녁엔 시냇가에 나가 서늘함 맞이하네
> 안개 걷히자 솔빛이 곱기도 하고
> 산이 깊어서 풀기운 향기로워라
> 벼슬 낮아도 부친의 아름다운 발자취 밟으니
> 하늘 높이 날아오르기를 연모하지 않으리

정약용은 희릉 직장에 제수되었다가 이내 초계문신으로 발탁되었다. 그리고 부사정, 가주서를 거쳐 1790년에 예문관(藝文館)의 검열에 임명되었다. 예문관은 정부의 이름으로 발표되는 중요한 문건들을 작성하는 기관이고, 검열은 이 기관의 정9품 관직이다. 직급은 낮았으나 역할은 매우 중요한 위치였다.

그래서였을까. 궁내에서 정약용의 예문관 검열 취임에 반대하는 사람이 있어서 정약용은 얼마 뒤 사직서를 올린다. 그의 다재다능함을 시기하는 사람들이 궁내에 있었고, 왕의 총애가 깊어 장래 남인의 거목이 될 것을 우려한 노론 측이 일찌감치 싹을 잘랐던 것이다. 정약용이 당한 첫 시련이었다.

조선 왕조의 당쟁은 영조에 이어 정조가 탕평책을 펴서 뿌리를 뽑으려 했으나, 그 뿌리가 워낙 깊어서 쉽게 탕평되지 않았다.

당나라의 당파들은 전후 수십 년간 있었을 뿐이었고, 송나라의 당파도 불과 수 대(代)를 내려가다가 마침내 나라가 망해버리고 말았다. 그리고 또 당, 송 때에는 사람마다 누구나가 다 당파는 아니었다. 온 나라 사람이 다 두 패, 세 패, 네 패로 갈리어 2백 년을 내려오면서 다시는 합하지 아니하고 어느 쪽이 옳고 그르다는 것도 명백히 정론하기 어렵게 되어 있는 것은 우리나라의 당파이다. 아마도 고금의 당파들 중에서 가장 크며, 가장 오래며, 옳고 그른 것이 가장 분명치 못한 것이라 할 것이다.[3]

정약용은 어려서부터 당쟁의 폐해를 익히 들었고, 커서는 아버지와 장인이 반대파의 모함으로 밀려나고 핍박받는 것을 지켜보았다. 그래서 생리적으로 당쟁에 휩쓸리는 것을 싫어한 정약용은 예문관의 검열직을 사직했다.

다양한 국정개혁안 제시

정조는 총명한 군왕이었다. 정약용을 내치지 않았다. 그러나 정약용은 임금이 여러 차례 불러도 응하지 않았다. '화가 난' 정조는 정약용을 해미(海美)로 유배를 보냈다. 정약용의 첫 유배였다. 물론 이는 정조의 본심이 아니었다. 반대파에게 명분을 주기 위한 술책이었다. 정조가 유배 열흘 만에 정약용을 다시 부른 데서 잘 알 수 있다.

그해 9월에 정약용은 사헌부 지평에 이어 사간원 정언(正言)에 올랐다. 품계는 정8품이었지만 역할은 막중한 자리였다. 이때 정약용은 「십삼경책(十三經策)」을 비롯해 「맹자책(孟子策)」, 「문체개혁책(文體改革策)」, 「인재등용책」, 「농업진흥책」 등 국정개혁에 관한 여러 의견을 제시했다.

조선 시대에는 사람 차별과 지역 차별이 극심했다. 영조와 정조대에 이르러 탕평책을 실시했으나, 그 뿌리는 여전했고 결국 나라가 망하는 한 요인이 되었다.

　　왕께서 물었다.

　　"조정에서 인재를 구하기 어려움은 예부터 그러하였는데, 더구나 몇 사람을 당할 재주가 있겠는가. 이제 한 사람의 몸으로 문학·재정·군사의 재능에 대해 무엇을 시험해보아도 못 하는 것이 없다면, 이는 몇 사람을 당할 재주일 뿐만이 아니니, 이 어찌 그럴 수 있는 일이 있겠는가?"

　　정약용의 답변이다. 긴 내용이어서 두 부분을 소개한다.

　　"신이 어리석어 죽을죄를 무릅쓰고 그윽이 생각건대 전하께옵서 만백성에게 온갖 사지나 몸을 주재하는 저 신명(神明)과 같습니다.

　　그러면 신이 앞에서 비유한 말씀들을 다시 낱낱이 종합해보아도 되겠습니까. 문관이 능히 군사를 훈련시키지 못하고 무관이 능히 예악(禮樂)을 일으키지 못하는 것은 오관(五官)이 서로 융통될 수 없는 것과 같은데, 전하의 관기(官紀)가 바야흐로 문란하고 변천이 덧없는데 인재에게 여러 가지 일을 무겁게 책임지게 하는 사례가 이와 같으며, 예악(禮樂)을 가르치고 효렴(孝廉)으로 다스리는 것은 온갖 사지나 몸의 습관을 바르게 하는 것과 같은데, 전하의 거느리고 다스림이 마땅함을 잃어 시끄럽게 다투는 풍속을 이루었으므로 인재를 배양시키지 못한 것이 이와 같습니다. 따라서 유일(遺逸)들을 찾아내어 제각기 그 아름다운 점을 아뢰게 하는 것은 오관을 폐지할 수 없는 것과 같습니다. 그리고 전하의 사람 등용이 두루 미치지 못하여 재걸(才傑)들이 가라앉고 뜻을 얻지 못하여 인재들이 불공평하게 버려지는 것이 이와 같다면 어찌 애석한 일이 아니겠습니까.

인재를 주관하여 뜻대로 부리고 권병(權柄)을 장악하여 수시로 수축 신장할 분은 돌아보건대 전하뿐이시므로, 신이 앞에서 부득불 전하께서 그 잘못을 책임져야 한다고 말씀드린 것은 참으로 간절하고 지극한 마음에서였습니다. 지금 전하께서 척연(惕然)히 자성(自省)하여 이를 물으시니, 신이 감히 간담을 피력하여 임금님의 명령에 대답하지 않겠습니까.

신이 일찍이 조야의 기록들을 살펴보았는데, 옛적 융성하던 시대에는 붕당이 고질로 굳어지지 않고 풍속이 무너지지 않아 '아무 어진 이가 이조나 병조에 들어갔으니 세상의 다행이다'라고 하기도 하고 '아무 간사한 자가 사헌부와 사간원에 들어갔으니 세상의 근심거리이다'라고 하기도 하였습니다. 아아, 이때는 융성하던 시대였지만, 진실로 지금 같아서는 아무 어진 이가 이조나 병조에 들어간다 한들 어찌 세상에 보탬이 되겠으며, 아무 간사한 자가 사헌부와 사간원에 들어간다 한들 어찌 세상을 폐퇴시키겠습니까.

그러므로 신은 조종조에서 사람 쓰는 방법이 반드시 이 같지 않았을 것으로 압니다. 아아, 전문하는 공부가 없어지면서 익히는 것이 정밀해지지 못하고, 구임(久任)하는 법이 폐지되면서 치적이 이룩되지 못한 것이 이와 같습니다. 따라서 우리나라의 사대부들은 낮은 품계에서 청환의 직책을 지내고, 높아져서 요직에 앉아 있으면서도 흐리멍덩하여 무슨 일인지도 모르는 자가 대부분입니다.

오직 이서(吏胥)들의 직책만을 전임(專任) 또는 구임시켜서 규례에 환하고 행사에 숙련되었으므로 비록 강명(剛明)하고 재간 있는 사람일지라도 그들에게 묻지 않을 수 없게 되었습니다.

그러므로 그들의 권력이 세어지고 그들의 간사함과 속임이 날로 자심하여 세상에서 '이서(吏胥)의 나라'라 일컬어지게 된 것은 바로 이 때문입니다.

지금 마땅히 관제(官制)를 차차 혁신하여 안으로는 작은 부서와 낮은 관직에서 쓸데없는 것들을 도태시키고 하나만을 두어 전임(專任)케 하는 한편, 문무반의 관장들도 또한 각기 한 사람을 뽑아 구임시켜서 치적을 책임지게 하며, 밖으로는 감사나 수령도 치적의 명성이 있는 사람을 가려 그 연한을 늘춰주면, 인재가 모자라지 않고 백성이 그 이익을 입을 것입니다."[4]

과연 정약용답게 현재의 문제 분석과 그에 대한 해답이 정확하면서 명쾌하다. 임금으로서는 받아들이기 힘든 뼈아픈 조언이겠으나 병을 정확히 진단하고 내린 치유책이라 하지 않을 수 없다.

한강에 띄운 배다리

정조에게 일생일대의 트라우마는 친아버지 사도세자의 억울한 죽음이었다. 왕이 되자마자 신하들에게 자신은 사도세자의 아들이라고 선포

한 것도 그 때문이었다. 정조는 임금이 되어 아버지의 명예를 회복하고자 했다. 그 일환으로 양주 배봉산 기슭에 있는 사도세자의 무덤을 수원 화산 현충원으로 이장하면서 사도세자의 복권과 추존을 시도했다.

효성이 지극했던 정조는 해마다 기일이 되면 아버지의 묘소를 찾아 참배했다. 그런데 수원 화성으로 정조의 묘를 이장하면 한양에서 수원까지 다녀오는 길이 먼 것도 문제였으나 특히 한강을 건너는 뱃길이 더 문제였다. 임금이 움직일 때마다 어가를 싣고 따르는 신하와 장졸이 수백 명이었다. 이는 보통 행렬이 아니었다. 정조는 정약용이 수학적 계산과 원리에 밝다는 사실을 알고 이 역사(役事)를 이제 막 급제한 젊은 정약용에게 맡겼다.

정조는 정약용이 대과에 급제하던 재위 13년(1789) 양주 배봉산에 있던 사도세자(장헌세자)의 묘를 화성의 화산으로 옮겼다. 왕릉에 버금가는 위격을 갖추어 놓고 자주 화성으로 행차했는데, 그때마다 배다리가 필요했다. 정조는 이를 전담하는 주교사(舟橋司)를 만들었다.

주교사의 도제조 3명이 영의정·좌의정·우의정일 정도로 그 중요성은 컸는데, 정조는 막상 주교의 설계는 갓 급제한 정약용에게 시킨 것이었다. 정조는 정약용이 서학서를 통해 서양 과학지식을 습득한 사실을 알고 있었다. 그래서 정약용을 주교 설계의 적격자라고 여겼던 것이다.

실제로 배다리 축조는 쉬운 일이 아니었다. 정약용은 훈련도감 대변선과 경강사선 중 선체가 큰 대형선 80여 척을 징발하고, 그 위에 판자를 놓아 다리를 만들어야 했다. 상업선인 경강사선에는 그 대신 대동미를 운반하는 특권을 주었으므로 징발당한다고 불평하지는 않았다.[5]

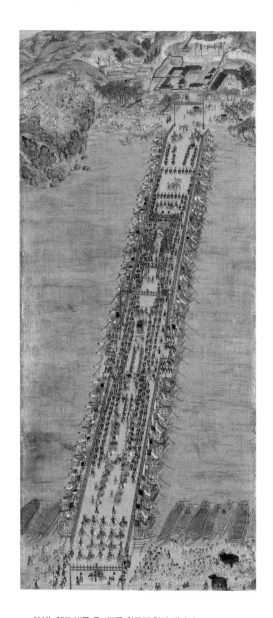

화성능행도 병풍 중 제8폭 환궁길 한강 배다리(국립고궁박물관).

대변선(待變船)은 비상사태에 대비하여 연해 요충지에 대기하던 군선을 말하고, 경강선(京江船)은 주교사에서 관리하여 한강의 수운에 사용하던 개인의 배를 말한다. 경강선은 임금이 수원에 행차할 때 한강에 임시 다리를 놓거나 전라도와 충청도에서 올라오는 세곡을 운반하는 일에 사용했다.

정약용의 배다리 설치는 성공이었다. 벼슬에 나가던 첫해에 일궈낸 성과였다. 그것도 유학자 선비가 해낸 일이었다. 정조의 신임이 더욱 두터워지고, 조정에서는 정파를 떠나 그의 역량을 우러르게 되었다. 그는 배다리를 보며 〈과주교(過舟橋, 배다리를 건너며)〉라는 시를 지어 자신의 심경을 밝혔다.

해마다 정월이 오면
임금님 수레가 화성으로 거동하시네
가을 지나자 배를 모아들여서
눈 내리기 전에 배다리를 이루었노라
새 날개 펼치듯 붉은 난간 두 줄로 뻗고
고기비늘처럼 흰 널판자 가로로 깔렸네
선창가 저 바위는 구르지 않으리니
천년토록 임금님의 마음을 알리라

정조는 정부의 많은 예산과 수많은 백성의 노역을 동원하지 않고서도 빠른 기간에 안전하게 설치한 배다리 공사에 크게 만족했다.

화성능행도 병풍 중 제7폭 한양으로 돌아오는 행렬(국립고궁박물관).

"배다리는 단순히 임금이 한강을 건너는 이상의 의미를 지니고 있었다. 그것은 정조가 억울하게 죽은 아버지 사도세자에 대한 가슴 맺힌 한을 풀기 위해 눈물을 삼키며 가는 길이었다."[6]

정약용은 이때 사도세자를 위해 〈현륭원 개장 만사(顯隆園改葬輓詞, 현륭원 개장 때의 만사)〉라는 제목의 시를 지었는데, 다음은 그중 일부이다.

> 임오년 5월 돌아가시기 전에
> 날마다 부지런히 서연을 여셨지
> 아침에 올린 글에 모두 답을 내렸고
> 밤에는 외로운 베갯머리 슬픔 머금었네
> 바다같이 넓은 도량 뉘라서 헤아릴꼬
> 천둥같은 노여움 참지 못했네

'문체반정' 옹호

조선 왕조에서는 세 차례의 반정(反正) 거사가 있었다. 중종반정(1506)과 인조반정(1623), 그리고 문체반정이다. 앞의 두 개는 정치 반정이고, 마지막 것은 문화 반정이다. 반정이란 백성들의 뜻에 어긋나는 임금을 천명에 순응하여 교체하는 것을 말한다. 역성혁명을 의미하지만, 백성들이 직접 권력을 장악하지 않는다는 점에서 혁명이나 쿠데타와는 성격이 다르다.

중종반정과 인조반정은 정치적인 권력교체를 위한 반정이지만, 정조 시대에 진행된 문체반정[文體反正, 당대에 유행하던 박지원풍의 한문 문체를 순정 고문(醇正古文)으로 되돌려 바로잡고자 했던 정책]은 이들과 전혀 다른 반정이었다. 흔히 호학군주로 알려지고 규장각을 창설했던 정조가 북학파들의 새로운 문체와 기풍을 극단적으로 배척한 것은 쉽게 납득하기 어렵다.

'모순적 본질'이 왕권강화에 있었다고 하나 정조만 한 군주가 시대착오적인 문체반정을 일으킨 것도 의아하지만, 신진기예(新進氣銳, 새로 나타난 신인으로서 뜻과 기상이 날카로움)한 정약용이 여기에 부화한 것 역시 그의 올곧은 행로에서 보면 모순이 아닐까 싶다. 당시 이옥(李鈺, 1760~1813)은 성균관 상재생(上齋生)으로 문체가 패관소설체로 지목되어 국왕의 견책을 받고 유배되어서도 문체를 바꾸지 않았다.

박지원이 수필과 소설 형식으로 쓴 중국 여행기 『열하일기』는 신랄한 풍자와 현실비판으로 사람들에게 매우 인기가 있었다. 이와 유사한 문체의 글(책)이 속속 출간되고, 또 청국에서도 각종 소설책이 들어와 백성들에게도 널리 읽혔다.

정조는 즉위 초부터 당시 풍미하던 의고문체(의고문은 옛 문장을 본떠 지은 글을 말한다)나 소설류에서 파생된 잡문체를 배척하고 주자류(朱子流)의 글쓰기를 강조했다.

> "문학을 하는 도(道)는 마땅히 육경(六經)에 근본하여 그 벼리를 세우고, 제자서(諸子書)로 우익하여 그 뜻을 지극히 하여야 한다. 의리를 관개하고 영화(英華)가 발하여야 위로는 국가지성(國家之盛)을 선명(善鳴)할 수 있고 아래로는 후세의 모범이 되는 것이다. 이것이 작가의 종지(宗旨)이다."[7]

『열하일기』(성호박물관).

글을 배우는 사람은 육경, 즉 『시경』, 『서경』, 『예기』, 『악기』, 『역경』, 『춘추』를 바탕으로 제자백가의 문장과 사상(제자서)을 더해 그 뜻(주자류의 뜻)에 맞는 글쓰기를 해야 한다고 못을 박았다.

군주시대에 학자들의 문체까지 군왕이 간섭하는 것이 시대적 상황이라 하더라도 정조의 문체반정은 지나쳤다. 주인공이 정조였기 때문이다. 당대의 석학 이가환도 정조의 '종지'에 장단을 쳤다.

"일대의 문(文)은 반드시 일대의 체제가 있는 것입니다. 도가 융성하면 문도 도를 따라서 융성하고, 도가 쇠퇴하면 문도 따라서 쇠하게 되는 것이라서, 문을 논하는 것은 곧 당시의 세태를 논하는 것입니다."[8]

정조는 모든 문장을 옛사람의 글(고문)과 당대인의 글(금문)로 나누어 고문에 대해서만 가치를 평가했다. 그는 북학사상과 서학을 수용하는 개명군주이면서도 글쓰기만은 집요하게 고문체를 고집했다.

요새 사람들은 고문체재(古文體裁)를 해득하지 못하여 명청제가(明淸諸家) 중 간극궤탄처(艱棘詭誕處)를 찾아 괴체(怪體)를 배워가지고는 당(唐)을 배웠네, 송(宋)을 배웠네, 선진 양한(先秦兩漢)을 배웠네 하지만 모두가 잠꼬대에 지나지 않는다. (…) 대저 고문엔 고문의 정식(程式)이 있고, 금문엔 금문의 정식(程式)이 있다. 육경(六經)이야말로 진고문(眞古文)이니 일구일자(一句一字)를 가감할 수 없으며 승묵(繩墨)이 근엄한 까닭이다.[9]

북학사상과 서학을 수용한 정약용도 이와 관련해서는 군주와 다르지 않았다. 1789년 11월에 「문체개혁책(문체책)」을 지어 군주의 문체반정을 적극 옹호했다. 진보개혁적인 그가 고루한 전통의 늪에 갇혀 있는 모습이다. 다음은 「문체책」의 중간 부분이다.

아아, 문풍이 전아(典雅)하지 못하기로는 우리나라 같은 데가 없고, 문체가 날로 멸망해가기로는 요즈음 같은 때가 없을 것입니다. 그러나 천운(天運)이 돌고 돌아서 전하께서 이를 척연(惕然)히 생각하고 두려워하여 한번 그 방법을 바꿔보려 하시니, 이는 바로 비뚤어진 길을 막고 바른길을 여는 기회입니다. 진실로 전하께서 이를 실현시키려 하신다면 어찌 문체가 혁신되지 않을 염려가 있겠습니까.

비록 그러나 군자(君子)가 세도(世道)를 주장하여 그것을 시행하는 것은 권징(勸懲)을 위한 것이요, 권징하는 요점은 오직 취사(取捨)의 권한에 있습니다. 옛날 홍무(洪武) 때(1368~1398) 고황제(高皇帝)의 문체를 바로잡는 조서(詔書)에 "사실 그대로 쓰기를 힘쓰고, 문채(文彩)를 숭상하지 말라"고 하였고, 그 뒤로도 또 문체를 바로잡아야 한다는 의론이 있어, 양원상(楊元祥)과 이정기(李庭機) 등이 헌의(獻議)한 바가 있는데, 거기에 "천하에 취사의 표준을 명시하여, 사람들로 하여금 그 표준을 보아 추향(趨向)하게 해야 한다"고 하였습니다.

아, 비단이나 보배의 아름다운 것이라도 임금이 엄하게 금지하여 입은 자가 배척을 당하고 찬(佩) 자가 법에 걸리게 되면, 반드시 장수와 재상이 좇아서 헐거나 버릴 터인데, 하물며 겉만 꾸미고 실속 없는 글이나 거짓으로 꾸미는 것은 본래 작자(作者)들도 좋아하지 않음이겠습니까.

대저 주정(周鼎)이나 상이(商彝)의 그릇이 정중(庭中)에 귀중히 놓여지면 음교(淫巧)한 공품(工品)이 버림받고, 황종(黃種)과 대려(大呂)의 음악이 당상(堂上)에서 연주되면 배우들의 악극(樂劇)이 폐기될 것이니, 진실로 능히 예(禮)와 악(樂)으로써 근본하고 취사로써 가지런하게 하여 한 세대의 글이 해와 달처럼 명백하고 산악(山嶽)처럼 정대(正大)하며, 규장(圭璋)처럼 혼후(渾厚)하고 태갱(太羹)이나 현주(玄酒)처럼 담담하여 그 화평하고 아창(雅暢)함이 마치 순(舜)의 소(韶)나 탕(湯)의 호(濩)를 종묘(宗廟)나 명당(明堂)에서 연주하는 것과 같게 하면, 저 찢어지고 보잘것없는 젖은 북(鼓)을 치고 썩은 나무를 두드리며, 반딧불을 벌여놓고 의미도 없는 문사(文詞)를 죽 늘어놓는 것과 같은 것들은 모두 없애려 하지 않아도 스스로 없어질 것입니다.

신은 지금부터라도 관각(館閣)의 모든 응제(應製)나 학교의 시재(詩才)하는 글에 모두 이것을 표준으로 삼아서 그 취사를 엄격하게 하고, 과거 시험

장의 글도 정식에 구애 없이 각체(各體)를 섞어서 시험한다면 이른바 산문 (散文)을 일삼는 자들이 앞으로 안개처럼 성하고 까치 떼처럼 일어날 것이 니, 어찌 문체가 바뀌지 않을 것을 걱정하겠습니까.[10]

문체반정은 정조가 추진하던 개혁 정책에 반발하는 노론 벽파의 공 격을 무마하기 위한 정조의 계획된 정책이었다는 평가가 많다. 그럼에 도 당시 활발하게 전개되던 문예 사조를 위축시키는 결과를 불러왔다는 지적을 받는 것도 사실이다.

거중기와 수원 화성

정약용은 31살이 된 1792년 3월에 홍문관록(홍문관에 속한 교리, 수찬 등 을 임명할 때의 1차 인선 기록으로, '홍문록'이라고도 함)과 도당회권(홍문관에서 교리 이하의 벼슬아치를 임명할 때의 기록으로, 부제학 이하의 벼슬아치들이 자격 있는 사람을 골라 올린 명단에 영의정 등이 다시 각각 적격자를 골라 권점을 찍어 임금에게 올림)에 뽑히고, 홍문관수찬[홍문관에 두었던 정육품 관직으로, 문한편수(文翰編修)의 일을 맡았고, 부수찬과 함께 지제교(왕이 내리는 교서의 글을 짓는 사람)를 겸임함]에 임명되 었다. 초계문신, 한림학사에 이은 홍문관 학사는 신하의 명예로는 최고 수준의 자리였다.

임금이 남인 중에서 사간원과 사헌부의 관직을 이을 사람을 채제공 과 상의하니, 정약용이 28명의 명단을 작성하여 올렸다. 그 가운데 8명 이 먼저 두 부서에 배치되었다.

임금의 총애를 받던 이때 정약용에게 하늘이 무너지는 것 같은 소식이 전해졌다. 아버지가 위독하시다는 전갈이었다. 울산 도호부사로 있던 아버지는 2년 전 품계가 올라 진주에서 목사로 일하고 있었다. 정약용과 형제들은 급히 진주로 달려갔으나 아버지는 이미 운명한 뒤였다. 아버지의 임종을 지키지 못한 죄책감에 정약용과 형제들은 더욱 가슴이 미어졌다.

정약용이 9살 때 어머니를 잃은 뒤 아버지는 어머니 역할까지 마다하지 않았다. 그는 또 정약용에게 각종 사서와 경서를 본격적으로 가르쳐서 학자의 길을 열어준 훌륭한 스승이자, 아들들을 모두 유능한 인물로 기른 교육자였다.

아버지 영구를 모시고 선영이 있는 충주의 하담에서 장례를 치렀다. 정약용은 장례가 끝난 뒤 고향 마현으로 돌아와 여막(무덤 가까이에 지어놓고 상제가 거처하는 초막)을 짓고 여막살이를 시작했다. 당시에는 부모상일 경우 3년 동안 여막살이를 하는 게 풍습이었다. 관료일 경우 이 기간은 근무에서 허용되었다. 부친상을 치르고 여막살이를 하는 동안에도 정조는 수시로 정약용의 안부를 물었다. 그만큼 임금은 정약용을 깊이 신뢰했다.

사도세자의 묘소를 수원 화성으로 옮긴 정조는 수원에 제2의 왕궁을 짓고, 말년에 순조(1790~1834)에게 왕위를 물려주고 혜경궁 홍씨와 이곳에서 노후를 보내고자 했다. 정조는 사도세자가 회갑을 맞게 되는 1795년에 수원성을 짓고 아버지의 존호를 높인다는 계획을 세우고, 여막살이를 하는 정약용에게 '수원성 설계'를 지시했다.

『화성성역의궤』와 여기에 실린 화성전도(국립중앙박물관).

"슬픔에 겨워 있는 동안에는 시를 짓지 않음이 일반적 관례였으나 그런
때는 대체로 예서(禮書)나 경서(經書)의 독서나 하는 것인데, 이 점을 알고
있던 정조는 국가적 연구 업무를 시켰던 것으로 보인다."[11]

정조가 여막살이를 하는 신하에게 굳이 수원성 설계를 맡긴 이유는
정약용이 임오년(사도세자가 뒤주에 갇혀 죽은 해인 1762년)에 태어났고, 한강
에 배다리를 성공적으로 가설했던 것을 기억하고 있었기 때문이다. 어
느 명령이라고 주저할 것인가.

정조는 청에서 『고금도서집성(古今圖書集成)』을 사들인 뒤, 그중 16세
기까지의 서양 과학 기술을 최초로 중국에 소개한 『기기도설(奇器圖說)』
을 정약용에게 내려주어 정약용이 화성을 축성하는 연구를 하는 데 도
움을 주었다.

정약용은 『기기도설』 등을 참고하여 「성설(城說)」과 「기중도설」을 지어
바쳤다. 활차(滑車, 도르래)와 고륜(鼓輪, 바퀴 달린 달구지)이 작은 힘으로 크

고 무거운 물건을 옮기는 역할을 함으로써 많은 인력과 경비를 절감할 수 있었다. 임금의 마음까지 헤아린 정약용의 「성설」(1792)이라는 글은 이렇게 시작한다.

> 신이 삼가 생각건대 화성을 쌓는 역사는 비용은 많이 들면서 일은 번잡하고, 어려운 시기에 일을 크게 벌여놓았으므로 성상께서는 노심초사하고 계시나 조정의 의견은 둘로 갈라져 있습니다. 일을 처음 시작할 때 치밀한 계획을 세워야 하므로 신은 전에 들은 것을 간추려 어리석은 견해를 올립니다.[12]

그런 뒤 정약용은 여덟 가지에 대해 의견을 말한다. 성의 규모, 성을 쌓을 재료, 해자, 기초 쌓기, 석재 채취, 길 닦는 일, 수레 제작, 성을 쌓는 방법 등이다.

수원 화성이 축성된 뒤 정조는 "다행히 거중기를 이용하여 경비 4만 꿰미가 절약되었다"라고 정약용을 치하했다.

정약용은 거중기에 대한 견해를 밝힌 「총설(總說)」이라는 글에서 자신이 마련한 거중기의 설계도를 다음과 같이 설명한다.

> 활차를 사용하여 무거운 물건을 움직이는 것에 두 가지 편리한 점이 있으니, 첫째는 인력을 더는 것이고, 둘째는 무거운 물건이 무너지거나 떨어질 위험이 없다는 것이다.
>
> 인력을 더는 점에 대해서 논해보자. 사람이 무거운 것을 들어 올리려면 반드시 힘과 무게가 서로 같아야 비로소 들어 올릴 수 있다. 지금의 방법은

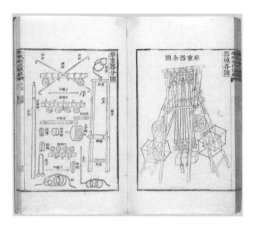

『화성성역의궤』에 실린 거중기 그림(오른쪽)과 분해도(왼쪽).

단지 한 대의 활차만을 사용하는 것이니, 50근을 들어 올릴 수 있는 힘으로 1백 근의 무게를 들어 올릴 수 있다. 이는 절반의 힘으로 전체의 무게를 감당할 수 있는 것이다.

만일 두 대의 활차를 사용한다면 25근을 들어 올릴 수 있는 힘으로 1백 근의 무게를 들어 올릴 수 있을 것이다. 이는 4분의 1밖에 안 되는 힘으로 전체의 무게를 감당해내는 것이니, 만일 활차가 세 대나 네 대일 경우에 그 힘을 점점 더해주는 것이 모두 이 예와 같은 것이다.

새로운 활차를 더 설치할 때마다 갑절의 힘이 더 나게 되니, 그 이치가 그러한 것이다. 이제 위아래 여덟 개의 바퀴에서 얻어지는 갑절의 힘이 25배나 되니, 이는 굉장한 것이다.

또 무거운 물건은 무너지고 떨어지는 위험이 없다는 점에 대해서 논해보자. 대개 물건의 무게는 같지 않지만 밧줄의 굵기는 한계가 있으니, 일정한 밧줄로 일정하지 않은 물건을 다룬다면 그 형세가 반드시 오래도록 유지될

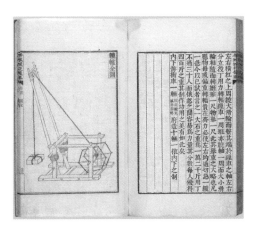

『화성성역의궤』에 실린 녹로 그림.

수 없다. 자칫 잘못하여 손에서 놓치게 되면 그 무거운 물건이 반드시 무너지고 떨어져 다치게 마련이다.

이제 위아래 여덟 개의 바퀴를 사용하는 방법을 쓴다면, 한 개의 밧줄이 여러 번 감겼으나 그 힘이 서로 연결되어 있어 한 가닥의 밧줄로 두 가닥 밧줄 역할을 능히 해낼 수 있다. 따라서 바퀴 여덟 개의 힘이면 수만 근의 무거운 물건을 들어 올리고도 오히려 힘이 남게 되니, 어찌 무너지고 덜어질 이치가 있겠는가.

활차를 사용하여 매우 무거운 물건을 움직일 때는 반드시 녹로(轆轤)를 사용하면 그 힘을 갑절로 낼 수 있다. 가령 이곳에 바퀴가 네 개씩 달린 활차가 서로 마주보고 있다고 생각해보자. 이 경우에 40근의 힘으로 1천 근이나 되는 무게를 능히 움직일 수 있다. 그러나 만약 여기에다가 또 녹로를 더 설치하는데, 녹로의 손잡이의 굵기를 녹로 기둥 직경의 10분의 1의 비례로 만든다면, 40근의 힘으로 2만 5천 근의 무게를 움직일 수 있게 된다.

그러므로 녹로가 활차와 함께 서로 힘이 되어야 무거운 물건을 능히 움직일 수 있는 것이다. 이상에서 논한바, 갑절의 힘을 낼 수 있다는 비례에 대해서는 모두 별도의 전문적인 설이 있으므로 여기서는 다 기록하지 않는다.

이상의 방법은 거중기에 관한 것 중에서 가장 보잘것없는 것이다. 그러나 인력을 감소시키는 것은 또한 엄청난 것이다. 만약 크고 작은 바퀴가 서로 끌어주고 밀어주는 방법을 이용한다면 이 세상에 아무리 무거운 물건일지라도 움직일 수 있을 것이다.

더구나 나선형 모양으로 돌아가면서 서로 밀어주는 방법일 경우에는 어린애의 한 팔의 힘으로도 수만 근의 무거운 물건을 들 수가 있을 것이다. 그러나 이제 이 성을 쌓는 데 사용되는 석재는 그다지 크거나 무거운 것들이 아니니, 닭을 잡는데 굳이 소 잡는 칼을 쓸 필요가 없다고 생각한다.[13]

과연 정약용의 철저한 연구와 준비는 정조의 믿음에 조금도 어긋나지 않았다. 아니 정조가 기대한 것보다 뛰어났을지도 모른다.

촉망받는 인재로 성장

임금의 가까운 신하들을 처벌하다

정조는 정약용이 1794년 6월에 부친상을 마치자, 7월에 성균관 직강
(성균관에 속한 정오품 벼슬), 8월에 비변랑(비변사에 속하여 나라 안팎의 군사 기밀
을 맡아보던 종육품 벼슬), 10월에 홍문관 교리에 이어 수찬에 임명했다. 그
리고 곧 경기도 북부 지역(파주·연천)의 암행어사로 파견했다. 짧은 기간
에 각 부처를 순회시킨 것은 암행어사로 보내기 위해 행정실습의 기회
를 주기 위해서였다.

그즈음 남인의 영수 채제공이 영의정으로 입각했다. 선왕 영조는 도
승지였던 채제공에게 세자(사도세자)를 폐위한다는 내용의 비망기를 내리
고, 그 내용을 완성해 올릴 것을 명했다. 그러자 채제공은 목숨을 걸고
영조 앞에 나아가 그 부당함을 간언했다.

論議政府領議政蔡濟恭

枚卜於金觀凡三百有三人蹟恭
上相者並計卿約為百餘大
抵輔相重任也而上相為先重
為難其人不倫其位自古非昔
已然矣今才難育傳作吉晉
予安得不且審且慎也予作
卿注意者有年而華城即
仙寢而奉地方也陸府之初忍得
元老而信重不得不煩卿一出
卿自受任以來整頓宏綱旁
及細務致政作日夜還切為
之念食陞見卿所上每城方
略益威老相之費積莫日行
百里者半九十里此正始之者
也既如此經始則惟其成之
之切直在幹董之勤慢又亂必
重勞卿須即日登途進至城
相之任詩遣簽途之臣勉以
遍歸卿須即日登途進至城
外與新留相交龜後簡命

정조가 채제공을 영의정에 임명한 뒤 내린 유서(수원 화성).

"전하께서 어찌하여 이 같은 조처를 하십니까? 쓰지 말도록 하려 하면 이 것은 임금의 명을 어기는 것이요, 이를 쓰도록 하려 하면 이는 신하의 직분 상 절대로 감히 할 수 없는 일입니다. 신은 죽음을 무릅쓰고 문서를 돌려드 릴까 합니다."

채제공은 부당한 왕명에 따르지 않고, 오히려 사직의 뜻을 밝히면서 소신을 지킨 올곧은 선비였다. 정조는 이 같은 사실을 이미 알고 있으면 서 채제공을 영의정으로 발탁했다. 노론 시파를 견제하기 위한 포석도 깔려 있었다. 경기 지역 암행어사에 정약용을 천거한 사람은 영의정 채 제공이었을 것이다.

당시 전국에 흉년이 들어 백성들의 생활이 궁핍했다. 경기도 지방은 다른 지역보다 더욱 심했다. 정조는 암행어사 10명을 파견하여 민생을 살피고 방백과 수령들의 비리를 적발토록 했다.

그동안 중앙에서만 관리 생활을 하던 정약용은 처음으로 지방행정의 현장과 민생의 실상을 살필 수 있었다. 담당 지역의 첫 고을에 들어섰을

때 민생의 모습은 참혹하기 이를 데 없었다. 당시의 모습을 〈봉지염찰
도적성촌사작(奉旨廉察 到積城村舍作, 교지를 받들고 순찰하던 중 적성 시골집에 이
르러 짓다)〉이라는 제목의 시에 담았다.

시냇가 찌그러진 집 뚝배기와 흡사한데
북풍에 이엉 걷혀 서까래만 앙상하누나
아궁이는 묵은 재에 눈이 덮여 차기만 하고
숭숭 뚫린 벽에서는 별빛이 비쳐드네
집안에 물건이란 쓸쓸하기 짝이 없어
모조리 다 팔아도 칠팔 푼이 안 된다오

바람에 지붕의 이엉은 흔적 없이 날아가고, 흙벽도 구멍이 뚫린 데다
아궁이에는 불을 땐 흔적이 없으니 방에는 냉기만 가득했을 것이다. 내
다 팔 물건마저 변변치 않으니 이 집에 사는 이들의 비참한 생활이 어떠
할지 생생하게 그려진다.

정약용은 학문적으로 경학을 바탕으로 하면서 서학을 수용하고 애민
정신을 갖춘 보기 드문 학자이지만, 친가와 외가, 처가에 이르기까지 모
두가 상류층 양반계급 출신이다. 여종이 남의 호박을 따다 죽을 쓰는 등
궁핍할 때도 있었다. 그러나 정약용이 곧 관직에 나가고, 부친이 복직하
면서 다시 어려움을 모르고 살아왔다.

그런데 시골 마을에 들어서니 눈앞에 보이는 백성들의 삶은 처참했
다. 흉년에 관리들의 탐학과 수탈까지 더해져 그들의 실상은 피폐하기
그지없었다.

"그가 백성의 참혹한 현실과 관료의 포악한 착취를 직시하고 백성을 굶주림과 착취로부터 다시 살려내고자 하는 인식은 바로 그의 실학정신이 터져 나오는 출발점이 되었고, 그의 실학이 지향하는 목표이자 그가 완수해야 할 시대적 사명으로 깨달았다."[1]

암행어사 활동은 보름여의 짧은 기간이었다. 그러나 정약용이 학문을 높이고 사상을 형성하는 데 아주 좋은 계기가 되었다.

정약용이 암행어사가 되어 민생을 경험하기만 한 것이 아니다. 삭녕 군수 강명길과 연천의 전 현감 김양직을 발고하면서 암행어사 본연의 임무도 충실히 수행했다.

강명길은 정조의 어머니 병환을 보살피는 태의(太醫, 궁궐 내에서 임금이나 왕족의 병을 치료하던 의원)였고, 김양직은 사도세자의 능을 수원으로 이장할 때 지사(地師, 풍수설에 따라 집터나 묏자리 따위의 좋고 나쁨을 가려내는 사람으로 '지관'이라고도 부름)여서 임금의 총애를 받고 있었다. 이런 임금의 뒷배를 믿고 이들은 각종 비리를 저질렀다가 정약용에게 적발되고 말았다.

그러나 주위에서는 정약용을 말렸다. 제아무리 암행어사의 발고라도 결국 임금이 총애하는 사람들이니 헛공사가 될 게 뻔하다는 이유에서였다. 게다가 임금에게 강명길과 김양직을 처벌하지 말라고 아뢰는 재상도 있었다. 이런 외압에도 정약용은 이들의 죄상을 그대로 방관하지 않았다. 「경기어사복명후론사소(京圻御史復命後論事疏, 경기 어사로 복명한 뒤에 일을 논하는 소)」라는 제목으로 상소문을 올려 비리 공직자의 처벌을 강력히 요청했다. 정약용의 입장은 단호했다.

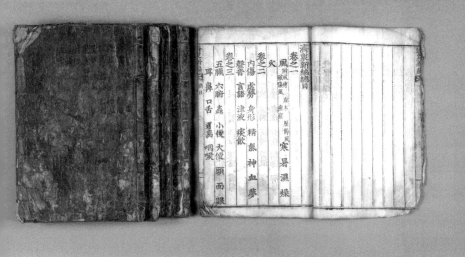

어의 강명길이 『동의보감』의 내용을 요약하고 약성가(약재의 성질과 효능을 읊은 한시) 등을 첨부한
의서 『제중신편』(허준박물관).

　　그들이 진실로 옳다면 임금님께서 무엇 때문에 저를 어사로 보내셨습니까. 이들을 총애하고 비호함을 방자하여 이와 같이 방자하였습니다. (…) 이미 탄로되어 어사의 보고서에 올랐는데도 끝내 아무 처벌도 받지 않는다면, 장차 날개를 펴고 꼬리를 치며 양양하여 다시는 자중하지 않을 것입니다. (…) 법의 적용은 마땅히 임금의 가까운 신하로부터 시작해야 합니다. 이 두 사람을 속히 의금부로 하여금 법률에 따라 형벌을 내리게 하여, 민생을 소중히 여기고 국법을 높이신다면 참으로 다행이라 하겠습니다.

　정약용의 강력한 의지로 두 사람은 결국 죄에 상응하는 처벌을 받았다. 정약용의 활약은 여기서 끝나지 않았다.

　경기도 관찰사 서용보의 집안사람이 마전에 있는 향교터가 명당이라는 사실을 알고 그곳을 못자리로 쓰기 위해, 고을의 선비들을 협박해 향교를 옮기고 그 땅을 자신에게 바치게 한 일이 있었다. 정약용은 이들의 탐욕과 죄과를 낱낱이 밝혀냈다. 노론 벽파로서 영조 때 대사헌 등을 지낸 서용보는 뒷날 순조 때 우의정에 올라 신유박해 때 정약용을 탄압하는 데 결정적인 역할을 한다. 자신이 정약용한테 당한 일을 보복한 것이다.

주문모 사건

정약용이 짧은 기간이지만 경기 북부 지역의 암행어사를 마치고 얼마 지나지 않았을 무렵, 청나라의 신부 주문모(周文謨)가 서울로 몰래 들어와 비밀리에 선교활동을 하고 있었다. 이 사실을 알게 된 조정에서는 주문모 신부 체포령을 내렸다. 이 사건은 정약용과 그의 형제들에게 큰 화난(禍難)으로 이어진다.

프랑스 선교사인 샤를 달레(Claude-Charles Dallet, 1829~1878)가 쓴 『한국천주교회사』에 따르면, 주문모가 비밀리에 입국해 선교하기 전에 이미 조선에서는 권철신과 정약전, 이벽 등이 천주교 신앙을 전도하는 모임이 진행되고 있었다. 즉 "주문모가 들어오기 이전에 이미 조선에는 수백 명 혹은 수천 명의 천주교 신자가 있었다."[2]

경유년(1777년)에 권철신이라는 유명한 학자가 정약전 등 여러 학자들과 더불어 산골에 있는 그윽한 절에서 철리(哲理) 깊은 뜻을 서로 토론한다 함을 듣고, 몹시 추운 날에 100리나 되는 눈이 쌓이고 험한 산길을 어둠과 호랑이 떼들과 싸우면서 걸어가 그날 밤으로 그 모임에 참가하였다.

연구회는 10일 이상을 두고 계속되어 천(天), 세계, 인성(人性) 등에 대하여 서로 이야기하였다. 옛 성현들의 학설을 끌어내어 일일이 토의하였는데, 갑이 주장하면 을이 반박하여 그칠 줄을 몰랐다.

이때 그들은 북경(베이징)에서 가져온 과학, 산수, 종교에 관한 예수회 신부들이 지은 책을 연구하기 시작하였다. 그중에는 천주의 섭리와 영혼이 없어지지 않음을 가르치며, 칠악(七惡)을 이겨내어 덕을 쌓을 것을 가르쳐주는 『천주실의』, 『십계진전』, 『칠극』 등 유명한 천주교 교리서도 있었다. 여태까지의 확실치 않고, 앞뒤가 서로 맞지 않는 점이 많은 유교에 관한 책만을 읽고 있던 그들은 곧 가르침에 따라서 아침저녁으로 기도를 드리고, 매월 7일, 14일, 21일, 28일에는 일을 쉬고 오로지 깊이 생각하며 가만히 묵상에 잠겨 재계(齋戒)를 엄격히 지키려고 애썼다.[3]

1777년부터 주어사(走魚寺)에서 서학을 연구하는 모임이 열렸고, 1779년 천진암(天眞庵)에서 열린 강학회는 약 5년간 계속되었다. 이로 미루어 정약용도 정약전, 이벽, 권철신, 권일신 등과 함께 공무를 마치면 천주교 모임에 깊이 참여했던 것으로 보인다.

이때까지는 아직 조정에서 천주교를 금압하거나 이단시하지 않았다. 모임에 참여했던 이들도 천주교를 신앙한다고 하여 그것 때문에 사문난적으로 몰리게 될 줄은 전혀 몰랐을 것이다.

채제공이 영의정이 되면서 남인 시파들이 모처럼 권력의 핵심에 포진했다. 영의정을 중심으로 이가환과 정약용이 판서와 승지 등에 올랐다. 정약용은 1795년 1월에 사간원 사간에 제수되어 품계가 통정대부에 오르게 된다. 이어 동부승지에 제수되고, 2월에 병조참의, 3월에 우부승지에 제수되었다. 병조참의 때는 정조의 수원 행차 때 시위(侍衛)로서 임금을 직접 모시기도 했다.

채제공은 사도세자를 죽이도록 참소한 노론 벽파의 주동자들을 처벌해야 한다고 주장했다. 그러면서 집권당이 된 남인 시파와 노론 벽파 사이에 암투가 벌어지고, 조정에서 이 문제는 그야말로 '뜨거운 감자'가 되었다.

이처럼 미묘한 시기에 주문모가 비밀리에 입국하여 선교를 벌인다는 소식이 전해진 것이다. 그러자 노론 벽파는 이를 빌미 삼아 반격에 나섰다. 그들은 주문모가 입국하는 데 이가환 등이 배후에서 조종했고, 정약용이 주문모를 은신시켰다고 주장했다.

정조와 채제공은 모처럼 개혁정치를 펴고자 노론 벽파를 약화시키려다 이 사건으로 오히려 된서리를 맞게 되었다. 공조판서이던 이가환은 충주 목사로, 이승훈은 예산으로, 승정원 승지였던 정약용은 금정찰방(金井察訪)으로 각각 좌천되었다. 금정은 오늘날의 충남 청양군 남양면 금정리다. 사실상 유배였다. 그러나 찰방은 그나마 작은 지역의 지방관 역할도 함께 수행했기 때문에 권한도 상당했다.

정약용은 자신이 반대파에 내몰려 유배 신세가 된 내막을 잘 알고 있었다. 천주교를 믿는다는 이유였다. 권력에서 밀린다고 판단한 노론 벽파는 채제공을 제거하기 위한 전략으로, 그를 사교의 비호자로 무고하여 혁신세력인 정약용과 이가환 등을 조정의 주요 보직에서 배제하려했다.

반대세력은 정약용이 경술년 증광별시에 급제할 때의 책문[策文, 정치에 관한 계책을 물어서 답하게 하던 과거(科擧) 과목인 책문(策問)에 답하는 글]은 서양의 사설(邪說)을 좇아 오행(五行)을 사행(四行)이라고 했는데도 시관(시험관)

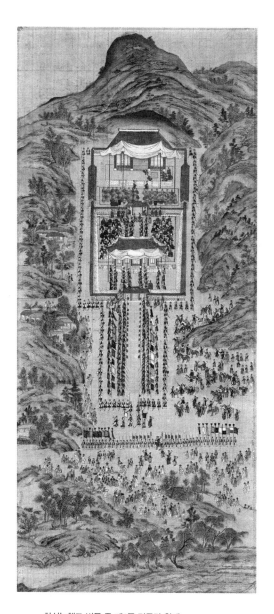

화성능행도 병풍 중 제1폭 명륜당 참배(국립고궁박물관).

이가환이 그를 1등으로 평정(評定)했다는 무고를 하기에 이르렀다. 그러나 정조는 이를 배척하고 무고자를 유배시키면서 노론 벽파의 계획을 무산시켰다.

정약용은 자신이 천주교인이 아니라는 사실을 입증하기 위해서였을까. 그는 금정에서 천주교를 믿지 말라고 사람들을 열심히 설득하는가 하면, 또 조상의 제사를 지내도록 독려했다. 그러나 그의 금정 생활은 오래가지 않았다.

> 7월 26일 금정에 나갔다가 12월 20일 다시 서울로 돌아왔으니, 4개월 남 짓 금정찰방으로 근무한 셈이다. 짧은 기간이었지만, 그는 이곳에서도 결코 시간을 낭비하지 않았다. 실제로 그는 금정에 있는 동안 이 지역의 토호들 을 불러다 국가의 천주교 금교령을 어기지 말고 제사를 지내도록 타일렀다. 또한 천주교 신앙에 빠져 있던 이곳의 역리(驛吏)들을 깨우쳐 효과를 거두 었다고 하며, 천주교도 김복성을 붙잡아 자백을 받기도 하였다.
>
> 특히 그는 사람들을 모아 천주교를 사교로 배척하는 제사[斥邪之禊]를 베 풀면서 사람들에게 제사를 지내도록 권장하였으며, 또한 동정을 지킨다고 고집하는 여자 신도를 혼인시키기도 하였다.[4]

정조가 이가환, 이승훈, 정약용 등 측근들을 천주교도가 많은 지역으로 좌천(유배)한 것은 "그곳에서 천주교도들을 깨우쳐 유교의 교화체제로 다시 돌아오게 하는 공적을 세움으로써 비판의 표적에서 벗어나는 기회를 삼으라는 뜻이 깃들어 있었다."[5]

정약용은 이때도 헛되이 '소일'하지 않았다. 지방의 선비들을 만나 학

성호선생전집(성호박물관).

문을 논하고, 이 지역에 사는 성호 이익의 종손과 사귀면서 정약용이 평생 사숙해온 성호 선생의 유저(遺著)를 접하기도 했다.

이곳 백성들의 생활도 비참하기는 경기 지역과 다르지 않았다. 정약용은 이때 목격한 내용을 〈맹화·요신 친구의 창곡 부패 이야기를 듣고〉라는 제목의 시에 담았다. 이 시는 정약용의 대표작 중 하나이다.

> 남은 것은 조그만 송아지 한 마리
> 차가운 귀뚜라미 서로 위안되네
> 초가집에 뛰노는 건 여우와 토끼
> 고관집 붉은 문에는 청룡 같은 말
> 촌가에는 겨울 지낼 쌀도 없는데
> 관가 창고는 무난히 겨울나네

궁한 백성들 풍상이 몰아치는데
대감 집에는 산해진미 올려바치네

동부승지를 사양하다

영명한 군주 정조는 총명한 신하 정약용을 늘 곁에 두고 싶어 했다.
그러나 갈수록 반대파의 참소와 모해가 거칠어졌다. 이는 정약용 본인
은 물론 그를 아끼는 채제공을 겨냥한 칼날이기도 했다. 그럴수록 이를
간파한 정조는 이들을 보호하고자 했다.

정약용을 금정찰방으로 좌천시키면서 그 이유를 '사교의 신앙'이 아
니라 정약용의 글씨체 때문이라고 한 것도 이 때문이었다.

> 그가 쓴 글자의 획을 보니, 내가 엄하게 내린 교서를 따르지 않고 삐딱하게 기
> 운 글씨체[枝技之體]를 여전히 고치지 않고 있다.
> 이런 사람에게는 엄한 처분을 내려서, 설령 이미 선(善)을 향해 가고 있더
> 라도 더욱 선을 향하도록 해야 할 것이다. 또 혹 이번 일로 스스로 몸을 뺄
> 수만 있다면 그가 더 훌륭하게 변모할 기회가 되리라.[6]

한 나라의 국왕이 인사 문제에 왜 그토록 유약했는지 의문이 따르지
만, 노론은 영조로 하여금 세자까지 뒤주에 가둬 죽이도록 만든 세력이
었다. 인조반정 이래 세력을 키워온 이들은 내키지 않는 왕세손 정조의
등극에 사사건건 시비를 걸고 호시탐탐 반격할 기회를 노렸다.

『춘추좌씨전』(국립제주박물관).

명색이 민주공화국 시대인 1998년, 반세기 만에 수평적 정권교체로 집권한 김대중 대통령이 국회·사법·검찰·언론·재벌 등 수구세력에 포위된 상태에서 행정권력만을 차지했었다는 점을 생각하면 정조 왕권의 한계도 이해가 되는 측면이 있다.

'유배' 다섯 달 만인 1795년 12월, 정조는 정약용을 용양위 부사직에 임명하여 중앙 관직에 복귀시켰다. 비록 한직이지만 우선 중앙으로 불러들인 게 중요했다. 이듬해에는 규영부에 들어가 이만수, 이재학, 이익진, 박제가 등과 함께 교서 일을 맡았다. 「자찬묘지명」에 따르면 이때 임금이 날마다 진기하고 맛있는 음식을 내려줘서 배불리 먹었다고 한다.

이어 두 달여 뒤에 병조참지에 임명되고, 다시 얼마 뒤에 우부승지, 좌부승지에 잇달아 제수되었다. 1797년에는 임금의 명을 받아 교서관에 나아가 이서구, 윤광안, 이상황 등과 함께 『춘추좌씨전(春秋左氏傳)』 교정 일을 보았다. 또한 성균관에서 실시하는 시험의 대독관(對讀官)으로 임명되어 과거 답안을 평가하는 일을 보았다. 그리고 6월에 다시 승정원에 들어가 동부승지가 되었다.

이토록 직위가 자주 바뀐 것은 그만큼 노론 측의 공격이 거셌고, 그때마다 공격의 화살을 피할 수 있도록 정조가 배려했기 때문이다. 정조가 정약용에 보인 신뢰는 군신관계를 넘어선다. 정약용은 뒷날 「자찬묘지명」에서 다음과 같이 기술했다.

며칠 후에 상원에서 백화가 만발하자 임금께서 영화당 아래서 말을 타시며 내각의 신하 채제공 이하 10여 인과 나와 6~7인도 모두 말을 타고 따르라 하여, 임금을 호위하여 궁궐의 담을 돌아서 석거문에 이르러 말에서 내려 농산정으로 돌아 들어가 물굽이에서 연회를 베풀었다. 모든 궁궐 안 동산에 있는 수석, 화훼의 뛰어난 경관과 궁중에서 사용하는 책상, 비장된 도서 등 구경하지 않은 게 없었다. 또 임금이 행차를 옮겨 서총대에 이르러 활을 쏘시며 여러 신하들에게 구경하게 하였고, 석양 무렵 부용정에 이르러 꽃을 구경하고 고기를 낚았다. 그러면서 우리들에게 태액지에서 배를 타고 시를 읊게 하셨다. 저녁밥을 마치고 궁중에서 사용하는 초를 하사받고 모두 돌아왔다.

며칠이 지나서 임금이 세심대에 행차하여 꽃을 구경하셨는데 내가 또 따라갔다. 술이 한 바퀴 돈 후 임금께서 시를 읊으시고 여러 학자들에게 임금의 시에 화답하는 시를 짓도록 하셨다. 내시가 제천 한 축을 올려바치니 임금께서 나에게 임금이 계시는 장막 속에 들어와 시를 베끼도록 명령하셨다.

내가 임금님 바로 앞에서 붓을 뽑아 들고 글씨를 쓰려는데 임금께서 지세

등세심대상화구점(登洗心臺賞花口占) 현판. 정조가 1791년(정조 15년) 3월 세심대(洗心臺)에 올라 아름다운 풍경을 감상하고 지은 시를 새긴 현판이다. 봄날 세심대의 수풀 속에서 세속의 소란함을 씻고, 이곳에 같이 오른 연로한 신하들이 내년에도 함께하길 바란다는 내용이다(국립고궁박물관).

가 고르지 못하니 두루마리 종이를 임금님의 책상 위에다 편편하게 놓고서 글씨를 쓰라고 하셔서 내가 머리를 조아리며 감히 나아가지 못하고 있었더니, 임금께서 급히 독촉하여 내가 마지못해 명령대로 책상 위에 놓고 글씨를 썼다. 임금께서 모든 글자를 바싹 다가가서 보시고는 잘 썼다고 칭찬해 주셨으니 나를 대해주시던 일이 이와 같았었다.

임금의 이런 총애와 극진한 배려에도 정약용이 천주교를 신봉하는 '천주학쟁이'라고 비방하는 수구파의 모해는 그치지 않았다. 그동안 참고 견디던 정약용이 마침내 정면 대응에 나섰다. 동부승지에 임명되자 사직을 청원하는 상소문을 올려 비난을 스스로 해명하는 방식이었다. 정약용은 「변방사동부승지소(辨謗辭同副承旨疏)」라는 장문의 사직 상소에

서교의 신자라는 비방을 초래하게 된 이유에 대해 모든 것을 남김없이 적었다.

다음은 「변방사동부승지소」 내용의 일부이다.

저는 이른바 서양의 사설에 관해 일찍이 그 책을 읽었습니다. (…) 일찍이 마음으로 좋아하여 기뻐하고 사모하였으며, 일찍이 드러내고 남들에게 자랑하였습니다. 그 근본의 마음 쓰는 자리가 기름이 배어들고 물이 젖어들 듯하였으며, 뿌리가 내리고 가지가 무성해지는 듯하였습니다.

마음속에 맹세하여 미워하기를 사사로운 원수같이 하고, 성토하기를 흉악한 역적같이 하였습니다. 양심이 이미 회복되자 이치가 저절로 밝아지니, 전날에 일찍이 기뻐하고 사모하던 것을 돌이켜 생각하니 하나도 허황하고 괴이하고 망령되지 않은 것이 없었습니다.

저의 경우 처음에 물든 것은 어린아이의 장난 같은 것이라, 지식이 차츰 자라자 곧 적이나 원수로 여겼고, 분명하게 알게 되어서는 더욱 엄하게 배척하였습니다. 깨우침이 늦어짐에 따라 더욱더 심하게 미워하였으니, 심장을 갈가리 쪼개어도 진실로 나머지 가리운 것이 없고, 창자를 모두 더듬어 보아도 진실로 남은 찌꺼기가 없습니다. 그러나 위로는 임금님의 의심을 받고 아래로는 당세에 견책을 당하였으며, 한 번 처신을 잘못하여 만사가 무너지고 말았습니다. (…) 저는 차라리 한결같이 벼슬길이 막히기를 바라며, 때로 꺾이기도 하고 때로 펼쳐지기도 하여 부질없이 은혜만 심히 욕되게 하고 죄만 더욱 무겁게 되기를 바라지 않습니다.

죽란사의 시 모임

노론 벽파 세력의 온갖 모함과 음해가 들끓었으나 정약용은 한편으로는 낭만과 풍류를 아는 지식인이었다. 분야를 막론하고 학식이 풍부했고, 정부 관리를 지내면서도 다정한 벗들과 어울려 시를 짓고 술을 마시며 즐길 줄 아는 풍류인의 면모를 갖추고 있었다. 그러기에 뒷날 18년의 유배 생활을 이겨낼 수 있었던 것은 아닐까.

그는 살던 곳은 명례방이었는데, 오늘날의 명동 부근이다. 금정에서 서울로 돌아와 다시 관직에 나갈 때는 30대 중반이었다. 큰 벼슬자리가 아니어서 한가한 때가 많았다. 일찍 퇴근하면 집의 뜰을 걷기도 하고, 달빛 아래에서 술을 마시며 시를 짓기도 했다. 집의 당호는 죽란사(竹欄舍)라 지었다. 「죽란화목기(竹欄化木記)」에서 당호를 죽란사로 짓게 된 이야기를 들려준다.

나의 집은 명례방에 있었다. 아침저녁으로 구경할 만한 연못이나 정원도 없었다. 그래서 우리 뜰을 반 정도 할애하여 경계를 정해서 여러 꽃과 과일 나무 가운데 좋은 것을 구하여 화분에 심어 그곳을 채웠다. 왜류(倭榴)는 4본이 있다. 줄기가 위로 뻗어 1장(丈)쯤 되고, 곁에 가지가 없으며 위가 쟁반같이 둥글게 생긴 것이 두 그루가 있다. 석류 가운데 꽃도 피면서 열매를 맺지 못하는 것을 화석류라 하는데 1본이 있다.

매화는 2본이 있고, 치자나무도 2본이 있다. 산다(山茶)가 1본 있고, 금잔화와 은대화가 4본 있다. 파초는 크기가 반석만 한 것이 1본 있고, 벽오동은 2년생이 1본 있고, 만향(蔓香)이 1본, 국화는 여러 종류가 있는데 모두 18분이고 부용이 1본이다. 그리고 대나무 중에서 서까래처럼 굵은 것을 구하여 화단의 동북쪽으로 가로질러 울타리를 세웠다. 이는 이곳을 지나다니는 남녀 종들이 옷으로 꽃을 스치지 못하도록 하기 위함인데, 이것이 이른바 대나무 울타리[竹欄, 죽란]이다.

언제나 공무에서 물러 나와 건(巾)을 젖혀 쓰고 울타리를 따라 걷기도 하고, 달 아래서 술을 마시고 시를 지으니, 고요한 산림과 과수원, 채소밭의 정취가 있어서 수레바퀴의 시끄러운 소음을 거의 잊어버렸다. 여러 시 벗들이 날마다 이곳에 들러 취하도록 마셨는데, 이것이 이른바 '죽란의 시모임[竹欄詩社, 죽란시사]'이다.

죽란사는 곧 '대나무 울타리가 있는 집'이라는 뜻이다. 이곳에서 모이는 시 모임인 죽란시사(竹欄詩社)는 정약용이 이웃에 사는 남인계 선비들과 조직한 친목 모임이다. 참가자는 정약용을 포함해 이유수, 홍시제, 이석하, 이치훈, 이주석, 한치응, 유원명, 심규로, 윤지눌, 신성모, 한백원, 이중련, 채홍원, 정약전 등 15명이다.

「죽란시사첩서(竹欄詩社帖序)」에서 정약용은 "15명은 서로 비슷한 나이로 서로 바라보이는 가까운 곳에 살면서 태평한 시대에 출세하여 모두 문과 급제로 벼슬길에 올랐고, 그 지향하는 취향도 서로 같으니 모임을 만들어 즐기면서 태평한 세상을 아름답게 장식하는 것이 또한 좋지 않은가"라며 모임의 의미를 설명했다.

이 서문에는 죽란시사의 규약도 다음과 같이 밝혀놓았다.

살구꽃이 피면 한 번 모이고, 복숭아꽃이 처음 피면 한 번 모이고, 한여름

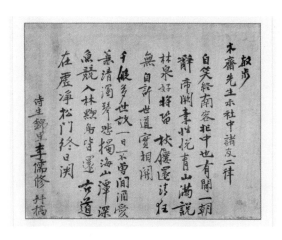

이유수의 5언 율시 〈경보목재선생시사중제우〉(성호박물관).

에 참외가 익으면 한 번 모이고, 초가을 서늘할 때 서쪽 연못에서 연꽃 구경을 위해 한 번 모이고, 국화가 피면 한 번 모이고, 겨울철 큰 눈이 내리면 한 번 모이고, 세모에 화분의 매화가 피면 한 번 모이는데, 모일 때마다 술과 안주, 붓과 벼루 등을 준비하여 술을 마시며 시를 읊는 데 불편이 없도록 한다.

모임은 나이 어린 사람부터 시작하여 나이 많은 사람에 이르고, 한 차례 돌면 다시 이어 간다. 아들을 낳은 사람이 있으면 모임을 주선하고, 수령으로 나가면 또 주선하고, 벼슬이 승진되면 그 사람이 주선하고, 자제 중에 과거 급제자가 나오면 또 그 사람도 주선한다. 이에 이름과 규약을 적고 제목을 '죽란시사첩'이라 했는데 '죽란'이 있는 우리 집에서 열리는 경우가 많아서였다.

그동안 「죽란시사첩」의 서문인 「죽란시사첩서」만 전해왔다. 그런데 2012년에 안대회 성균관대 교수가 「익찬공서치계첩(翊贊公序齒稧帖)」을

『익찬공서치계첩』(강진군 다산박물관).

발굴하여 이듬해 7월 ≪문헌과 해석≫에 발표하면서 「죽란시사첩」의 존재가 세상에 알려졌다.

「익찬공서치계첩」은 다산을 포함한 남인 관료 15명의 명단을 태어난 순서대로 기록한 '서치(序齒)'와 모임의 규약인 '사약(社約)'을 담아 첩으로 묶은 필사본이다. 서치에는 회원들의 이름, 자(字), 생년월일이 정확히 기록돼 있으며, 다산이 서문에 쓴 순서와 일치한다.

또 서문에는 회원끼리 나이가 많이 차이 나면 거북하다는 이유로 회원의 연배를 다산의 위아래 네 살 이내로 제한했다고 써 있는데 서치의 명단은 그 기준에도 들어맞는다.

8개 조항으로 된 사약의 내용도 서문의 내용과 부합하되 좀 더 자세하다.

『익찬공서치계첩』 내용 중 일부(강진군 다산박물관).

"아들을 낳은 계원이나 자녀를 결혼시킨 계원, 지방 수령이나 감사로 나간 계원, 품계가 올라간 계원은 모두들 본인이 잔치를 마련한다."

"매년 봄가을에 날씨가 좋으면 각 계원에게 편지를 보내 유람할 곳을 낙점하고 꽃을 감상하거나 단풍을 구경한다."

사약에는 서문에는 없는 '벌칙'에 대한 조항이 있다.

"연회할 때 떠들썩하게 떠들어서 품위를 손상시키는 계원은 벌주 한 잔을 주고, 세상 사람의 과오를 들춰내 말하는 계원은 벌주 한 잔을 준다.

모두와 함께하지 않고 사사로이 작은 술자리를 갖는 계원에게는 벌주 석 잔을 준다. 까닭 없이 모임에 불참할 때에도 벌주 석 잔을 준다."[7]

안대회 교수는 "사실 죽란시사는 창작 서클의 차원을 넘어 남인 정치세력을 결집하는 모임이었는데, 외부에 정치적 결사로만 보여 공격당할 것을 우려해 규약을 남긴 것으로 보인다"[8]라고 설명했다. 이 모임은 1796년부터 정약용이 1797년에 곡산부사로 나갈 때까지 약 15개월 동안 활발히 활동하고, 그 뒤로도 가끔 모였다.

첫 목민관, 그리고 『마과회통』

정약용은 36살인 1797년 윤6월에 황해도 곡산부사에 제수되었다. 한 달 전, 승정원 동부승지에 임명되고 나서 사직상소를 올렸으나 정조는 정약용이 반대파의 칼날을 피할 수 있도록 지방관으로 보낸 것이다. 잠시 외직으로 보내어서 공격을 누그러뜨리려는 조처였다.

암행어사와 금정찰방을 지낸 짧은 기간을 제외하면 본격적인 지방관, 이른바 목민관(牧民官)이 된 것은 곡산부사가 처음이었다. '목민관'은 백성을 다스리고 기르는 벼슬아치라는 뜻으로, 고을의 원이나 수령 등을 통틀어 이르는 말이다. 이때의 경험은 뒷날 치민(治民)에 관한 도리를 논하고, 벼슬아치들의 폐단을 제거하고, 관리의 바른길을 알고자 그릇된 사례를 들어 설명하는 『목민심서(牧民心書)』를 쓰게 되는 계기가 되었다.

이때 처음으로 한 고을의 책임을 맡아 피폐한 민생을 직접 보고 이 현실을 구제할 수 있는 방법을 고민했다. 관리들의 탐학이 얼마나 극심한지를 알게 되었고, 관념에 머물렀던 실학사상도 현실에 뿌리를 내리게 되었다.

정약용은 곡산부사로 떠나기 전에 정조에게 작별인사를 하러 갔다. 이 자리에서도 정조는 변함없는 신뢰를 보냈다. 정약용은 「자찬묘지명」에 당시 임금의 뜻과 자상함을 다음과 같이 기록했다.

지난번 상소문은 문장이 좋을 뿐 아니라 생각도 훤하니 참으로 쉽지 않은 것이다. 바로 한 번 승진시켜 쓰려고 하였는데, 의논이 들끓으니 무슨 까닭인지 모르겠다. 한두 해가 늦어진다 해도 상관없을 것이다. 가서 있으면 장차 부를 것이니 서운하게 여기지 말라.

비록 좌천되어 외지로 떠나는 길이었으나 정약용은 이 같은 군주의 마음을 새기면서 낯선 임지로 향할 수 있었다. 이때 〈곡산 부임을 앞두고 궁전을 하직하며(將赴谷山, 辭殿日恨然有作)〉라는 시 한 편을 지었다.

> 종종걸음치면서 궁전 뜰 내려설 때
> 자상하신 임금 말씀에 절로 눈물 흐르네
> 등생(謄生)처럼 원해서 고을살이 감 아니요
> 소송(騷頌)의 창주(滄州) 부임과 같다네
> 떠나는 짐에는 규장각의 책도 있고
> 궁중 약원의 환약도 있어 이별 시름 덜어주네
> 궁궐에서 서쪽으로 삼백 리 가매
> 가을 되어 서리 내리면 원님 방에서 꿈꾸리

정약용은 스스로 지방의 벼슬을 원해서 내려간 등원발(등생)이 아니라 뜻하게 않게 지방으로 가게 된 소송의 처지와 자신의 처지가 같다고 아쉬워한다.

한편, 정약용이 곡산부사로 부임하기 전 곡산에서는 민요에 버금가는 소요사건이 있었다. 이 사건의 사연은 이러했다.

전임 곡산부사가 다스릴 때 서리들이 농간을 부려 백성들에게 과도한 세금을 매기자 이계심(李啓心)이라는 이가 백성 1천여 명을 이끌고 관청에 몰려가 항의했다. 그러나 관청에서는 실정을 바로잡을 정책을 찾기보다 항의 주동자를 체포하려 했다. 그러자 사람들은 벌떼처럼 일어나 항의하며 이계심을 보호했다. 이 틈에 이계심은 달아났고, 이후 관청은 그를 잡지 못했다. 이 사실이 조정에까지 알려지자 일부에서는 주동자를 체포하여 처형하자는 주장도 나왔다.

그런데 정약용이 곡산 땅에 들어서는데, 이 사건의 주동자인 이계심이 느닷없이 나타나 백성의 고통을 10여 조목으로 적은 것을 들고 가마 앞에 엎드렸다. 자수였다. 믿을 수 없는 일이 눈앞에서 벌어지자 어리둥절해하던 서리들이 곧 정신을 차리고 이계심을 포박하려 했다. 그러자 정약용은 이미 자수했으니 달아나지 않을 것이라며 이계심을 관청으로 데려갔다.

정약용은 이계심에게서 직접 사실관계를 확인한 뒤에 그를 가두지 않고 오히려 방면했다. 「사암선생연보(俟菴先生年譜)」에 따르면, 정약용은 이계심을 방면하며 이렇게 말했다.

> "한 고을에는 모름지기 너와 같은 사람이 있어야 한다. 한 사람으로 형벌이나 죽음을 두려워하지 않고 만백성을 위해 그들의 원통함을 폈으니, 천금을 얻을 수 있을지언정 너와 같은 사람을 얻기가 어렵다. 오늘 너를 무죄로 석방한다."

예나 지금이나 보기 힘든 파격적인 모습이다. 조선 시대의 관리들은 죄가 있건 없건 필요에 따라 "네 죄를 네가 알렸다"라며 다그치고 매질을 가해 '자복'을 받아내기 일쑤였다. 특히 백성들의 집단행동은 반역죄로 치부하여 더욱 엄중하게 처벌했다.

정약용은 뒷날 「자찬묘지명」에 이계심을 높이 평가한 이유를 이렇게 밝혔다.

> "관청이 밝지 못하게 되는 까닭은 백성이 자신을 위해 도모하는 데 교묘하기만 하고, 폐단을 들어 관청에 대들지 않기 때문이다. 너 같은 사람은 관청에서 천금을 주고라도 사야 할 것이다."

목민관은 주색에 빠져 거드름이나 피우면서 백성들의 고혈을 빨아먹는 자리가 아니다. 입만 열면 '민생' 운운하면서 뒷구멍으로 망나니짓이나 일삼는 감투가 아니다. 정약용은 학구적으로, 그리고 중앙에서 관념적으로 추구하던 실학정신을 현장에서 행정으로 실행하고자 했다.

그는 곡산부사로 있으면서 '여덟 가지 규정'을 만들어 실행하고, 백성들의 생활을 향상하고자 노력했다. 마을마다 집집마다 호구를 조사하여 적정한 세금을 내게 하고, 억울한 사람이 없도록 죄인들도 공정한 재판을 받도록 했다. 구리로 자[尺]를 만들어 관리와 상인들의 협잡을 막고, 농민들이 생산한 쌀 대신 돈으로 세금을 내도록 하는 과정에서 생긴 비리를 막고자 원칙대로(즉, 쌀로 내도록) 집행함으로써 백성들의 부담을 크게 줄였다.

정약용이 곡산부사 시절에 시행한 일 중에서도 가장 큰 업적은 의학서적인 『마과회통(麻科會通)』과 농업진흥을 위한 상소문 「응지론농정소(應旨論農政疏)」를 펴낸 일이다.

조선 후기 세 가지 재앙은 전염병, 기근, 그리고 양반 관료의 수탈이

1943년에 서울의 행림서원에서 발행한 석인본 『마과회통』 2책 중 1책(강진군 다산박물관).

었다. 그래서 이때 인구가 크게 감소하는 일까지 벌어졌다.

다산이 살았던 당시의 조선은 인구학적 위기에 처해 있었다. 공식적인 인구조사에 따르면, 1750년에 7,328,867명이던 조선 인구가 1799년에는 7,412,686명으로 나타나, 거의 50년 동안 83,319명이 증가하였을 뿐이다. 다음 50년 동안의 사정은 더욱 나빴다. 1850년에는 6,470,730명으로 집계되어 거의 100만 명(정확히는 941, 956명)이나 감소하였던 것이다.[9]

전염병 중에는 홍역과 천연두가 특히 많은 백성의 생명을 앗아갔다. 정약용도 어린 자식을 여섯이나 잃었는데, 대부분 천연두로 죽었다. 그만큼 천연두는 무서운 병이었다. 목민관이라면 마땅히 이에 대한 대책을 세워야 했다. 정약용은 원인과 치료방법을 규명하기 위해 직접 연구를 시작했다.

　그는 1775년 서울에 천연두가 크게 유행할 때 천연두 치료의 묘방으로 탁월한 치료 효과를 보인 명의 이헌길(李獻吉)의 저술인 『마진기방(痲疹奇方)』을 비롯하여 천연두에 관한 중국 서적 수십 종을 구해서 체계적으로 간명하게 정리하였다. 『마과화통』 원고는 다섯 차례나 고쳐서 완성되었으니, 이 저술에 얼마나 공을 들였는지 짐작할 만하다. [10]

　정약용은 이렇게 우리나라 의학서와 중국의 의학서를 두루 참고해서 결국 스스로 홍역에 관한 의학서인 『마과회통』을 완성했다.

밀려오는 먹구름

번암 채제공의 죽음

정약용이 황해도 곡산부사로서 목민관 노릇을 하는 동안 정조는 그에게 '과외 업무' 두 가지를 맡겼다.

하나는 1799년 2월에 청나라 건륭제(1711~1799, 고종)의 죽음을 알리러 오는 사신을 접대하는 일이었다. 청국 사신은 그야말로 조선 왕실의 상전이라 이들을 맞는 일을 아무한테나 맡길 수 없었다. 그러나 정약용은 호조참판을 제수받고 황주 영위사에 임명되어 자신이 맡은 임무를 지혜롭게 마쳤다. 마침 겨울 감기가 심한 때였는데, 대비를 철저히 한 덕에 사신이 무탈하게 돌아갈 수 있었다.

다른 하나는 황해도 지역 수령들의 선행과 악행, 비리를 조사하는 안렴사(按廉使)의 역할이었다. 일반적으로 한 지역의 수령에게 다른 지역 수령들의 비리를 조사시키는 경우는 흔치 않았다.

정조는 정약용이 암행어사로서 사심 없이 공정하게 권세가들의 비리를 척결한 것을 알고 다시 안렴사의 역할을 맡긴 것이다. 그는 이번에도 맡은 일을 공정하게 해냄으로써 거듭 군주의 두터운 신임을 받았다.

군주의 신망을 받으며 외직에 있으면서도 내직의 업무까지 충실히 수행하던 때, 정약용의 운명 앞에 서서히 먹구름이 밀려오고 있었다. 아니다. '천주쟁이'라는 이름의 먹구름은 이미 오래전부터 그의 주변에 어른거리고 있었다. 군주와 영상 채제공이 막아주고 있었을 뿐이다.

그러던 1799년 1월, 정조 임금과 함께 정약용의 든든한 버팀목이었던 번암 채제공이 세상을 떠났다. 조선 왕조의 역대 정승 가운데 치적이 가장 두드러진다는 그가 있었기에 남인 시파와 노론 벽파 사이의 균형추가 유지될 수 있었는데, 그 한 축이 무너진 것이다.

> "채제공은 팔순의 나이까지 오십 년 이상을 남인 재건에 바쳤고, 덕분에 정조는 남인을 기반으로 혁신을 꿈꿀 수 있었다. 그렇듯 채제공은 정조가 꿈꾼 세상을 위한 터잡이 역할에 충실했던 인물이다."[1]

정약용은 스승이자 정치적 후견인이던 채제공의 사망 소식을 곡산에서 들었다. 그는 놀라고 애통한 마음을 담아 〈번암 채제공 상공의 죽음을 애도하는 시(樊巖蔡相公軼)〉를 지었다.

1
눈바람 속에서도 걱정스럽던 기유년(1789) 겨울

1799년 2월 19일, 정조가 채제공(蔡濟恭)에게 '문숙(文肅)'이라는 시호를 내린 교지(수원 화성).

검은 갖옷 소매 털이 얼어서 부풀었다오

문 안에 들어서면 기상부터 엄숙했는데

임금님 앞에서 처음으로 불평한 마음 열어 보이셨소

세 흉적을 못 베고서 나는 이미 늙었지만

깜깜한 구천에 가도 그들은 용서받기 힘들 겁니다

충의간담(忠義肝膽) 이젠 어느 곳에서 알아줄까

사촉(紗燭)만 휘황하게 늙은 소나무를 비춥니다

2

고금에 유례없는 하늘이 낸 호걸이라

우리나라 사직이 그 큰 도량에 매여 있었소

뭇 백성의 뜻 억지로 막는 일 전혀 없었고

만물을 포용하는 넉넉함이 있었다오

하늘 높이 치솟는 성난 물결도 우뚝 선 지주(砥柱)에 놀라고

땅에 떨어진 요사스러운 꽃조차 삼엄한 소나무로 보더이다

영남 영북의 1천여 리에다

사림의 터전 다져 굳건히 쌓아주었다오

3

머나먼 외진 곳에 병들어 있는 판에

서울에서 온 소식이 내 넋을 놀라게 했네

교룡(蛟龍)이 갑자기 떠나버리자 구름과 번개도 고요하고

산악이 무너지니 온 세상도 가벼워졌네

100년 가도 이 세상에 그분 기상 없을 테니

이 나라 만백성들 뉘를 기대고 살리오

세 조정을 섬기면서 머리 허예진 우뚝한 기상

옛일들 생각하니 갓끈엔 눈물이 흠뻑[2]

　'고금에 유례없는 호걸'이며, 100년이 가도 그 기상을 따라갈 사람이
없을 만큼 높이 우러러보던 스승을 그리며, '머나먼 외진 곳'에 쫓겨나
있는 까닭에 직접 조문을 하지 못하는 제자의 애틋함과 그리움이 솔직
하게 담겨 있다.

　채제공을 떠나보낸 정조가 주변이 허전했는지, 그해 4월에 정약용을
다시 조정으로 불러들였다. 곡산부사로서 의심스러운 살인사건 등을 명
쾌하게 처리한 보고서를 살펴보고 정약용에게 형조참의(조선 시대 형조에

둔 정3품 벼슬)를 맡겼다.

정조가 형조참의를 맡기게 된 연유에 대해서는 「사암선생연보」에 다음과 같이 기록되어 있다.

처음에는 봄가을을 기다려 불러오려고 했지만, 마침 큰 가뭄이 들어 처리해야 할 여러 옥사를 심리하고자 하여 불렀다. 황해도에서 일어난 의심스러운 옥사를 재조사한 너의 보고서를 보니 그 글이 매우 명백하고 절실하였다. 뜻하지 않게 글귀나 읽는 선비로 옥사를 심리하는 직책을 맡을 만하므로 바로 불러들인 것이다.

1798년에 정조가 각 지역의 미제 옥사를 신속하게 처리하라고 지시했을 때 정약용이 황해도 수안군에서 발생한 김일택 옥사, 송화현 강문행 옥사 등을 꼼꼼하게 다시 조사해 적절하게 결론을 내렸는데, 임금이 이를 높이 평가했다는 이야기이다. 정약용은 억울한 옥살이가 없도록 사건을 신중하게 해결하기 위해 노력했다.[3]

형조참의 버리고 낙향

정약용이 형조참의에 임명되자 반대세력은 이를 빌미로 또다시 정약용을 거세게 비난하며 들고일어났다. 형조참의는 지금으로 말하면 검찰총장에 고등법원장을 더한 벼슬쯤 되기에 반대세력이 두려워하는 자리였다. 그렇지 않아도 암행어사와 곡산부사 재임기에 보여주었던 정약용의 엄격한 판결을 익히 알고 있던 그들은 정약용이 막강한 자리에 앉는 것을 가만히 두고 보지 않았다.

대사간 신헌조가 임금에게 이가환과 권철신, 정약종을 '사학죄인'으로 지목하여 조정에서 퇴출해야 한다고 주청했다. 뒤이어 사간원 민명혁은 "대사간 신헌조가 그의 형을 배척하고 있는데도 정약용이 공무를 보고 있다"라고 직접 공격에 나섰다. 당시의 법도는 관료의 가까운 친족이 혐의를 받아 배척당하면 스스로 직무를 중단하고 임금의 처분을 기다려야 했는데, 민명혁은 이를 노렸다.

채제공이 죽은 뒤 남인 시파의 세력이 크게 위축되었음에도 노론 벽파는 이 기회에 그 세력을 아예 말살시키고자 남인을 '사학의 소굴'로 몰아 공격을 퍼부었다. 정약용은 더 이상 견디기 어려웠다.

그는 원래 관리보다 학문을 연구하는 학자의 모습이 더 어울렸다. '적당히' 처신하고 보신에 능한 관리가 아니라 진리와 공정을 추구하는 학자적 취향이었다. 두 가지를 겸하는 것이 조선 시대의 관료이지만, 올곧은 성격의 그에게 관리는 몸에 맞지 않는 옷이었다.

1799년 6월, 자신이 남의 표적이 되는 일을 우려하던 정약용은 자신을 '세상의 눈엣가시'라 부르며 형조참의를 사직하는 상소 「사형조참의소(辭刑曹參議疏)」를 올렸다.

(저는) 배척받음이 쌓여 위태로운 처지가 되었으니, 조정에 나온 지 11년 동안 일찍이 하루도 편한 날이 없었습니다. 첫째도 자초한 것이고 둘째도 자초한 것이니, 어찌 감히 자신을 용서하고 남을 탓하여 거듭 스스로 그물과 함정 속에 빠져들겠습니까? (…) 일생의 허물을 스스로 당시 세상에 폭

로하여 한 세상의 공론을 들어서, 세상이 과연 용납해주면 군이 떠나지 않을 것이요, 세상이 용납하지 않으면 군이 나아가지 않으려 하였습니다.

이제 세상의 뜻을 보면 용납하지 않을 뿐만 아니라 한 집안을 연루시키려 하니, 지금 떠나지 않으면 저는 한갓 세상에 버려진 사람이 될 뿐만 아니라 장차 집안의 패역한 아우가 될 것입니다. (…) 제가 태어나고 자란 고향은 강과 호수나 물고기와 새의 풍광이 성품을 닦을 만하니, 비천한 백성들 속에 뒤섞여 죽을 때까지 전원에서 여생을 쉬면서 임금님의 은택을 노래한다면, 저에게는 남의 표적이 될 근심이 없고, 세상에는 눈엣가시를 뽑아낸 기쁨이 있을 것이니, 좋지 않겠습니까?

이 상소를 본 정조는 사정을 잘 알았으니 사직하지 말고 어서 직무를 수행하라는 답을 내렸다. 군신 간에 줄다리기가 다시 벌어졌다. 놓아주지 않겠다는 군주와 떠나겠다는 신하의 줄다리기 현상은 좀처럼 보기 드문 일이다. 정약용은 병을 핑계로 출근하지 않으며 주장을 굽히지 않았다. 결국 한 달이 넘어서 정조는 정약용의 사직을 허용한다.

벼슬을 내려놓았으나 그 뒤에도 정약용을 비방하는 참소는 잇따랐다. 그해 겨울에는 서얼 조화진이란 자가 이가환과 정약용 등이 은밀히 서교를 주장하며 반역을 꾀했고 한영익이 그들의 심복이라고 고변했다. 심환지 등이 모두 무고라고 하자 정조는 이 고변을 돌려보냈다. 알고 보니, 조화진이 한영익의 집안과 혼인을 맺으려 했으나 한영익이 이를 들어주지 않고 그의 누이를 정약용의 이복동생인 정약황에게 시집보내자 조화진이 복수심에서 꾸며낸 이야기였다.

1800년 봄, 정약용은 가족을 이끌고 고향 마재로 돌아왔다. 자신을 참소하고 시기하는 사람이 많음을 알고 스스로 그 칼날을 피하기 위해서였다. 28살에 대과에 급제하여 종7품의 희릉직장에 임명되면서 관직에 나간 지 11년 만이었다. 부친상으로 여막살이를 한 3년을 빼면 9년여의 관직 생활이었다. 그 기간에 어찌나 풍파가 심했는지 "하루도 편한 날이" 없었다. 그래서 남은 생은 풍광 좋은 고향에서 속 편히 살고자 선택한 길이었다.

"나는 적은 돈으로 배 하나를 사서, 배 안에 어망 네댓 개와 낚싯대 한두 개를 갖추어 놓고 (…)"라며 한적하게 지내고 싶다는 소박한 꿈도 꾸었다.

그러나 정조는 그를 놓아주지 않았다. 잠시 초야에 머물며 지내던 6월, 임금이 다시 그를 찾았다. 규장각 서리를 통해 『한서선(漢書選)』 열 권을 내리면서, 다섯 권은 집안에 간직하고 다섯 권은 표제에 제목을 써서 올리라고 지시했다. 달리 무슨 벼슬을 주었다가는 또다시 벌집을 쑤시게 되는 형편이라, '무관의 역할'을 맡겼으리라. 이날이 6월 12일이었다.

정약용은 임금의 은혜에 감격하여 눈물을 흘리며 시 한 수를 지었다. 〈유월 십이일 몽사'한서' 공술은념(六月十二日 蒙賜漢書 恭述恩念)〉이라는 시이다.

> 동쪽으로 소내에 가서 고기잡이 맛들였는데
> 임금이 부르시는 글 시골집에 이르렀네
> 대궐문 이미 옮기고 별관을 열었으며
> 황색보로 곱게 싸서 『한서』를 내리셨도다
> 재주없는 이 몸도 임금께서 버리시려 않으시니

이 목숨 차마 어찌 초야에서 노닐어보랴

산으로 돌아가 은거할 계책 영원히 포기하고

처자 함께 또 서쪽으로 올라와 살 곳 정했소

정조는 그만큼 정약용을 아꼈다. 이에 보답하기 위해 정약용은 고향
에서 은자로서 조용히 지내는 것을 미루고 임금 곁으로 다시 나아갈 준
비를 했다. 그러나 '운명의 끈'은 이마저 오래 이어지지 않았다.

갑작스러운 정조의 승하

정조는 유능한 임금이었다. 조선 시대 때 세종에 이어 두 번째로 문
화의 르네상스를 열었다. 세종은 아버지 태종이 자신의 형제와 처가는
물론이고 아들의 처가까지 피비린내 나도록 '손을 봐서' 태평성대를 누
릴 수 있는 터전을 닦아주었다.

그러나 세종과 달리 정조는 자신의 아버지(사도세자)를 뒤주에 갇혀 죽
이도록 한 세력의 울안에서 권좌에 올랐다. 아무리 영민한 군왕이라도
꿈꾸던 개혁정치를 맘대로 펼치기 어려운 정국이었다. 아버지를 죽이도
록 한 기득권 세력이 조정과 사회를 움켜쥐고 있었기 때문이다.

정조는 조선 사회의 전환기에 기존의 질서를 유지하면서, 변화하는
사회적 요구에 부응해야 하는 이중의 과제를 떠안았다. 이러한 시대적
과제를 효과적으로 해결하기 위해 기존의 정부기관 외에 별도로 규장각
이라는 새로운 기구를 설립하고, 새로운 시대사상으로 부상한 북학사상

을 적극 수용했다.

그는 이전 시대에 이룩한 문화 중심국으로서 자부심을 지키는 한편, 선진문명을 일구어내던 청나라의 문물을 도입하여 상호 보완하는 방식으로 자신이 맡은 과업을 성공적으로 수행했다.

그가 탁월한 추진력을 갖추고 시대적 과제를 수행할 수 있었던 근본적인 힘으로는 당대의 어느 학자와 비교하더라도 손색이 없는 학문적 소양을 들 수 있다.[4]

그러던 1800년 6월 28일, 정조가 창경궁 영춘헌에서 갑자기 숨을 거두었다. 48살의 나이였고, 왕위에 오른 지 24년 만이었다. 정약용이 규장각 서리를 통해『한서선』열 권을 하사받은 지 불과 보름여 만에 벌어진 일이었다.『한서선』은 임금이 정약용에게 내린 마지막 선물이 되고 말았다.

정조는 7년 전부터 온몸에 종기가 나고, 고름이 흐르고, 현기증과 두통에 시달려왔다.『정조실록』이나 노론 영수 심환지에게 보낸 '밀찰'에도 병세의 내용이 적혀 있다. 그런데 정조의 죽음을 보는 또 다른 견해도 있다. 이른바 독살설이다. 정조 독살설을 주장하는 이들은 몇 년 동안 앓아온 종기로 갑자기 죽는다는 건 수상쩍은 데가 있다고 말한다.

정조의 죽음을 놓고 항간에 독살설이 나돌았다. 특히 정조의 죽음에 가장 큰 충격을 받은 남인은 독살설에 무게를 뒀다. 남인의 핵심 정약용도「기고금도장씨여자사(紀古今島張氏女子事)」에서 간접적으로 정조의 독살을 거론했다. 하지만 정조의 독살설은 근거가 불확실하다. 당시 정치 지형을 감안할 때 독살의 개연성이 없는 것은 아니지만 독살을 증명할 만한 뚜렷한 증

심환지 초상(경기도박물관).

거도 없다. 이에 따라 그때나 지금이나 정조는 독살당한 것이 아니라 병사
했다는 것이 정설로 굳어져 있다.[5]

고금도에 사는 장씨 여자들의 이야기를 담은 「기고금도장씨여자사」는
정약용이 강진에서 유배 지낼 때 들은 이야기를 적은 글이다. 이 글에
장현경이라는 인물의 아버지가, 당시 정승(심환지)이 의원을 천거해 임금
께 독약을 올리게 했고 이 역적을 자기 손으로 제거할 수 없음을 한탄했
다고 하는 이야기가 나온다. 이로 인해 장현경의 집안은 큰 고초를 겪었
다고 한다.

정조의 갑작스러운 죽음은 정약용에게는 하늘이 무너지는 참극이었

다. 정약용이 권좌에 앉아 있어도 반대세력들은 그를 제거하지 못해 안 달이었는데, 정조도 채제공도 없으니 이리와 승냥이 떼가 우글거리는 들판에 내팽개쳐진 어린 양의 신세나 다름없었다.

정약용은 정조의 영구가 수원으로 떠나는 모습을 보며 목놓아 울었 다. 그리고 이별의 시 〈계인일술애(啓引日述哀)〉를 지었다. 그 내용의 일 부분은 다음과 같다.

> 영구 수레 밤에사 노량나루 모래톱에 이르니
> 일천 개의 등촉이 비단장막을 에워싸네
> 단청한 배 붉은 난간은 어제와 같은데
> 임금님 넋은 어느 틈에 화성으로 가셨는가
> 천 줄기 흐르는 눈물은 옷깃 흠뻑 적시고
> 바람 속의 은하수도 슬픔에 잠겼어라
> 성곽과 대궐은 옛 모습 그대로이나
> 임금님 영정 모신 서향각 배알도 못 하게 막네

정조의 죽음은 좁게는 정약용과 그의 형제들의 고난으로, 넓게는 국 가적 환난으로 이어졌다. 한 연구가는 정조 시대를 "꽃망울을 터뜨렸지 만 열매를 맺지 못하여 미래를 위한 씨를 생산하지 못"한 시대라고 평가 하기도 한다.

정조는 반석이 될 제도를 마련하고 인재를 배치해 이를 국가 조직이 유지 하고 이끌도록 해야 했지만 스스로 반석이 되어 조정을 독점했다. 그리하여 그가 죽자 순식간에 국가를 떠받치고 있던 반석이 사라졌고 동시에 왕실과 국가가 붕괴되는 사태가 도래하고 말았다.

이렇듯 정조 시대는 꽃망울은 터뜨렸지만 열매는 맺지 못하여 미래를 위한 씨를 생산하지 못했다. 그런 까닭에 정조는 현실을 가꾸었지만 미래는 열지 못한 미완의 군주라고 할 수 있다. 그렇다고 정조가 일궜던 문화 혁신의 꽃이 아름답지 않은 것은 아니었다.[6]

조선은 정조가 승하한 뒤에 급격히 쇠락의 길을 걷는다. 세계가 근대 문명의 발달과 경쟁의 각축장이 되어가는 중요한 시기에 개혁군주를 잃은 조선은 길을 잃고 만다.

'여유당'에서 칩거

정조는 2남 2녀를 두었는데, 맏아들인 문효세자는 1786년에 5살의 어린 나이로 세상을 떠났다. 정조의 뒤를 이을 사람은 하나 남은 아들 순조뿐이었다. 그러나 그때 순조의 나이는 겨우 11살이라 국정을 운영하기에는 너무 어렸다. 결국 영조의 계비이자 순조의 증조할머니인 대왕대비 정순왕후 김씨가 수렴청정을 실시했다. 정순왕후는 사도세자의 죽음에 직접 관여했던 인물이어서 폭풍우가 몰아닥치는 건 시간 문제였다.

때를 같이하여 경주 김씨 척족과 오매불망 기회를 노리던 노론 벽파가 실세로 전면에 나서게 된다. 목만중, 이기경, 홍희운(홍낙안의 바뀐 이름) 등 노론 벽파의 앞잡이들이 서둘러 일을 꾸몄다.

이들은 "이가환 등이 장차 반란을 일으켜 사흉팔적(四凶八敵)을 제거하려 한다"라는 흉서를 만들어 살포했다. 자기네 쪽 인사도 몇 명을 끼워 넣었다. 사실로 포장하기 위한 수법이었다.

그해 겨울에 정조의 국상이 마무리되었다. 정약용은 가족을 고향 마재로 보내고 혼자 서울에 남아서 국상의 졸곡(卒哭)을 마쳤다. 뒷날 「자찬묘비명」에서 정조의 은총을 이렇게 적었다.

나는 포의(布衣, 벼슬 없는 사람)로 임금의 알아줌을 받았는데, 정조대왕께서 총애해주시고 칭찬해주심이 동렬(同列)에서 넘어서셨다. 앞뒤로 상을 받고, 서책, 구마(廐馬, 임금이 하사해주시는 말), 무늬 있는 짐승 가죽, 진귀한 여러 물건을 내려주신 것은 이루 다 기록할 수가 없다. 기밀에 참여하여 듣도록 허락하시고 생각한 바가 있어서 글로 조목조목 진술하여 올리면 모두 즉석에서 윤허해주셨다.

일찍이 규영부 교서로 있을 때는 맡은 일에 과실을 책망하지 않으셨으며, 매일 밤 진수성찬을 내려주셔서 배불리 먹게 하셨다. 내부(來府)에 비장된 서적을 각감(閣監)을 통해 청해 보도록 허락해주신 것들은 모두 남다른 운수였다.

노론 벽파의 권력 탈환전은 국상이 끝나자마자 현실로 나타났다. 정순왕후가 칼을 빼들었다. 시파들을 대대적으로 숙청한 이듬해인 1801년 1월 10일 『순조실록』에 따르면, 천주교인들을 역률(역적죄)로 다스리고 씨를 말려버리라는 특명을 내렸다.

사람이 사람 노릇을 할 수 있음은 인륜(人倫)이 있기 때문이요, 나라가 나라의 노릇을 함은 교화(教化)가 있기 때문이다. 오늘날 사학(邪學)이라 일컬어지는 것은 아비도 없고 임금도 없으니 인륜을 파괴하고 교화에 배치되어, 저절로 짐승이나 이적(夷狄)에 돌아가버린다.

엄하게 금지한 뒤에도 개전의 정이 없는 무리들은 마땅히 역률(逆律, 역적죄)에 의거하여 처리하고 각 지방의 수령들은 오가작통(五家作統)의 법령에 밝혀서 그 통(統) 안에 사학의 무리가 있다면 통장은 관에 고해 처벌하도록 하는데, 당연히 코를 베어 죽여서 씨도 남지 않도록 하라.

이즈음 정약용은 식구들이 있는 마재에 와 있었다. 형제들과 경전을 강론하고, 앞으로 살아갈 전원생활도 준비하고, '여유당(與猶堂)'이라는 당호도 지었다. 노자의『도덕경』에 "신중하라, 겨울에 살얼음판의 시내를 건너듯(與兮若冬涉川), 경계하라, 사방 이웃을 두려워하듯(猶兮若畏四鄰)"이라는 표현이 나온다. 여유당은 이 글에서 '여(與)'와 '유(猶)'를 가져와 지은 이름으로, 겨울에 살얼음판을 걷듯 조심하고 사방에서 자신을 지켜보는 시선을 의식하면서 행동한다는 뜻이 담겨 있다. 그가 당시의 상황을 얼마나 엄중히 여겼는지 잘 알 수 있다.

정약용은 잘못을 저지르지 않도록 스스로 경계하는 당호를 짓고 칩거하면서도 곧 닥칠지 모르는 폭풍우를 예상했던 것일까.「여유당 기(記)」에 다시 다음과 같이 소회를 적었다.

내 병을 나 스스로 잘 알고 있다. 용기만 있지 지략이 없으며, 선(善)만 좋아하지 가릴 줄 모르며, 마음 내키는 대로 즉시 행하기만 하지 의심하거

정약용 생가의 여유당(與猶堂) 현판.

나 두려워하지도 않는다. 그만둘 수 있는 일인데도 마음속으로 의심하거나 두려워하지도 않는다. 그만둘 수 있는 일인데도 마음속으로 기쁘게 느껴지기만 하면 그만두지 못하고, 하고 싶지 않은 일인데도 마음에 꺼림직하여 불쾌한 일이 있으면 그만둘 수 없었다.

어려서 혼몽할 때에는 일찍이 방외(方外, 서학)로 치달리면서도 의심이 없었고, 장성한 뒤에는 과거(科擧)에 빠져 돌아보지 않았으며, 서른이 된 뒤에는 지나간 일에 대해 깊이 후회한다고 진술하면서도 두려워하지 않았다. 선(善)을 끝없이 좋아했으나 비방을 받는 일은 유독 많았다.

아! 이 두 말이 내 병에 약이 되는 것이 아니겠는가. 저 겨울에 냇물을 건너는 것은 차갑다 못해 따끔따끔하며 뼈를 끊는 듯하니, 부득이하지 않으면 건너지 않는 것이다. 사방의 이웃을 두려워하는 것은 몸 가까운 데서 지켜보기 때문이니 비록 매우 부득이하더라도 하지 않는 것이다.

폐족의 위기 속에서

의금부에 투옥

16세기 중반부터 시작된 붕당의 대립은 날이 갈수록 사색당쟁(四色黨爭)으로 확대되고 격화되었다.

영조와 정조가 연이어 탕평책을 폈으나 붕당의 뿌리를 뽑지는 못했다. 당파는 당대뿐만 아니라 자손대까지 이어지고, 당파가 다르면 왕래는 고사하고 서로 원수처럼 여겼다. 심지어 여성들의 의복도 당색에 따라 달랐다.

복건을 착용했던 서인은 노론과 소론으로 나뉘면서 노론은 홑으로 만든 단건(單巾)을, 소론은 겹으로 만든 겹건(裌巾)을 사용해 당색을 표현했는데, 일본 덴리(天理)대학 소장의 김창흡(1653~1722) 초상화를 보면 복건의 뒷자

락 안쪽이 가장자리 단에 비해 흐리게 표현되어 있어 노론이 착용했던 단건으로 확인된다.

여자의 치마·저고리 차림새에도 당색이 나타났다. 먼저 저고리의 경우 노론과 소론의 당파에 따른 깃 형태의 차이를 들 수 있는데, 노론가의 깃은 당코의 끝이 움푹 파여 세련된 선으로 된 반면에, 소론가의 깃은 당코를 파지 않고 밖으로 삼각 모양으로 뾰족하게 만든 것이 특징이다.[1]

정조는 비밀리에 당파의 수장들에게 어찰(御札)을 보내는 등 붕당정치로 인한 분열과 폐해를 막기 위해 무던히 노력했으나 그의 붕어와 동시에 24년간 쌓았던 노력은 물거품이 되고 말았다. 노론이 겨냥한 남인 세력은 채제공의 죽음으로 중축이 부러진 상태였으나 조정에는 아직 상당한 세력이 남아 있었다.

정약용이 귀향하여 살얼음판을 걷는 심정으로 지내던 때 정순왕후의 전교가 내려졌다. 천주교도를 일망타진하라는 전교의 지시에 먼저 걸려든 이는 서울에 숨어서 전교 활동을 하던 정약종이었다.

전교가 내려진 뒤 당국의 수색이 강화되자 정약종은 시골로 피신할 계획을 세웠다. 그는 먼저 그동안 보관하던 성상과 천주교 서적 등을 농짝에 담아서 솔잎으로 덮어 마치 땔감나무 짐처럼 위장하여 나르게 했다. 그런데 이 짐을 나르던 사람이 한성부 순찰에게 불시에 적발되고 말았다. 상자 속에서는 천주교인끼리 주고받은 편지 등 천주교도라는 사실을 증명할 수 있는 물건들이 쏟아져 나왔다. 마치 참새 잡는 그물에 기러기가 걸려든 격이었다. 이를 이른바 '책롱(冊籠, 책을 넣어둔 농짝) 사건' 이라 한다.

이 사건은 노론이 남인 세력의 뿌리를 뽑는 계기가 되었다. 노론 측은 지체하지 않고 사헌부·사간원·홍문관, 이른바 삼사(三司)를 통해 채제공에게 천주쟁이들을 비롯한 여죄를 물어야 한다면서 이미 죽은 채제공의 관직을 삭탈해야 한다고 요청하는 상소를 올리기도 했다. 채제공이 천주교도를 비호하는 우두머리라는 사실이 그 명분이었다. 그러나 노론의 목표는 채제공이 아니었다. 정약용, 이가환, 이승훈 등 살아 있는 정조 시대의 중신들이었다. 사헌부는 이 세 사람이 사학의 소굴을 만들고 사학의 뿌리가 되었다며, 의금부에서 국문해야 한다고 압박했다.

군주와 스승 없이 홀로 허허벌판에 서 있던 정약용에게도 마침내 의금부의 칼날이 시시각각 다가왔다. 1801년 2월 9일(순조 1년), 40살의 나이에 정약용은 의금부에 투옥되었다. 정약전과 정약종 두 형도 함께 투옥되었다. 같은 날 이가환과 이승훈, 권철신, 오석충, 홍낙민 등 친지들도 모두 붙잡혔다. 정씨 일족이 폐족의 지경에 내몰리게 되었다.

국문은 첫날부터 혹독했다. 천주교도인지 아닌지를 실토하고, 연루자들이 누구인지 대라고 강요했다. 국문에 참여했던 대사간 신봉조의 상소문(『순조실록』, 원년 2월 14일)에서 이때의 정황을 살필 수 있다.

이들 모두 사악한 기운이 뭉쳐 마귀가 재앙 내리는 것으로 습관을 이루었으며, 차꼬(죄인의 발목을 채우는 형틀)를 마치 지푸라기처럼 보고, 형벌로 죽는 것도 마치 즐거운 곳에 나가는 것처럼 여기고 있었습니다. 그 단서가 이미 드러났는데도 곤장의 형벌을 참으며 자백하지 않고, 사사롭게 주고받은 편지가 적발되었는데도 죽기를 작정하고 저항하여 실토하지 않고 있으니, 고금 천하에 어찌 이와 같이 지극히 흉악한 무리가 있겠습니까.

순조를 둘러싼 노론의 실세들은 이참에 눈엣가시처럼 여기던 정약용과 그 일당을 처치하고자 했다. '천주쟁이'들을 사교집단으로 몰아 대역죄로 처리한다는 명분이었다. 조선 후기에는 주자학만을 신봉하면서 다른 학문과 사상은 사학으로 몰아 처벌하던 시대였다.

천주교인들이 부모의 제사를 지내지 않고, 심지어 위패까지 불태운 사건 때 노론세력은 이들을 극도로 적대시했다. 노론세력은 이런 사실들을 기반으로 정약용 등 개혁인사들을 천주교인이라는 사교집단으로 엮어 처단하려 했다.

정약용 제거 음모

정약용은 오래전부터 정적들의 표적이었다. 머리도 뛰어나고 개혁적 성향인 데다가 임금의 총애를 한 몸에 받았기 때문이다. '표적'을 찾던 세력에게 그의 주변에 차고 넘치는 천주교인들도 좋은 먹잇감이었다. 그러던 1791년(정조 11년)에 전라도 진산에 사는 선비 윤지충과 권상연이 윤지충의 어머니가 사망하자 부모 제사를 거부하고 신주를 불태운 사건이 일어났다. 이른바 '진산사건'이다.

두 사람은 공주감영으로 압송되고, 정조는 이들에게 사형을 내렸다. 전주 풍남문 밖에서 이들이 참형에 처해지고 사건은 일단락되는 듯했다. 그러나 진산사건의 파장은 서울 정계로까지 퍼지면서 서인(노론)이 남인을 공격하는 빌미가 되었다.

윤지충은 정약용과 외사촌 사이였다. 그래서 정약용은 표적의 중심이 되었다. 몇 차례 상소와 투서가 있었으나 그때마다 정조는 정약용을 지방관으로 내려 보내거나 한직에 머무르게 하며 칼날을 피할 수 있도록 배려해주었다.

정조는 천주교를 공인하지는 않았지만 진산사건 같은 특별한 경우가 아니면 '묵인'하는 수준에서 넘어갔다. 그래서 채제공을 비롯해 이가환, 이승훈, 정약용 등이 건재할 수 있었다.

정약용은 이벽에게서 천주교 서책을 받아 읽은 뒤 여러 모임에 참여하는 등 초기의 모습을 보면 어김없는 천주교 신자였다. 관직에 나가면서 음해를 받게 되고, 감시의 눈이 많아지면서 언행에 각별히 신중하게 되고, 금정찰방으로 좌천되었을 때는 천주교에 빠진 사람들을 깨우쳐 제사를 지내게 하는 등 '배교자(背敎者)의 역할'을 충실히 했다. 그 덕분에 그때까지 살아남을 수 있었다.

정약용의 배교 여부는 그가 죽은 지 200여 년이 흐른 지금까지도 논쟁거리가 되고 있다. 한국 천주교 측은 그가 귀양에서 돌아온 뒤 고향에서 신앙인으로 지냈으며 결코 배교자가 아니라고 주장하고, 학계 일각에서는 배교자가 분명하다고 주장한다.

먼저, 정약용이 천주교인이었는지부터 살펴보자. 신유사옥(1801) 당시 이승훈의 심문 기록에는 정약용이 이벽의 집에서 이승훈에게서 세례를 받았다고 적혀 있다.

> 이승훈의 심문 기록에서 이벽의 집을 중심으로 서교 활동이 본격적으로 전개되었고, 정약용은 천주교에 매혹되어 이벽의 집에서 이승훈에게 영세 받았음을 알 수 있다. 즉 그들이 이벽의 집에서 갑진년경에 집회하였음은 다른 서교 봉행자들의 문초기록에서 모두가 진술한 그대로이며, 이벽의 집이 이들의 집회장소로 되면서 주로 이벽은 설교와 교리해설, 이승훈은 교단 예식을 주관했다.[2]

이승훈은 1783년에 아버지를 따라 베이징에 가서 우리나라 사람으로는 처음으로 서양인 신부에게 세례를 받고 귀국하여 천주교를 국내에 전파한 인물이다. 정약용은 이런 이승훈에게서 세례를 받았다. 그러나 노론 벽파에게 정약용의 배교 여부는 그리 중요하지 않았다. 과거를 문제 삼아 엮으면 되었기 때문이다.

정약용은 얼마 전까지 형조참의로 죄인을 심문하고 판결하는 재판관이었다. 그러나 의금부 도사 한낙유에게 체포되어 국문을 받는 신세가 되고 말았다. 전 영의정이자 영중추부사인 이병모가 재판장, 영의정 심환지, 좌의정 이시수, 우의정 서용보 등 7명이 재판관으로 자리 잡은 대대적인 규모의 국청이 열렸다. 이 자리에 정약용의 두 형은 물론 이가환, 이승훈도 함께 끌려 나와 있었다.

먼저, 사헌부는 '공소장'에서 "재물과 여색으로 속이고 유인해 사람들을 불러 모으고 나라의 법 범하기를 물 마시고 밥 먹듯 하며, 형벌 받기를 낙원의 일로 여겨, 뭇 불순분자들의 죄를 도피하는 소굴이 되었다"라고 죄상을 적시했다.

정약용은 차분한 어조로 자신의 소견을 말했다.

> 저도 역시 사람입니다. 누가 나라의 은혜를 입지 않았으리오마는 저는 삶과 죽음, 골육의 은혜를 입었습니다. 저의 이목구비는 일반 사람과 같은데, 어떻게 차마 남들이 하지 않는 일을 하겠습니까. 제가 지난번에 정조 임금께 올린 상소 「변방사동부승지소」는 꾸며서 했던 것이 아니라 지성 어린 간절함에서 나온 것이었습니다. 그래서 임금님 비답에 "착하려는 마음씨의 단서가 봄에 솟아나는 새싹처럼 무성하다"라고 했습니다.
>
> 그러한 임금님의 비답을 받은 이후로 한 점의 사심이라도 창자 속에 머물러 있게 하고, 한 점의 사학에 관한 글이라도 하늘과 땅 사이에 남겨 두었더라면 저의 죄상은 몸이 천 번 찔리고 만 번 쪼개진다 해도 다시 아까울 게 없습니다.[3]

노론 측은 극렬한 문장으로 죄상을 나열했으나 드러난 증거와 정약용의 논리적인 반박 앞에서는 죄를 입증하기가 어려웠다. 아무리 노론 계열의 판관들이지만, 특히 정약용에 관해 형제끼리 주고받은 편지 내용을 보고는 주춤거리지 않을 수 없었다.

정약종의 책 상자 안에서 나온 어느 천주교도가 정약종에게 보낸 편지 속에는 "너의 아우가 알지 못하게 하라"라는 구절이 있고, 정약종의 글 속에도 "형제와 함께 서학(천주교)을 익힐 수 없으니 나의 죄가 아님이 없다"라는 구절이 들어 있었다. 이는 곧 정약용이 천주교도로 활동하지 않았다는 반증이 되었다.

형제들의 엇갈린 비극

2월 10일에 시작된 국문은 2월 25일에 끝났다. 그리고 그다음 날에 판결이 내려졌다. 이가환과 권철신은 국문 중에 이미 옥사하고, 이승훈과 정약종은 사형이 확정되었다.

이들과 달리 정약용은 석방 쪽으로 재판관인 대신들의 의견이 모아졌다. 의금부 안에서는 형틀을 벗기고 풀어주는가 하면, 이병모는 석방될 것이니 몸을 아끼라는 조언도 해주었다. 이렇게 대신들이 모두 석방을 의논했으나 오직 우의정 서용보만 유독 정약용의 석방을 강경하게 반대했다. 서용보가 경기도 관찰사로 있을 때 암행어사였던 정약용이 자신의 비리를 적발하여 불이익을 당한 것에 앙심을 품고 복수하고자 했기 때문이다. 순조 정권에서는 실세였던 서용보가 직접 나섰기에 옥사는 더욱 가혹하게 진행되었다.

국문의 결과를 재판장 이병모가 임금에게 보고했다. 『순조실록』(신유년 2월 25일)에 이 글이 실렸는데, 정약용에게는 사형 다음가는 형벌인 유배형을 내려야 한다는 내용이었다.

정약전·정약용에게 애초에 물들고 잘못 빠져들어 간 것을 범죄로 논한다면 역시 애석하게 여길 것이 없지만, 중간에 사(邪)를 버리고 정(正)으로 돌아왔던 문제를 그들 자신의 입으로 밝히고 있습니다. 이뿐만 아니라 정약종에게서 압수한 문서 가운데 "자네 아우(정약용)가 알지 못하도록 하게나"라는 말이 나오며, 정약종 자신이 썼던 글에도 "형(정약전)과 아우(정약용)와 더불어 함께 천주님을 믿을 수 없음은 나의 죄악이 아닐 수 없다"라고 했습니다. 이 점으로 보면, 다른 죄수들과는 구별되는 면이 있습니다. 사형 다음의 형벌(유배형)을 시행하여 관대한 은전에 해롭지 않도록 하소서.

보고를 받은 임금은 다음 날 판결을 내렸다. 역시 『순조실록』(신유년 2월 26일)에 다음과 같이 실려 있다.

죄인 정약전·정약용은 바로 정약종의 형과 아우 사이다. 애초에 우리나라에 사서(邪書)가 들어오자 읽어보고 좋은 것으로 여기지 않음은 아니었으나, 중년에 스스로 깨닫고 다시는 더러움에 물들지 않으려는 뜻이 예전에 올린 상소문과 이번에 국문을 받을 때 상세히 드러났다.

차마 형에 대한 증언을 할 수 없다고는 했지만, 정약종의 문서 가운데 그들 서로 간에 주고받았던 편지에서 정약용이 알게 되는 것을 경계하고 있었으니, 평소 집안에서도 금지하고 경계했음을 증험할 수 있다. 다만 최초에 물들었던 것으로 세상에서 지목을 받게 되었으니 약전, 약용은 사형 다음의 형벌을 적용하여 죽음은 면해주어 약전은 강진현 신지도로, 약용은 장기현으로 정배(定配)한다.

정약전의 유배지인 신지도는 오늘날 전남 완도군 신지면이고, 정약용의 유배지인 장기현은 오늘날 경북 포항시 장기면이다.

다행히 참형을 면하게 된 정약용은 2월 27일 밤에 감옥에서 나와 이튿날 유배길에 올랐다. 서울에서 장기까지는 천 리 먼 길이었다. 내려가는 길에 하담의 선영에 들러 부모님의 묘소를 찾았다. 아내와 자식들과 이별할 때는 꿋꿋한 모습을 보였는데, 부모님 무덤 앞에서는 서러움이 북받쳤다.

어머니 해남 윤씨 부인에게서 태어난 삼 형제 중 한 명(정약종)은 참수되고 둘은 천 리 길에 유배되었으니 어찌 비통하지 않겠는가. 그 마음이 〈하담별(荷潭別)〉이라는 글에 고스란히 담겼다.

아버님이여, 아시는지요

어머님이여, 아시는지요

가문이 갑자기 무너지고

죽은 자식 산 자식 이 꼴이 되었어요

남은 목숨 보존한다 해도

크게 이루기는 이미 틀렸어요

자식 낳고 부모님 기뻐하셔서

부지런히 어루만져 길러주셨지요

하늘 같은 은혜를 갚아야 마땅하나

풀 베듯 제거당할 줄 생각이나 했겠습니까

세상 사람들에게 다시는

자식 낳았다고 축하를 못 하게 됐군요

유배형을 받으면 도사 또는 나졸이 지정된 유배지까지 압송하여 고을 수령에게 인계하고, 수령은 죄인을 보수주인(保授主人)에게 위탁한다. 보수주인은 그 지방의 유력자로서 집 한 채를 지정하고 죄인을 감호할 책임이 있었다. 죄인이 귀양살이하는 곳은 배소 또는 적소(謫所)라고 했다. 죄인이 배소에서 생활하는 비용은 그 고을에서 부담한다는 특명이 없는 한 스스로 부담하는 것이 원칙이었다. 정약용의 경우, 고을에서 부담했는지 스스로 부담했는지 기록이 남아 있지 않아 알 수 없다.

3월 9일에 경상도 장기에 도착해, 성문 동쪽 시냇가 자갈밭에 있는 늙은 장교 성선봉이라는 이의 집에 거처를 정했다. 고을에서 지정해준 배소였다. 유배형에는 따로 기간이 정해지지 않았다. 임금이 특사로 해배해주면 다음 날이라도 풀리지만 그렇지 않으면 유배지에서 생을 마감해야 했다.

정약용의 유배 생활도 기약이 없었다. 그는 사형당한 셋째 형과 신지도로 유배된 둘째 형, 그리고 지난날 뜻을 함께했으나 지금은 세상에 없는 동지들을 기리면서 유배 생활을 시작했다.

유배지에서 지은 의서『촌병혹치』

정약용이 아무리 신념이 강한 사람이라도 처음 생활하는 낯선 지역에 갑자기 팽개쳐져서 적응하는 건 쉽지 않았다.

먼저, 남녘의 음식이 입에 맞지 않았고, 바닷가라 습한 기후 때문인지 감기에 자주 걸렸다. 비좁고 천장이 낮은 방은 생활하기에 크게 불편

했다. 〈고시 27수〉에 그 정황이 나타난다. 다음은 그중 일부이다.

> 작고 작은 나의 일곱 자 몸
> 사방 한 길의 방에도 누울 수 없네
> 아침에 일어나다 머리를 찧지만
> 밤에 쓰러지면 무릎은 펼 수 있다네

장기현이라는 낯선 유배지에서 초기에 정약용은 각종 병에 시달렸다. 공포증도 찾아오고, 몸을 꼿꼿이 세우기 어려운 증세도 심신을 지치게 했다. 갑자기 집에서 천 리 떨어진 먼 곳으로 귀양을 온 사람에게 병을 치료할 수 있는 의서나 약이 있을 리 없었다. 사람에 따라 고난에 대처하는 방법이 제각기 다른데, 정약용은 이런 절망적인 처지에서도 좌절하지 않았다.

다행히 정약용이 장기에 온 지 몇 달이 지나자 고향 집에서 의서 수십 권과 약초 한 상자를 보내왔다. 정약용은 이 약초와 의서에 의지해 병을 조금씩 치료했다. 그 와중에도 그가 가장 잘하는 일, 즉 책을 읽고 연구하고 글 쓰는 일은 멈추지 않았다. 정약용은 6월에야 겨우 몸을 추스른 뒤에 〈밤[夜]〉이라는 시를 한 수 지었다.

> 병석에서 일어나서 복이 다 지나
> 수심 많은 여름밤은 길기도 하구나
> 잠시 베개 베고 대자리에 누우니
> 문득 집 생각 고향 생각 그립구나

정약용이 건강을 회복하고 난 어느 날이었다. 객관을 지키고 손님을 접대하는 사람의 아들이 정약용에게 다가와 말을 건넸다.

"장기의 풍속은 병이 들면 무당을 시켜서 푸닥거리를 하고, 그래도 효험이 없으면 뱀을 먹고, 뱀을 먹고도 효험이 없으면 그냥 죽어갈 수밖에 없습니다. 어찌하여 선생이 보신 의서로 이 궁벽한 고장에 은혜를 베풀지 않습니까?"

정약용은 이 이야기를 듣고 이렇게 답했다. "좋소. 그대의 말대로 의서 하나를 만들겠소." 관직은 정약용에게 있을 때도 있고 없을 때도 있었으나 '목민정신'은 그의 머릿속에서 잠시도 떠난 적이 없었다. 유배지에 갇힌 죄인의 몸이어도 백성들의 딱한 사정을 알고 외면할 수는 없었다. 정약용은 아픈 사람들을 치료하는 데 도움이 될 수 있는 의학서를 쓰기 시작했다.

정약용은 의학서를 완성한 뒤 책의 이름을 『촌병혹치(村病或治)』라고 지었다. 앞서 들려준, 이 책을 쓰게 된 이야기는 『촌병혹치』의 서문에서 정약용이 직접 밝힌 내용이다. 곡산부사 재임기에 홍역에 관해 쓴 『마과회통』에 이은 두 번째 의학서였다. 책의 제목을 '촌병혹치'라 지은 이유 역시 서문에 밝혀놓았다.

이름을 『촌병혹치』라고 했다. '촌(村)'이란 비속하게 여겨서 하는 말이고, '혹(或)'이란 의심을 풀지 못하는 뜻에서 한 말이다. 그렇지만 잘만 사용하면 한 사람의 목숨을 살릴 수 있을 것이다. 약제의 성질과 기운을 구별하지 않고 차고 더운 약을 뒤섞어서 나열하느라 이쪽과 저쪽이 서로 모순되어 효험을 보지 못하는 세상의 보통 의서와 비교하면 도리어 더 우수하지 않을지 어찌 알겠는가. 약을 이미 간략하게 했으니 반드시 그 주된 처방에서는 효과가 나타남이 뚜렷하지 않겠는가.

한스럽기는 간략하게 하려면 반드시 널리 고찰해야 하는데 참고한 책이 수십 권에 그쳤다는 점이다. 그러나 뒷날 내가 다행히 귀양에서 풀려 돌아가게 되면 이 범례에 따라 널리 고찰할 것이니, 그때는 '혹'이라는 이름을 고칠 수 있을 것이다. 상편은 색병(色病: 남녀 관계로 생기는 병)으로 마감했으니 이 또한 세상을 깨우치고 건강을 보호하려는 나의 깊은 뜻이 깃들어 있다고 말할 수 있다.

그의 애민사상과 실학정신이 잘 묻어 있다. 정권에 쫓겨 외딴 바닷가에 유배된 신세이지만, 병들고 가난한 백성들을 돌보고자 하는 마음은 한시도 변하지 않았다.

장기현은 노론의 영수 송시열이 상복 문제로 '예송논쟁'이 일어났을 때 패배하여 유배를 온 곳이기도 했다. 장기에 송시열을 제향하는 죽림서원이 세워진 것은 이 때문이었다.

정약용은 어느 날, 비록 당색은 다르지만 조정의 옛 원로인 송시열의 서원을 찾았다가 출입을 거부당했다. 노론 영수의 서원에 남인 유배객을 들이지 않겠다는 반응이었다. 정약용은 쓸쓸하게 뒤돌아서야 했던 마음을 〈장기의 귀양살이에서 본 풍속〉에 담았다.

죽림서원이 마산리 남쪽에 있는데

쭉 뻗은 대나무와 느릅나무 새잎이 밤비에 젖었네

촛불 들고 멀리서 찾아가도 받지를 않는데

촌사람들은 오히려 송우암(송시열) 이야기만 하는구나

'황사영 백서 사건'으로 다시 소환

화불단행(禍不單行)이라는 말이 있다. 재앙은 홀로 오지 않고 번번이 겹쳐 온다는 뜻이다. 정약용에게 어울리는 말이다. 유배지인 장기에서 지친 육신을 추스르며 귀양살이를 할 때 조정에서는 다시 중대 사건이 잇따르며 나라 전체가 술렁였다.

1801년에 신유박해가 벌어지자, 그해 여름에 천주교 신부 주문모가 자수했다. 중국 장쑤성 쑤저우 출신의 주문모는 1794년에 입국하여 7년 동안 숨어 지내며 천주교를 전파했다. 조정은 그를 잡으려고 혈안이 되었으나 그는 천주교 신자들의 도움을 받으며 감시의 그물을 잘 피해 다녔다. 신유박해 때 중국으로 피신하기 위해 국경 부근까지 갔으나, 되돌아와 의금부에 자수했다. 얼마 뒤 주문모는 새남터에서 효수되었다.

그리고 얼마 뒤에 '황사영 백서 사건'이 벌어진다. 황사영은 정약용의 이복형인 정약현의 사위였다. 황사영은 결혼한 뒤 천주교 교리를 접하고, 세례를 받았다. 정조 14년에 사마시에 급제하여 왕의 부름을 받았으나 벼슬을 포기하고, 주문모의 교화를 받아 전교에만 전념했다.

황사영은 조정에서 천주교를 심하게 탄압하는 모습을 보며, 교도들이 참혹하게 희생되는 것보다는 차라리 외국 정부의 무력을 빌려 복수를 하고 교회의 세력을 회복하는 것이 낫겠다는 생각을 품었다. 그리하여 베이징 교구장 구베아에게 서신을 보내어 국내 천주교도들이 겪는 화(禍)를 모두 보고하고 원조를 요청하기로 했다.

충청도 제천의 배론이라는 마을의 토굴에서 숨어 지내던 황사영은 고심 끝에 길이 62cm, 너비 38cm의 하얀 비단에 행마다 평균 110여 자씩 121행을 써서 모두 1만 3천여 자를 수록한 서한을 만들었다. 비단[帛]에 쓴 글이라 해서 이른바 '백서(帛書)' 사건이라고 부른다.

이 백서의 내용을 요약하면 다음과 같다.

① 조선은 경제적으로 무력하므로 서양제국에 호소하여 성교홍통(聖敎弘通)의 자본을 얻고자 한다.

② 조선은 청국 황제의 명을 받들고 있으므로 청국 황제의 명으로써 선교사를 조선에 받아들이도록 할 것.

③ 청이 조선을 병합하고 그 공주를 조선 왕이 취하여 의관을 하나로 할 것.

④ 서양으로부터 군함 수백 척과 정병 5~6만, 대포, 기타 필수 병기를 가지고 와서 조선 국왕에게 위협을 가하여 선교사의 입국을 자유롭게 해줄 것.[4]

황사영은 이 백서를 베이징을 오가는 역졸에게 부탁하여 천주교 본부에 보내려 했다. 그러나 백서는 조선 땅을 미처 벗어나지도 못하고 관헌에 발각되고 만다. 당시 황사영의 나이는 27살이었다. 황사영은 천주교 신자로서 비록 종교의 자유를 보장받으려는 숭고한 목적이 있었다고

는 하지만 국가와 민족의 안위를 위태롭게 만드는 글을 쓴 까닭에 대역
죄로 다스려져 능지처참의 극형을 당했다.

그런데 황사영은 정약용의 조카사위였다. 정약용을 죽이지 못하고
유배시킨 데 앙앙불락하던 노론세력에게 '황사영 백서 사건'은 아닌 밤
중의 떡이자, 넝쿨째 굴러온 호박이었다. 이 사건에 격앙한 이들은 노론
세력뿐만이 아니었다. 아무리 선교의 목적을 위해서라지만 서양 군함에
군대와 대포를 싣고 와서 조선을 무력으로 위협해달라는 것도 모자라
청에게 조선을 병합해달라고 요청하려 했다는 사실이 알려지자 일반 백
성들도 거세게 분노했다.

노론은 이때를 놓치지 않았다. 사헌부 집의 홍희운(홍낙안의 바꾼 이름)
등이 정약용과 정약전을 소환하여 다시 국문할 것을 요청했다. 결국 정
약전과 정약용 형제는 귀양지에서 7개월여 만에 다시 끌려와 의금부에
갇혔다.

홍낙안은 심문관인 대사간 박장설에게 "천 사람을 죽여도 정약용 한 사
람을 죽이지 못하면 아무도 죽이지 않은 것만 못하다"라고 강경하게 처형을
요구했으나, 심문을 해본 결과 정약전과 정약용이 황사영과 내통한 흔적이
없다는 사실이 밝혀졌다. 그런데도 정약용을 사교의 원흉으로 지목하여 죽
여야 한다는 주장이 만만치 않게 제기되었다.

이때 황해도 관찰사로 나갔다가 서울로 올라온 정일환은 곡산에서 정약
용이 목민관으로서 끼친 선정을 들어 정약용을 죽일 수 없다고 변호했다.
11월 5일 정약전은 흑산도로 유배되고 정약용은 강진으로 유배되는 판결
이 내려져 다시 유배지로 향했다.[5]

황해도 관찰사로 나갔다 온 정일환의 변호 덕분인지 정약용 형제는 또다시 사형을 면하고 유배형을 받는다. 노론이 정약용에게 얼마나 적대적이었는지, 강진 유배 이후에도 몇 차례 더 위기에 몰렸다. 그는 이번에도 범의 아가리에서 간신히 벗어나 생명을 부지할 수 있었다.

고난의 길, 역사의 길

세 번째 유배지, 강진

절대왕정 시대에 특정한 정파의 활동과 책임은 제한적일 수밖에 없다. 임금에 따라서 권한을 행사하는 데에는 차이가 있어도 "짐이 곧 국가"라는 권력의 위상에는 동서양이 다르지 않았다.

조선 중후기, 그러니까 숙종 초기에 서인 내부에서 정치운영 방식을 둘러싸고 송시열을 중심으로 갈라져 나온 노론은 18세기 말에는 사도세자의 존위에 대한 입장 차이로 시파와 벽파로 다시 분파되었다.

노론은 서인의 같은 뿌리인 소론을 격파하고, 동인에서 갈라져 나온 북인과 남인을 차례로 무너뜨리면서 300여 년 동안 집권한 권력의 실세이고 실체였다. 이들은 성리학을 신봉하면서 중원에서 명나라의 멸망으로 끊어진 천하의 정통성을 조선이 이어받는다는 이른바 소중화사상과 대명의리론(對明義理論)을 자신들의 정체성으로 삼았다.

중원에서는 이미 성리학이 약화하고, 이용후생을 본질로 하는 새로운 세계관이 자리를 잡아가고, 국내에서도 북학파에 의해 세계의 객관적인 인식과 과학문명이 들어오고 있었다. 그러나 노론 계열은 공리공담론에 빠져 국리민복보다 낡은 질서와 기득권을 유지하는 데에만 집착했다. 자신들은 군자당(君子黨)이고 반대파를 소인당(小人黨)으로 몰아 숙청하면서 권력을 독점하는 데 급급했다.

정조 집권기에는 그나마 시파와 남인 세력이 있어 어느 정도 견제와 균형의 추가 유지되었다. 그러나 순조 집권 후 안동 김씨, 헌종 대에는 풍양 조씨, 철종 시기에는 다시 안동 김씨에 의한 세도정치가 극에 이르면서, 마침내 나라의 운명은 점점 다해갔다. 이 시기 권력의 중추는 모두 노론 벽파였다.

주자학을 유일사상으로 받들어 양명학을 이단으로 만들고, 수많은 천주교도를 도살했으며, 위로는 임금을 독살하고 아래로는 신분제를 강요해 백성을 노예로 만든 노론, 그 결과 조선 후기 사회는 '노론 천국, 백성 지옥'이되었다.

1910년 대한제국을 강점한 일제와 결탁한 이들도 노론이다. 나라를 팔아먹는 데 조직적으로 가담한 노론은 한일강제병합 이후 일제에게 작위와 막대한 은사금을 받은 76명의 수작자(受爵者) 중 80퍼센트에 가까운 57명이다. 제일 매국노 이완용과 왕실 인사들을 제외하면 '노론당인 명단'이라 해도 과언이 아니다.[1]

노론의 권력놀음에 쫓겨 정약용은 1801년 11월에 전라도 강진으로 다시 유배되었다. 29살(1790)에 떠난 충남 서천 해미현의 첫 유배는 10일 만에, 장기현으로 간 두 번째 유배는 7개월여 만에 끝이 났다. 그러나 강진으로 떠난 세 번째 유배는 또 언제 끝날지 기약 없는 길이었다.

왜 정약용은 강진이고 형 정약전은 나주목의 흑산도(오늘날 전남 신안군 소속)인지 알 길이 없었다. 형제는 그저 나졸들에게 이끌려 11월 말, 나주성 밖에 있는 율정점(栗亭店)에 이르렀다. 이곳에서 하룻밤을 묵고, 다음 날 각각 강진과 흑산도로 길을 달리해서 떠나야 했다. 이제 헤어지면 생전에 다시 만날 수 있을지 없을지조차 알 수 없는 이별의 순간이었다.

실제로 형제는 이때 헤어지고 난 뒤 다시는 만나지 못했다. 정약전은 귀양살이가 풀리기 전인 1816년에 유배지에서 숨을 거두었기 때문이다. 정약용의 〈율정별(栗亭別)〉이라는 시에는 율정에서 이별하는 형제의 참담한 심정이 서려 있다.

초가 주막의 새벽 등잔 가물거려 꺼지려는데
일어나 새벽 별을 보니 이별할 일 참담하구나
묵묵히 마주 보며 둘이서 말이 없고
목청 바꾸려 애쓰니 목이 메어 울음 터지네
흑산도 아득하여 바다와 하늘 맞닿은 곳이니
그대 어쩌다가 이 속으로 들어가시는가

어느 시대를 막론하고 중앙의 중죄인을 반갑게 맞이하는 곳은 없었다. 지금도 교도소나 화장터 등 이른바 '혐오 시설'이 들어서는 지역에서는 이 시설들이 들어오는 것을 반대하는 시위가 격렬하게 벌어진다. 강진의 주민들도 다르지 않았다. 어느 집에서도 죄인 정약용이 머무는 것을 원치 않았다. 그를 받아준 이는 동문 밖 어느 주막의 노파였다.

강진에서 귀양지를 몇 차례 옮겨 다니기는 했으나, 장장 18년이나 귀양살이를 하는 동안 우리 역사에 길이 남을 저서 500여 권이 탄생했다. 따라서 그에게 닥친 불행이 후손들에게는 곧 축복이 되었다. 돌이켜 보면 인류사의 명저는 대부분이 감옥이나 유배지에서 쓰였다.

주나라의 문왕은 포로의 몸으로 『주역(周易)』을 썼고, 공자는 액을 만나 떠돌면서 『춘추(春秋)』를 지었고, 좌구명(左丘明)은 실명해서 『국어(國語)』를 집필하고, 손자는 두 다리를 끊긴 후 『병법(兵法)』을 완성하고, 여불위는 촉나라로 귀양 가서 『여람(呂覽)』을 썼으며, 한비(韓非)는 진나라에 붙들려 「세난(說難)」을 지었다.

사마천은 옥에 갇혀 남근(男根)이 잘리는 치욕을 겪으며 『사기(史記)』를 썼고, 볼테르는 왕실에 대한 담시를 썼다는 이유로 11개월을 바스티유 감옥에 갇혀 『앙리아드』를 지었고, 존 번연은 왕군에 잡혀 베드포드 군형무소에서 11년간 옥살이하면서 『천로역정』을 집필했다. 세르반테스는 왕실 감옥에 갇혀 『라만차의 돈키호테』를 쓰기 시작했으며, 마르코 폴로는 포로 생활을 하면서 『동방견문록』을 썼고, 오 헨리(본명 윌리엄 시드니 포터)는 『점잖은 약탈자』 등 단편을 옥중에서 집필하였다.

프랑수아 비용은 종교비방 혐의 등으로 사형을 선고받고 지하토굴에 갇혀서 대표작 『유언시』를 지었으며, 오스카 와일드는 동성연애 혐의로 투옥되어 『옥중기』 등을 썼고 『살로메』 등 명작을 남겼다. 리 헌트는 왕실비방

혐의로 2년간 감옥에 있으면서 『시인의 축제』라는 책을 지었다. 자와할랄 네루도 10여 년간 옥중에서 『세계사 개설』을 썼다.[2]

그런 면에서 해방 이후 양심수들이 옥중에서 글 쓰는 것조차 금지했던 이승만과 박정희, 전두환은 조선 시대 위정자들보다도 못한 부류에 속한다.

네 가지를 마땅하게 해야 할 방, 사의재

강진은 지금도 서울에서 가려면 차로 4시간 정도 걸리는 먼 곳이다. 교통수단이 마땅치 않았던 조선 시대에 강진은 아주 멀고 먼 땅끝 오지 마을이었다.

정약용 같은 중죄인 들이는 것을 꺼리는 주민들이 "문을 부수고 담장을 무너뜨리는" 등 한바탕 소란을 벌인 끝에 술과 밥을 파는 노파의 토담집 뒤쪽의 방 하나를 겨우 거처로 삼을 수 있었다. 이때의 감회를 담아 〈객지에서의 회포(客中書懷)〉라는 시를 썼다.

> 북풍이 하얀 눈 휘몰듯이 나를 몰아붙여
> 남쪽 강진의 주막까지 밀려왔네
> 다행히 낮은 산이 바다 빛을 가리고
> 좋을씨고 대숲이 가는 세월 알리네
> 장기(瘴氣) 때문에 옷이야 덜 입지만

근심 때문에 술이야 밤마다 느네

나그네 근심 덜 일 하나 있으니

동백꽃이 설 전에 활짝 피었네

　주막, 즉 술집이다 보니 정약용도 술을 자주 마시면서 귀양살이의 고뇌를 달래고, 마당에 핀 오상고절의 동백꽃을 보며 한 가닥 마음의 위안으로 삼았다. 관직을 지내면서 만고풍상을 다 겪고 또 이겨온 터라 그나마 유배의 고통을 견딜 수 있었다.

　정약용은 학자였다. 어떤 이유로 어느 곳에 있어도 학문의 열정은 사그라들지 않았다. 이런 열정은 그를 다시 일으켜 세우고 일상을 되찾게 했다.

　그는 토담집 옹색한 방의 이름을 곰곰이 고민하다가 '사의재(四宜齋)'라고 지었다. 사의재는 '네 가지를 마땅히 해야 할 방'이라는 뜻이다. 여기서 네 가지는 생각, 용모, 언어, 몸가짐이다. 이는 곧 이 네 가지를 학자로서 마땅히 지켜야 할 덕목으로 삼는다는 뜻이다. 이곳에서 정약용은 자신을 다스렸다. 「사의재기(四宜齋記)」에서 사의재에 얽힌 이야기를 다음과 같이 들려준다.

　사의재란 내가 강진에서 귀양 살며 거처하던 방이다. 생각은 마땅히 맑아야 하니 맑지 못하면 곧바로 맑게 해야 한다. 용모는 마땅히 엄숙해야 하니 엄숙하지 못하면 곧바로 엄숙함이 엉기도록 해야 한다. 언어는 마땅히 과묵해야 하니 말이 많다면 곧바로 그치게 해야 한다. 동작은 마땅히 후중해야 하니 후중하지 못하다면 곧바로 더디게 해야 한다. 이런 이유로 그 방의 이름을 '네 가지를 마땅하게 해야 할 방(四宜之齋, 사의지재)'이라고 했다. 마땅함이라는 것은 의(義)에 맞도록 하는 것이니 의로 규제함이다. 나이 들어가는 것이 염려되고 뜻을 둔 사업이 퇴폐됨을 서글프게 여기므로 자신을 성찰하려는 까닭에서 지은 이름이다. 때는 가경(嘉慶) 8년(1803년) 11월 신축일(辛丑日, 10일) 동짓날이니 갑자년(1804)이 시작되는 날이었다. 이날 『주역(周易)』의 건괘(乾卦)를 읽었다.

아무리 타락한 '권세의 시간'이라 해도 세상에는 인심이 있기 마련이다. 차츰 입소문으로 주민들에게 정약용의 이야기가 전해지고, 주막을 들락거리던 아전들도 차츰 경계심을 풀더니 자기 자식들에게 글을 가르쳐달라고 간청하기에 이르렀다.

해가 바뀌고 1802년 10월에 정약용은 주막집 뒷방에 작은 서당을 열었다. 더 이상 폐족 상태의 고향 집에 부담을 주기도 어려웠으리라.

처음에는 아전의 자식 몇이 와서 글을 배웠다. 그런데 금세 소문이 나면서 글을 배우는 아이들이 늘어났다. 황상(黃裳, 1788~1870)도 그들 중 한 명이었다. 황상이 정약용을 처음 만나 가르침을 받을 때가 15살이었다. 그러나 두 사람의 관계는 정약용의 귀양살이가 끝난 뒤에도 황상이 스승의 고향으로 찾아와 교유하는 등 계속 이어졌다.

황상은 스승의 아들들과도 형제처럼 가까이 지내고, 스승은 물론 추사 김정희에게도 인정을 받았다. 그러나 스스로 '다진(茶塵, 다산의 티끌)'이라 일컬을 만큼 겸손한 인물이다.

정약용 연구에 일가를 이룬 정민 교수는 황상에 관한 책의 서두에 이렇게 썼다.

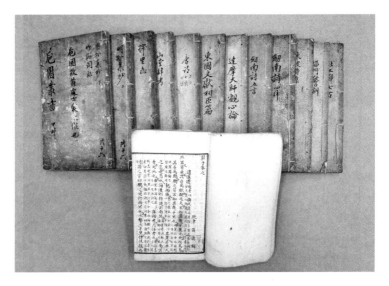

황상의 『치원총서』(강진군 다산박물관).

"이 책에서 살핀 황상의 삶은 그 자체로 감동적이다. 어찌 이런 사람이 있을까. 지금의 눈으로가 아닌 당시의 시선으로 볼 때도 그랬다. 이름 없는 시골 아전의 아들이 멋진 스승을 만나 빚어낸 조화의 선율은 그때도 많은 사람을 열광케 했다. 더벅머리 소년이 스승이 내린 짧은 글 한 편에 고무되어 삶이 송두리째 바뀌어가는 과정은 한 편의 대하드라마다."[3]

장기수들이 그렇듯이 유배자들도 첫해가 가장 견디기 힘들었을 것이다. 정약용이 40살이던 1801년은 생애 최악의 해였다. 초봄에 체포되어 국문을 받고 경상도 장기현으로 귀양 갔다가 7개월여 만에 다시 압송되어 또 추국을 당하고, 이번에는 서울에서 천 리 길인 땅끝마을 강진에 유배되었으나 머무를 곳이 없어 주막의 봉놋방에 몸을 맡긴 초라한 신세였다. 셋째 형 정약종은 참수형을 당하고, 둘째 형 정약전은 바다 건너 흑산도로 귀양을 갔다. 신유년(1801)은 그렇게 계속 밀려오는 악몽 속에서 헤어나오지 못한 채 정신없이 흘러갔다.

이듬해가 되자 정약용은 사람 편에 자식들의 편지를 받았다. 그때 정약용 부부에게는 딸 하나와 아들 셋이 있었다. 큰아들이 학연(學淵), 둘째가 학유(學游), 셋째가 농장(農牂)이고, 막내가 외동딸이었다. 그런데 셋째가 1802년 겨울에 일찍 세상을 뜨면서 고향에는 아내와 두 아들, 딸이 살았다.

학연과 학유는 각각 20살과 17살이어서, 그 당시 집안에 휘몰아친 피바람을 함께 맞으며 지켜보았다. 추풍낙엽처럼 쓰러지는 어른들을 보며 고통을 뼈저리게 느꼈다. 이런 어수선한 분위기 속에서도 자식들은 아버지를 닮아서인지 공부에 제법 재능이 있었다.

두 아들의 편지를 받고 다산은 강진에서 「두 아들에게(答二兒)」라는 제목으로 첫 편지를 썼다.

너희들의 편지를 받으니 마음이 놓인다. 둘째의 글씨체가 조금 좋아졌고 문리도 향상되었는데, 나이가 들어가는 덕인지 아니면 열심히 공부하고 있는 덕인지 모르겠구나. 부디 자포자기하지 말고 마음을 단단히 먹고 부지런히 책을 읽는 데 힘써라. 초서(鈔書, 책에서 중요한 내용을 골라 뽑아 기록해두는 일)나 글을 쓰는 일에도 혹시라도 소홀히 하지 말도록 해라.

폐족이면서 글도 못하고 예절도 갖추지 못한다면 어찌 되겠느냐. 일반 집 사람들보다 백배 열심히 노력해야만 겨우 사람 축에 낄 수 있지 않겠느냐. 내 귀양살이 고생이야 매우 심하긴 하다만 너희들이 독서에 정진하고 몸가짐을 올바르게 하고 있다는 소식만 들리면 근심이 없겠다. 큰애가 4월 10일께 말을 사서 타고 오겠다고 했는데, 벌써 이별할 괴로움이 앞서는구나.

만날 날을 기다리면서 '벌써 이별할 괴로움'으로 힘들어하는 아버지의 부정(父情)이 서린 글이다. 또 비록 폐족이지만 글도 못하고 예의도 갖추지 못하면 어찌 되겠냐는 따끔한 당부도 잊지 않았다.

유배지에서도 독서 권장

남편이 피바람을 맞으며 생과 사의 길목에서 헤맬 때 가족 일을 챙기는 것은 온전히 아내의 몫이었다. 남편보다 한 살 위인 홍 씨는 16살에 결혼하여 잘나가는 남편 덕에 이웃의 부러움을 받으며 젊은 날을 보냈다. 그러나 오래지 않아 남편이 관직에 나갔다가 모함을 받아 물러나기를 거듭하다가 마침내 1801년 신유박해로 가문이 폐족 지경에 이르면서 고난과 역경이 한꺼번에 찾아왔다.

그동안 정약용 부부 사이에 태어난 자식은 모두 9남매였다. 그중 아들 넷과 딸 하나를 일찍 잃는 비극을 겪었다. 그때까지는 부부가 함께 아픔을 겪고 또 함께 견뎠다. 그러나 막내아들 농장(아명은 '농아')이 죽을 때는 부인 홍 씨 홀로 그 곁을 지켰다. 농장은 정약용이 강진으로 유배된 이듬해(1802)에 죽었기 때문이다. 정약용은 막내아들이 죽었다는 소식을 큰아들 학연이 유배지까지 찾아와 말해주어서 알았다.

4살짜리 막내아들이 죽었다는 소식을 듣고 정약용은 한동안 몸을 가

누기 어려웠다. 하필 그 아이가 태어난 이후 집안에 피바람이 불어닥치는 바람에 제대로 보살피지도 못해 안타까웠는데, 사망 소식을 유배지에서 듣고 나니 더욱 슬프고 고통스러웠다. 「두 아들에게 답한다(答兩兒)」라는 편지에는 매우 깊은 아픔이 서려 있다.

> 우리 농아(農兒)가 죽었다니 참혹하고도 슬프구나! 참혹하고도 슬프구나! 그 애 생애가 불쌍하구나. 내가 더욱 쇠약해질 때 이런 일까지 닥치다니. 정말 슬픈 마음을 조금도 누그러뜨릴 수 없다. 너희들 아래로 무려 사내아이 넷과 계집아이 하나를 잃었다. 그중 하나는 낳은 지 열흘 남짓해서 죽어버려 그 얼굴 모습도 기억나지 않지만, 나머지 세 아이는 손안의 구슬처럼 재롱을 부리다가 모두 세 살 때 죽고 말았다.
>
> 이 세 아이는 모두 나와 네 어머니의 손에서 죽었기에 운명이라고 생각할 수도 있었던 것이다. 그래서 이번같이 가슴이 저미고 찌르는 슬픔이 북받치지는 않았다. (…) 능히 생사고락의 이치를 어설프게나마 깨달았다는 내가 이런데, 품속에서 꺼내어 흙구덩이 속에 집어넣은 네 어머니야 어떻겠느냐? 그 애가 살아 있을 때 말 한 마디, 행동 하나하나가 기특하고 어여쁘게 생각되어 귓가에 쟁쟁하고 눈앞에 어른거릴 것이다.

정약용은 간난신고의 유배자 신세인 자신보다 폐족을 지키며 막내아들까지 떠나보낸 아내의 안위가 더 걱정되었다. 두 아들에게 어머니를 극진히 봉양하라는 편지를 쓰는 것 외에는 달리 도리가 없었다. 같은 시기에 쓴 「두 아들에게 보낸다」라는 편지에는 '두 며느리'라는 표현이 등장하는 것으로 보아서 아들들이 그사이에 혼인을 한 것으로 보인다.

아무쪼록 너희들은 마음을 다 바쳐 어머니를 섬겨 그 삶을 온전토록 하거라. 이 뒤부터 너희들은 정성스러운 마음으로 곁에서 부축하고 이끌되, 두 며느리로 하여금 아침저녁으로 부엌에 들어가 맛있는 음식을 장만하고 방이 차고 따뜻한가를 보살피며, 한시라도 시어머니 곁을 떠나지 않게 할 것이며, 상냥하고 부드럽고 기쁜 낯빛으로 온갖 방법을 다해 기쁘게 해드려라.

시어머니가 더러 쓸쓸하고 편치 않아 하더라도 기쁘게 받아들이고, 더욱 정성스러운 마음으로 힘을 다해서 기어이 그 기쁨과 사랑을 얻도록 하여라. 마음에 조금의 틈도 없이 오래 화합하면 자연히 믿음이 생겨 안방에서는 화평의 기운이 한 덩이로 빚어지고 자연스레 천지의 화응을 얻어 닭이나 개, 채소나 과일 따위도 또한 각기 번성하여 물건을 억눌러 마음이 없고 일에 억눌러 맺힌 게 없으면 나 또한 임금의 은혜라도 입어 자연히 풀려 돌아가게 될 것이다.

귀양에서 언제 풀려날지 알 수 없는, 무기수 신세나 다름없는 그에게 한 가닥 꿈이라면 두 아들이 학문적으로 대성하는 일이었다. 한 집안에 대역죄인이 나오면 그 집안 후손들은 과거 길이 막혔기 때문에, 아들들이 과거에 급제하는 길은 이미 차단된 상태였다. 그렇다면 무명의 백성으로 평생을 살아가려면 몰라도 뜻을 펴고자 한다면 학문을 높이 닦는 길 외에는 다른 수가 없었다.

조선 왕조에는 포의(布衣, 벼슬이 없는 선비를 이르는 말)로서 고관대작보다 윗길에 오른 선비들이 적지 않았다. 그래서 그 무렵 쓴 「두 아들에게 부친다」라는 편지에는 독서의 중요성을 강조했다.

이제 너희들은 망한 집안의 자손이다. 만일 망해버린 자손으로 잘 처신하여 처음보다 훌륭하게 되다면 이것이야말로 기특하고 좋은 일이 되지 않겠느냐? 폐족으로서 잘 처신하는 방법은 오직 독서하는 한 가지 방법밖에는 없다. 독서라는 것은 사람에게 있어서 가장 중요하고 깨끗한 일이며, 호사스러운 집안 자제들에게만 그 맛을 알도록 인정한 것도 아니다.

또 촌구석 수재들이 그 심오함을 넘겨다 볼 수도 없는 것이기 때문이다. 반드시 벼슬하던 집안의 자제로서 어려서부터 듣고 본 바도 있는 데다 중년에 죄에 걸린 너희들 같은 사람들만이 독서를 할 수 있는 것이다. 그네들이 책을 읽을 수 없다는 것이 아니라 뜻도 모르면서 그냥 책만 읽는 것이니 이를 두고 책을 읽었다고 할 수 없는 것이다.

학문하는 방법과 '독서론'

정약용은 유배지인 강진에서 학문을 연구하고 책을 쓰면서도 틈틈이 두 아들과 둘째 형님 그리고 제자들에게 편지를 썼다. 다산 연구에 일가를 이룬 박석무 다산연구소 이사장은 다산의 편지 57편을 뽑아 편역한 책 『유배지에서 보낸 편지』(1991)를 출간해 '장안의 종잇값'을 올렸다.

'두 아들에게 보낸 편지'가 26통, '두 아들에게 주는 가훈'이 9통, '둘째 형님께 보낸 편지'가 13통, '다산의 제자들에게 당부하는 말'이 9통이다. '편지'는 안부나 가정사 등 내용이 없지 않지만, 그의 역사관과 철학·사상이 담겨 있다.

"다산의 글이 어느 것인들 값지지 않으리오만, 오래전부터 가서(家書) 가계(家誡) 증서들이야말로 다산의 인품과 철학사상 및 문학사상을 제대로 나타내준 글들이라는 정평이 있던 터였다. 인간 다산의 면모를 살필 수 있고 그의 세상과 학문에 대한 관심사가 어떤 것인가를 알아보는 데는 그 이상 좋은 자료가 없기 때문이었을 것이다. 유배생활이라는 극한적인 어려움 속에서도 전혀 좌절의 분위기는 나타내지 않고 어떻게 삶을 살아가야 하고 어떤 책을 읽어야 하고 어떤 책을 저술해야 하는지 등, 그의 탁월한 학자적 모습이 옴소롬히 담겨 있는 내용이 다름 아닌 이 『유배지에서 보낸 편지』인 것이다."[4]

정약용은 정치적으로나 가정적으로 감내하기 어려운 처지에서도 가장으로서 자신의 역할을 내려놓지 않았다. 「두 아들에게 주는 편지」(1802년 12월 22일)를 읽어보자.

"나는 천지간에 의지할 곳 없이 외롭게 서 있는지라 마음 붙여 살아갈 곳으로 글과 붓이 있을 뿐이다. 문득 한 구절이나 한 편 정도 마음에 드는 곳을 만났을 때 다만 혼자서 읊조리거나 감상하다가 이윽고 생각하길 이 세상에서는 오직 너희들에게나 보여줄 수 있겠다 여기는데 너희들 생각은 독서에서 이미 연(燕) 나라나 월(越) 나라처럼 멀리 떨어져 나가서 문자를 쓸데없는 물건 보듯 하는구나."

그에게는 '글과 붓'이 있을 뿐이었다. 지은 글과 책도 그나마 당장 읽어줄 사람은 두 아들뿐인데, 자식들이 제대로 글공부를 하지 않는 것 같다고 서운해한다. 그는 같은 편지에서 또한 집안의 전통이 끊어질 것을 우려한다.

내 책이 후세에 전해지지 않는다면 후세 사람들은 단지 사헌부의 계문(啓文)과 옥안(獄案)만 믿고서 나를 평가할 것이 아니냐. 그렇게 되면 나는 어떤 사람으로 취급받겠느냐? 아무쪼록 너희들은 이런 점들까지 생각해 다시 분발하여 공부해서 내가 이어온 실낱같이 된 우리 집안의 글하는 전통을 너희들이 더욱 키우고 번창하게 해보아라.

그러면 세상에서 다시 빛을 보게 될 것은 물론 아무리 대대로 벼슬 높은 집안이라도 우리 집안의 청귀(淸貴)와는 감히 견줄 수 없을 것이니 무엇이 괴롭다고 이런 일을 버리고 도모하지 않느냐.

정약용이 추구하는 철학의 본질은 만백성에게 도움을 주는 실학(實學) 사상이다. 따라서 그의 '독서론'도 여기에 초점이 맞추어져 있다. 앞의 편지를 조금 더 읽어보자.

모름지기 실용의 학문, 즉 실학(實學)에 마음을 두고 옛사람들이 나라를 다스리고 세상을 구했던 글들을 즐겨 읽도록 해야 한다. 마음에 항상 만백성에게 혜택을 주어야겠다는 생각과 만물을 자라게 해야겠다는 뜻을 가진 뒤에야만 바야흐로 참다운 독서를 한 군자라 할 수 있다.

그러한 사람이 된 뒤 더러 안개 낀 아침, 달 뜨는 저녁, 짙은 녹음, 가랑비 내리는 날을 보고 문득 마음에 자극이 와서 한가롭게 생각이 떠올라 그냥 운율이 나오고 저절로 시가 되어질 때 천지자연의 음향이 제소리를 내는 것이니, 이것이 바로 시인이 제 역할을 하는 경지일 것이다. 나보고 너무 실현성 없는 이야기만 한다고 하지 말거라.

정약용은 우리나라 역사를 열심히 공부하라는 당부도 자식들에게 빼놓지 않았다. 1808년 겨울에 보낸 편지 「학연에게 부친다(寄淵兒)」에 나오는 한 구절이다.

> 우리나라 사람들은 걸핏하면 중국의 사실을 인용하는데 이 역시 비루한 일이다. 아무쪼록 『삼국사기』, 『고려사』, 『국조보감』, 『신증동국여지승람』, 『징비록』, 『연려실기술』과 동방의 다른 문자와 사실을 수집하고 그 지방을 고찰한 뒤에 시에 인용해야 후세에 전할 수 있는 좋은 시가 나올 것이며, 세상에 명성을 떨칠 수 있다.
>
> 유득공의 『십육국회고시(十六國懷古詩)』를 중국 사람들이 책으로 간행했던 이유는 우리나라 사실을 인용했기 때문이다.

유득공의 『십육국회고시(十六國懷古詩)』는 정조 때에 유득공이 지은 한시집으로, 단군 때부터 고려 시대까지의 왕도(王都) 21개의 사적을 칠언절구 43편으로 지은 책이다. 나중에 『이십일도회고시(二十一都懷古詩)』라는 이름으로 바뀐다.

다른 나라의 사관에서 벗어나 우리나라 역사를 우리의 눈으로 똑바로 돌아보아야 하며, 우리의 현실을 담아내야 진정한 시라고 강조한 정약용의 당부는 지금 우리에게도 시의적절한 내용이다.

시대를 아파하지 않으면 시가 아니다

정인보는 정약용을 가리켜 "한자가 생긴 이래 가장 많은 저술을 남긴 대학자"라고 평가했다. 그의 글에는 시와 시론이 많다. 「학연에게 부친다」라는 편지에서 "시대를 아파하는 것이 아니면 시가 아니다"라고 한 데서 그 이유를 알 수 있다. 이 말이 곧 정약용의 '시(글)의 역사적 의미와 가치를 논하는 시론'이라 할 수 있기 때문이다.

당대의 사대부들은 중국 명인들의 시구를 따오거나 음풍농월(吟風弄月)에 취해 그것이 마치 풍류인 것인 양 행세했다. 그러나 정약용은 조선의 살아 있는 현실을 담은 조선의 시를 지었다. 또 이러한 정신을 자식들에게 가르치고 강조했다.

정약용에 앞서 연암 박지원도 조선의 시를 쓰라고 역설했다.

> "조선은 산천이며 기후가 중국 지역과 다르고, 그 언어나 풍속도 한나라, 당나라 시대와 다르다. 그런데도 글 짓는 법을 중국에서 본뜨고 문체를 한나라, 당나라에서 답습한다면, 나는 그 글 짓는 법이 고상하면 할수록 내용이 실로 비루해지고, 그 문체가 비슷하면 할수록 표현이 더욱 거짓이 됨을 볼 따름이다."[5]

정약용의 시론 중 민족주의적인 글로 높이 평가받고 자주 인용되는 "시대를 아파하고 세속에 분개하지 않는 시는 시가 아니"라고 강조한 편지의 내용은 다음과 같다.

얼마 전 성수(醒叟) 이학규(李學逵)의 시를 보았다. 그가 너의 시를 논한 것은 잘못을 절절하게 지적한 것이니 너는 마땅히 따라야 할 것이다. 그러나 그의 시는 비록 뛰어나지만 내가 좋아하는 바는 아니다.

『시경(詩經)』 이후의 시는 마땅히 두보(杜甫)를 스승으로 삼아야 할 것이다. 모든 시인의 시 중에는 두보의 시가 왕좌를 차지하게 된 것은 『시경』에 있는 시 3백 편의 의미를 이어받았기 때문이다. 『시경』의 시는 충신·효자·열녀·양우(良友)들의 측은하고 아픈 마음과 충후(忠厚)한 마음이 형상화된 것이다.

임금을 사랑하고 나라를 근심하지 않는 시는 시가 아니며, 시대를 아파하고 세속에 분개하지 않는 시는 시가 아니며, 아름다운 것을 아름답다고 하고 미운 것을 밉다고 하며, 착한 것을 권장하고 악을 징계하는 뜻이 담겨 있지 않은 시는 시가 아니다.

뜻이 세워져 있지 못한 데다 학문은 설익고, 삶의 대도(大道)를 아직 배우지 못하고, 임금을 도와 백성에게 혜택을 주려는 마음이 없는 사람은 시를 지을 수 없는 것이니 너도 그 점을 힘써라.

두보의 시는 역사적 사실을 인용하는 데 있어 흔적이 보이지 않아 스스로 지어낸 것 같지만 자세히 살펴보면 다 출처가 있으니, 이야말로 두보가 시성(詩聖)이 되는 까닭이다. 한유(韓愈)의 시는 글자 배열법에 모두 출처가 있게 하였으나 어구는 스스로 많이 지어냈으니 그것이 바로 시의 대현(大賢)이 된 까닭이다. 소동파(蘇東坡)의 시는 구절마다 역사적 사실을 인용하되 인용한 흔적이 있는데 얼핏 보아서는 의미를 깨달을 수 없고 여러모로 살펴서 인용한 출처를 안 다음에야 그 의미를 통할 수 있으니, 이것이 그가 시의 박사(博士)가 된 까닭이다.

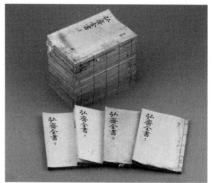

『규장전운』(왼쪽)(국립진주박물관)과 『홍재전서』(오른쪽)(수원 화성).

소동파의 시는 우리 삼부자의 재주로 죽을 때까지 시만 공부한다면 그 근처까지는 가겠지만, 할 일도 많은 이 세상에서 무엇 때문에 그런 짓이나 하고 있겠느냐. 역사적 사실을 전혀 인용하지 않고 음풍농월이나 하고 장기나 두고 술 먹는 이야기를 주제로 시를 짓는다면 이것이야말로 시골의 서너 집 모여 사는 촌구석 선비의 시인 것이다. 이후로 시를 지을 때는 모름지기 역사적 사실을 인용하는 일에 주안점을 두어라.

이학규(1770~1835)는 학자이며 『규장전운』과 『홍재전서』를 편찬하는 데 참여했다. 신유박해와 황사영 백서 사건에 연루되어 유배되었다가 1824년에 풀려났는데, 유배 중에 정약용과 편지를 주고받고 지냈다.

시대를 아파하는 것은 물론 착한 것을 권장하고 악을 징계하는 뜻을 시에 담아야 하며, 백성에게 혜택을 주려는 마음이 없는 사람은 시를 지을 수 없으니 이에 힘쓰라는 말 등에서 목민관의 애민정신이 엿보인다.

책의 의리(義理)를 깨우쳐라

앞에서도 말했듯이, 정약용이 유배지에서 자식들에게 보낸 편지에는 그의 학문과 철학이 압축된 내용이 고스란히 담겨 있다. 200여 년이 지난 오늘날에 일반인이 새겨야 할 대목도 적지 않다. 정약용은 독서가 왜 중요한지, 자신이 왜 책을 쓰는지, 어떤 책을 읽고, 힘써야 할 일은 무엇인지, 그리고 자식들에게 서재의 이름을 지은 뜻 등을 세세하게 전한다.

나 죽은 후에 아무리 청결한 희생과 풍성한 음식으로 제사를 지내준다 하여도 내가 음향하고 기뻐하기는 내 책 한 편을 읽어주고 내 책 한 부분이라도 베껴주는 일보다는 못하게 여길 것이니 너희들은 꼭 이 점을 새겨두기 바란다.

내가 밤낮으로 애태우며 돌아가고 싶어 하는 것은 너희들 뼈가 점점 굳어지고 기운이 점점 거칠어져 한두 해 더 지나버리면 완전히 나의 뜻을 저버리고 보잘것없는 생활로 빠져버리고 말 것이라는 초조감 때문이다. 작년에는 그런 걱정에 병까지 얻었다.

지난여름은 앓다가 세월을 허송했다니 10월 이후로는 더 말하지 않겠다만, 그렇더라도 마음속에 조금의 성의만 있다면 아무리 난리 속이라도 반드시 진보할 수 있는 법이다. 너희들은 집에 책이 없느냐? 몸에 재주가 없느냐? 눈이나 귀에 총명이 없느냐? 어째서 스스로 포기하려 하느냐? 영원히 폐족으로 지낼 작정이냐? 너희 처지가 비록 벼슬길은 막혔어도 성인(聖人)이 되는 일이야 꺼릴 것이 없지 않으냐? 문장가가 되는 일이나 통식달리(通識達理)의 선비가 되는 일은 꺼릴 것이 없지 않으냐?

꺼릴 것이 없는 것뿐 아니라 과거공부 하는 사람들이 빠지는 잘못을 벗어날 수도 있고, 가난하고 곤궁하여 고생하다보면 그 마음을 단련하고 지혜와 생각을 넓히게 되어 인정(人情)이나 사물의 진실과 거짓을 옳게 알 수 있는 장점을 가지고 있는 것이다.

세상에 비스듬히 드러눕고 옆으로 삐딱하게 서고, 아무렇게나 지껄이고 눈알을 이리저리 굴리면서도 경건한 마음을 가질 수 있는 사람은 없다. 때문에 몸을 움직이는 것, 말을 하는 것, 얼굴빛을 바르게 하는 것, 이 세 가지(動容貌, 出辭氣, 正顔色)가 학문을 하는 데 있어 가장 우선적으로 마음을 기울여야 할 것인데, 이 세 가지도 못하면서 다른 일에 힘쓴다면, 비록 하늘의 이치에 통달하고 재주가 있고 다른 사람보다 뛰어난 식견을 가졌다 할지라도 결국은 발꿈치를 땅에 붙이고 바로 설 수 없게 되어 어긋난 말씨, 잘못된 행동, 도적질, 대악(大惡), 이단(異端)이나 잡술(雜術) 등으로 흘러 걷잡을 수 없게 될 것이다.

나는 이 세 가지(三斯)로써 서재(書齋)의 이름으로 삼고 싶었다. 다시 말하면 이 세 가지는 난폭하고 거만한 것을 멀리하고 어긋난 것을 멀리하고 미더움을 가까이한다는 의미니라. 이제 너희의 덕성의 발전을 소원하여 삼사재(三斯齋)라는 것을 선물하니 당호로 삼고 삼사재기(三斯齋記)를 지어 다음 오는 편에 부쳐 보내라.

네가 양계(養鷄)를 한다고 들었는데 양계란 참으로 좋은 일이긴 하지만 이것에도 품위 있는 것과 비천한 것, 깨끗한 것과 더러운 것의 차이가 있다. 농서(農書)를 잘 읽어서 좋은 방법을 골라 시험해보아라. 색깔을 나누어 길러도 보고, 닭이 앉는 횃를 다르게도 만들어보면서 다른 집 닭보다 살찌고 알도 잘 낳을 수 있도록 길러야 한다. 또 때로는 닭의 정경을 시로 지어보면서 짐승들의 실태를 파악해보아야 하느니, 이것이야말로 책을 읽는 사람만이 할 수 있는 양계다.

만약 이(利)만 보고 의(義)를 보지 못하며 가축을 기를 줄만 알지 그 취미는 모르면서, 애쓰고 억지 쓰면서 이웃의 채소 가꾸는 사람들과 아침저녁으로 다투기나 한다면 이것은 서너 집 사는 산골의 못난 사람들이 하는 양계다. 너는 어떤 식으로 하고 있는지 모르겠구나.

내가 몇 년 전부터 독서에 대하여 깨달은 바가 무척 많은데 마구잡이로 그냥 읽어내리기만 한다면 하루에 백번 천번을 읽어도 읽지 않은 것과 다를 바가 없다. 무릇 독서하는 도중에 의미를 모르는 글자를 만나면 그때마다 널리 고찰하고 세밀하게 연구하여 그 근본 뿌리를 파헤쳐 글 전체를 이해할 수 있어야 한다. 날마다 이런 식으로 책을 읽는다면 수백 가지의 책을 함께 보는 것이 된다. 이렇게 읽어야 읽은 책의 의리(義理)를 훤히 꿰뚫어 알 수 있게 되는 것이니 이 점 깊이 명심해라.

지금 우리 집안은 폐족이 되었고, 여러 일가도 갈수록 더욱 쇠약해가고 있다. 옛날 우러러볼 만한 풍류나 문장들이 근자에 와서 삭막하게 되었으니, 너희들은 본래 우리 집안이 이렇구나 생각하고 선조들을 따라가려는 노력은 틀림없이 하지 않겠지.

그러나 끝을 보면 그 근본을 헤아릴 수 있고, 흐르는 물을 건너다보면 수원지를 찾아낼 수 있다는 말이 있으니, 우리 집안이 참으로 어떤 집안이었나를 알아줄 사람이 있을 것이다. 아무쪼록 너희가 힘을 합쳐 30년 전의 옛 모습을 만회해낼 수 있다면 너희야말로 참으로 효자가 되는 것이고 어여쁜 자손이라 할 것이다.[6]

후세에 남을 저술에 매진

『상례사전』으로 자기변호

강진 유배 초기에 정약용은 정신적으로나 육체적으로 많이 쇠약해진 상태였다. 당시에 40대 초반은 중늙은이에 속한 나이였다. 억울한 추방과 셋째 형의 처형, 둘째 형의 흑산도 유배, 여기에 막내아들의 비통한 죽음까지 겹치면서 몸과 마음이 온전할 리 없었다.

1803년에 정순왕후가 정약용을 석방하려 했으나 서용보 무리가 반대하여 풀려날 수 없게 되었다는 소식은 정약용을 더 아프게 만들었다. 서용보는 이후 정약용의 인생에서 중요한 순간마다 발목을 잡는다.

정약용은 틈틈이 인근 보은산 고성사의 보은산방을 찾아 무료함을 달래고 기운을 차렸다. 〈보은산원〉이라는 시에서 당시의 어려운 정황을 엿볼 수 있다.

눈이 침침한 지 벌써 반년이나 지났고

근육은 시큰거려 한쪽 손을 쓰지도 못하네

아직도 바라는 것이야 더 늦기 전에

돌아가서 강물을 떠도는 어부 되는 것이요

책 속에 온 힘을 다 쏟아부어

백 세 이후를 기다려보자는 것이지

　요즘의 유행어라면 '이생망(이번 생은 망했다)'의 처지에서 오직 '백 세 이후'를 내다보면서 절망의 늪에 빠지지 않고 분연히 일어나 쉬지 않고 글을 썼다. 무엇 하나 허투루 하지 않는 성격과 열정은 1803년에 『단궁잠오(檀弓箴誤)』라는 책으로 그 첫 결실을 맺는다. '단궁'은 육경(六經)의 하나인 『예기(禮記)』라는 고례(古禮)에 관한 책의 편명이다. [1]

　『단궁잠오』는 사람이 죽었을 때 초상을 치르고 장례와 제사를 지내는 옛날 예법에 관한 내용 등을 담은 책이다. 정약용은 뒷날 이를 크게 보완하여 60권에 이르는 방대한 분량의 『상례사전(喪禮四箋)』에 넣었다. 그는 왜 유배 생활을 하는 참담한 처지에서 첫 저술로 '상례'에 관한 책을 썼을까?

　유배 초기 시절 정약용은 예기(禮記)와 상례(喪禮), 특히 상례를 집중 연구했다. 이런 연구 결과는 나중 『상례사전(喪禮四箋)』으로 집대성되는데, 정약용이 상례를 집중 연구한 이유는 천주교도들이 부모의 신주를 불태우거나 제사를 폐지한 것에 대한 자기변호의 성격이 강했다. 즉 자신은 천주교와 절연한 유학자임을 분명히 하기 위한 것이었다. [2]

조선 시대에 상례 문제는 심각한 사회적 이슈였다. 특히 상복 착용 기간을 두고 서인과 남인이 두 차례 '예송 논쟁'에서 권력 다툼을 벌이기도 했다. 1차 예송 논쟁(1659)은 인조의 둘째 아들이었던 효종이 죽자 그의 어머니인 조대비가 상복을 몇 년을 입어야 하는지를 두고 벌어졌다. 남인은 효종이 장자가 아니지만 왕위를 계승했으니 장자와 같이 대우해야 한다(3년)는 논리를 폈으나, 장자의 예로 할 수 없다(1년)는 서인의 주장이 받아들여졌다. 2차 예송 논쟁(1674)은 효종의 비자 죽자 또다시 조대비가 상복을 몇 년을 입어야 하는지를 두고 벌어졌다. 서인은 1차 예송 때와 마찬가지로 첫째 며느리의 예를 따를 수 없다(9개월)고 주장했으나, 이번에는 장자의 며느리의 예를 따라야 한다(1년)는 남인의 주장이 받아들여졌다. 또 일부 천주교도들이 조상 신주를 소각하거나 제사를 안 지내는 문제가 국가의 뜨거운 논쟁거리가 되었을 때 정약용도 천주교도로 몰렸다.

어떤 이유에서 집필했든 정약용은 자식들에게 쓴 편지에서 자기의 책이 후세에 전해졌으면 하는 두 권의 책 중 하나로 『상례사전』을 꼽았다. 정약용의 이야기를 직접 들어보자.

『상례사전』은 내가 성인(聖人)의 글을 독실하게 믿고서 만든 것으로, 내 입장에서는 엉터리 학문이 거센 물결처럼 흐르는 판국에 그걸 흐르지 못하도록 모두 냇물을 막아 수사(洙泗)의 참된 학문으로 돌아가게 하려는 뜻에서 저술한 책이다.

정밀하게 사고하고 꼼꼼히 살펴 그 오묘한 뜻을 알아주는 사람이 있게 된다면 죽은 뼈에 새 살을 나게 하고 죽을 목숨을 살려주는 일이다. 나에게 천금(千金)의 대가를 주지 않더라도 감지덕지하겠다. 만약 내가 사면을 받게 되어 이 두 가지 책만이라도 후세에 전해진다면 나머지 책들은 없애버렸다 해도 괜찮겠다.

나는 임술년(1802) 봄부터 책을 저술하는 일에 마음을 기울이고 붓과 벼루를 옆에 두고 밤낮으로 쉬지 않으며 일해왔다. 그래서 왼쪽 팔이 마비되어 마침내 폐인이 다 되어가고 시력이 아주 형편없이 나빠져 오직 안경에 의존하고 있는데 이렇게 하는 일이 무엇 때문이겠느냐? 이는 너희들과 조카 학초(學樵)가 전술(傳述)해내며 명성을 떨어뜨리지 않을 것으로 여겼기 때문이다.[3]

정약용은 한쪽 팔이 마비되고, 시력이 나빠져 안경에 의지할 만큼 이 책을 집필하는 데 온 힘을 다했다. 그런 만큼 이 책을 소중히 여겼고, 후세에도 전해지기를 바랐다.

애민정신이 깃든 시

마르틴 루터는 "희망은 강한 용기이며 새로운 의지"라고 말했다. 유배가 언제 끝날지 그 끝을 알 수 없는 유배자에게 어떤 희망이라도 없으면 생존의 의미를 찾기 어려웠을 것이다. 정약용에게 '희망'은 저술을 통해 다음 세상에서 알아줄 사람을 기다리는 일이었다. 즉 그의 삶은 '역사를 위한 삶'이었다.

이 시기에 그는 아호를 사암(俟庵)이라 지었다. '기다릴 사(俟)'자에 아호의 뜻이 담겨 있다. 백 세 뒤 나를 알아주는 사람을 기다리겠다는 뜻으로, 곧 역사에 맡기겠다는 뜻이다. 가끔 독재자와 그 추종자들이 폭력적이고 비이성적이고 몰역사적인 일들을 저지르고는 '역사의 평가에 맡기겠다'라고 운운하는 뻔뻔한 말과는 격과 결이 다르다.

정약용은 뒷날 「자찬묘지명」의 첫머리에 "호는 사암(俟庵)이고 당호는 여유당이라 한다"라고 썼다. 엄밀한 의미에서 일반적으로 쓰는 그의 호를 '다산'이 아니라 '사암'이라 불러야 고인의 뜻에 충실하다는 의견이 나오는 것은 이 때문이다.

밥과 술을 파는 노파의 집에서 지내는 4년여 동안 정약용은 조선 사회 하층민들의 실상을 생생히 지켜보았다. 그가 기거하던 주막에는 하급 관리와 농민, 장사꾼들과 소리꾼 등 온갖 사람들이 드나들었을 것이기 때문이다.

기쁜 일을 함께 나누고 격의 없이 시시덕대다가도 금세 치고받으며 싸우거나, 자신의 삶을 한탄하거나, 관을 원망하거나 아무나 붙잡고 하소연하는 등 희로애락이 어지러이 교차하는 이들의 행태는 천태만상이었다. 정약용은 여유 있는 양반 가문에서 태어나 높거나 낮은 관직에도 오르고, 어사 노릇도 하고, 목민관이 되는가 하면, 임금의 측근에서 판관의 역할도 해보았다. 백성들의 삶을 지켜보았으나 그의 위치는 어디까지나 관의 눈높이와 같았다. 그래서 피상적이었다.

해미에서 열 달 남짓, 장기현에서 일곱 달여, 그리고 강진에서 긴 유배 생활을 시작하면서 그제야 백성들의 실정이 얼마나 비참한지를 깨달았다. 그리고 관리들과 양반 지배층의 탐학과 횡포가 얼마나 심한지도 생생하게 들을 수 있었다. 그가 머무는 주막은 여론의 작은 집합소였고,

만나는 사람들은 걸어 다니는 민심이었다.

정약용은 오래전부터 애민정신이 남달랐다. 경학과 실학사상, 그리고 한때 빠져들었던 천주교 신앙은 모든 백성이 평등하다는 애민정신이 바탕이었다. 이런 바탕은 곧 그의 사상과 철학의 밑거름이 되었고, 애민정신과 관의 탐학을 고발하는 시로 표출되었다.

다음은 정조의 지근거리에서 일하던 시절에 지은 〈굶주리는 백성(飢民詩)〉이라는 시의 제2연이다.

> 까마득한 하늘 땅의 만물 기르는 이치
> 고금에 어느 누가 알 수 있으랴
> 저 많은 백성들 태어났건만
> 야윈 몸에 재해까지 겹쳐
> 메마른 산송장이 쓰러져 있고
> 거리마다 만나느니 유랑민들이네
> 이고 지고 다니나 오라는 데 없어
> 어디로 가야 할지 아득하기만
> 부모 자식 사이에 부양도 못 하고
> 재앙이 닥치니 천륜도 해치고
> 상농꾼도 거지가 되어
> 서투른 말솜씨로 구걸하노라
> 가난한 집에서는 도리어 하소연
> 부잣집에서는 일부러 늑장 피우지
> 새 아니라서 벌레도 쪼지 못하고

고기 아니라서 물에 살지도 못하네

얼굴빛은 누렇게 떠서 야위고

머리털 뒤얽힌 실타래 같다

옛날 성현들이 어진 정치 베풀 때는

늘 홀아비 과부 불쌍히 여기라고 말했으니

이젠 그들이 진실로 부러울 줄이야

굶어도 자기 한 몸 굶을 테고

매인 가족 돌아볼 걱정 없으니

그 어찌 온갖 근심 맞이하리오

봄바람이 단비를 이끌어 오면

온갖 초목 꽃 피고 잎이 돋아나

생기가 천지를 뒤덮으리니

빈민을 구제하기 좋은 때라오

엄숙하고 점잖은 조정의 고관들이여

경제에 나라 안위 달려 있다오

도탄에 빠져 있는 백성들을

구제할 자는 그대들 아니면 누구일까[4]

  백성을 사랑하고 지배층의 탐학을 고발하는 시 중에는 〈남근을 잘라 내다(哀絶陽)〉가 대표적이다.

갈밭 마을 젊은 아낙네 울음소리 길어라

고을문 향해 울다가 하늘에다 부르짖네

수자리 살러 간 지아비 못 돌아올 때는 있었으나

남정네 남근 자른 건 예부터 들어보지 못했네

시아버지 초상으로 흰 상복 입었고

갓난애 배냇물도 마르지 않았는데

할아버지 손자 삼대 이름 군보에 올라 있다오

관아에 찾아가서 잠깐이나마 호소하려 해도

문지기는 호랑이처럼 지켜 막고

이정(里正)은 으르대며 외양간 소 끌어갔네

칼을 갈아 방에 들어가자 삿자리에는 피가 가득

아들 낳아 고난 만난 것 스스로 원망스러워라

무슨 죄가 있다고 거세하는 형벌을 당했나요

민 땅의 자식들 거세한 것 참으로 근심스러운데

자식 낳고 또 낳음은 하늘이 준 이치기에

하늘 닮아 아들 되고 땅 닮아 딸이 되지

불간 말 불간 돼지 오히려 서럽다 이를진대

하물며 뒤를 이어갈 사람에 있어서랴

부잣집들 일 년 내내 풍류 소리 요란한데

낟알 한 톨 비단 한 치 바치는 일 없구나

우리 모두 다 같은 백성인데 어찌해 차별하나

객창에서 거듭거듭 시구편(鳲鳩篇)을 읊노라[5]

시아버지는 죽고 자식은 갓 태어났는데 남편까지 세 사람이 모두 군
적에 올라 군역이 부과되는 것에 항의했으나 받아들여지지 않자, 남

편이 스스로 자신의 남근을 잘랐다는 비극적인 이야기이다. 정약용은 1803년에 강진에서 이 안타까운 사연을 듣고 시로 읊었다. 조선 후기에 삼정이 얼마나 문란했는지, 계급사회의 빈부격차 문제가 얼마나 심각했는지 등을 여실히 보여주는 대목이기도 하다.

'아버지와 어머니의 차이'

선비는 곧 학인(學人)이다. 배우는 사람에게 '배울 학(學)' 자를 쓴다. 학자, 학교, 학문, 학생 등이 모두 여기에 속한다. 공자는 "불치하문(不恥下問, 아랫사람에게 물어도 부끄럽지 않다)"이라고 했으나, 조선 시대의 선비들은 이 가르침을 따르려 하지 않았다.

정약용은 달랐다. 1801년 겨울, 강진 노파의 집에서 유배 생활을 시작할 때, 흑산도에 있는 둘째 형님에게 보내는 편지에서 노파와 나눈 사연을 진솔하게 적었다. 밥 짓고 술 파는 시골 아낙으로부터 '아버지와 어머니의 차이'를 듣고 깨달은 내용이다.

> 어느 하루 저녁에 집주인 노파가 제 곁에서 한담을 나누다가 갑자기 묻기를 "선생은 책을 읽은 사람인데 이런 뜻을 아시는지요? 아버지와 어머니의 은혜는 똑같고 더구나 어머니가 더욱 많이 애쓰시는데도, 성인들이 교훈을 세우기를, 아버지를 따르게 하였으며, 상복을 입을 경우에도 어머니는 아버지보다 한 등급 낮게 하였습니다. 아버지의 혈통으로 집안을 이루게 해놓고는 어머니 집안은 제외시켰으니 이미 편파적이 아닌가요?"라고 했습니다.

제가 답하기를 "아버지께서 나를 낳으셨다라고 했기 때문에 옛날 책에는 아버지가 자기를 처음 태어나게 하신 분으로 하였죠. 그 어머니의 은혜도 무척 깊기는 하지만 하늘의 으뜸인 태어나게 하는 근본의 은혜가 더욱 중요한 겁니다"라고 했더니, 노파가 말하기를 "선생의 말은 옳지 않습니다. 내가 생각해보건대, 풀이나 나무를 예로 들어서 말한다면 아버지는 나무나 풀의 씨앗입니다. 어머니는 나무나 풀로 보면 토양입니다. 종자가 땅에 떨어지는 것은 그 베푸는 것이 지극히 미미한 것이지만, 부드러운 흙의 자양분으로 길러내는 흙의 은공은 대단히 큽니다. 그러나 밤의 종자가 밤나무로 되고 벼의 종자가 벼가 되는데, 그 몸 전체를 이루는 것은 모두가 땅 기운이지만, 결국은 나무나 풀의 종류는 모두 씨를 따르는 것이니, 옛날 성인들이 교훈을 세워 예를 제정한 것이 그러한 이유인 것으로 생각됩니다"라 하였습니다.

저는 이러한 말을 듣고 흠칫 크게 깨달아 공경하는 마음이 일어나게 되었습니다. 천지간에 지극히 정밀하고 지극히 오묘한 뜻이 이러한 밤 파는 노파로부터 나올 줄이야 누가 알기나 했겠습니까? 기특하고 기특한 얘기입니다.[6]

자신을 가르치는 듯한 노파의 이야기에 정약용은 화를 내거나 상대를 무시하지 않고 오히려 귀를 기울인다. 그 속에서 깨달음을 얻는다. 얼마 뒤 형 정약전이 답신을 보내왔다. "모두 새로운 견문이니, 사람을 깨닫게 하고 정신을 맑게 하네. 주막 노파의 논리는 내가 일찍이 생각해도 이르지 못한 것인데 뛰어나고 뛰어나네."[7] 보통의 선비들과 달리 자신을 낮추고 배우려는 모습은 형이나 아우나 다르지 않았다.

흑산도의 둘째 형을 생각하며

정약용은 어렸을 적부터 둘째 형 약전을 무척 따르고 가르침도 많이 받았다. 정약전의 호는 손암(巽庵)이다. 정약전은 1790년(정조 14년) 증광 문과에 급제하여 병조좌랑 등을 지냈다. 정약용보다 네 살 많았으나 일찍부터 어른스러워서 정약용은 둘째 형에 기대며 자랐다.

정약용은 유배지에서도 날씨가 맑은 날이면 마을 뒷산에 올라 바다를 바라보며 멀리 보이지도 않는 섬 흑산도에 있는 둘째 형을 그리워했다. 나주의 주막 '율정점(밤남정)'에서 기약 없이 헤어진 뒤로 형제는 바다를 사이에 두고 안부와 학문에 관해 묻고 답하는 편지글을 주고받았다.

〈9일 보은산 정상에 올라 우이도를 바라보다(九日登寶恩山絶頂望牛耳島)〉라는 시에는 형님을 그리는 정약용의 안타깝고 애절한 마음이 묻어난다. 우이도는 흑산도 안에 있는 작은 섬으로 정약전이 귀양살이하는 곳이다.

> 한껏 멀리 바라본들 무슨 소용 있으랴
> 괴로운 마음 쓰라린 속을 남들은 모르리라
> 꿈속에서 서로 보고 안개 속을 바라보는데
> 뚫어지게 바라보다 눈물 마르니 천지도 깜깜해라

정약용은 형이 유배 중인 흑산도(黑山島)라는 이름이 하도 끔찍해 현산(玆山)으로 바꿔 불렀다.

"흑산이라는 이름이 듣기만 해도 끔찍하여 내가 차마 그렇게 부르지 못하고 편지를 쓸 때마다 '현산'으로 고쳐 썼는데, 현(玆)이라는 글자는 검다는 뜻이다"라고 다산은 설명해놓았다.

'검을 흑'과 '검을 현'은 뜻이야 같지만 어감은 매우 다르기 때문에 무섭고 두려운 흑(黑) 자를 대신하여 유순하고 평이한 '검을 현'이라는 글자를 사용한다는 의미였다. 그래서 그 두 사람은 서로를 호칭하기를 정약전은 정약용을 '다산(茶山)'이라 부르고 정약용은 형님을 '현산'이라고 하면서 편지를 주고받았다. 때문에 오늘날 『자산어보(玆山魚譜)』라고 불리는 정약전의 저서 이름도 마땅히 『현산어보(玆山魚譜)』로 읽어야 한다.[8]

정약용이 형 정약전을 생각하며 쓴 시 한 편을 더 감상해보자. 정약전이 신지도(오늘날 완도군)에 유배 중일 때 쓴 「가을날 약전 형님을 생각하며(秋日憶舍兄)」라는 시이다. 다음은 이 시의 일부(1연과 4연)이다.

1

외딴 섬 작기가 공 같은데
무심결에 대인이 살고 계시네
아무튼 사는 게 죽기보다 낫겠지만
어찌 꿈이라고 꼭 현실이 아니리까
푸른 해조류로 늘 배를 채우고
붉은 깃털의 새 가까운 이웃 만들었다오
초가을에야 보내신 편지 받았는데
이 서신 띄운 때는 2월이라오

4

어느 사이에 백발이 이르다니

푸른 하늘이여, 이를 어찌할거나

이주(二洲)에는 좋은 풍속 많다는데

외딴섬에서 홀로 슬픈 노래라니요

건너가려도 배와 노가 없으니

이 귀양살이 그물을 어느 때나 벗어날까요

편하고 즐거운 저 물오리와 기러기는

푸른 물결 타고 잘도 노닐고 있네[9]

귀양살이라는 그물에 갇혀 한 발짝도 나갈 수 없는 현실, 형제끼리도 자유롭게 만날 수 없는 신세를 한탄하며, 바다 위를 자유로이 오가는 물오리와 기러기를 한껏 부러워하고 있다. 차라리 형제의 귀양지가 남쪽과 북쪽으로 멀리 나뉘었으면 애절함이 덜했을까.

다산초당에 몸을 맡기고

보은산방을 거쳐 다산초당으로

강진에 도착한 이듬해인 1802년에 한바탕 소란이 벌어졌다. 강진현 감 이안묵이 정약용을 조정에 고발하면서 정약용이 사는 곳을 수색하는 등 긴장이 고조되었다. 이안묵이 고발한 사유는 정약용이 임금을 원망한다는 것이었다. 정약용은 뜻하지 않은 고초를 겪었으나 이 사건은 무고로 마무리되었다. 노론 벽파였던 이안묵은 정약용을 못마땅하게 여겼는데, 이안묵이 강진현감으로 재임하는 기간이 정약용에게는 고행의 시간이었을 것이다.

유배 기간이 길어지면서 더러 찾아오는 사람도 있었다. 정약용에 대한 감시가 심하다고 지적한 교리 김이재의 말 덕분인지 감시의 눈길도 차츰 느슨해졌다.

1802년 "부친의 친우로 강진현 목리(현 강진군 도암면 향촌리)에 사는 윤광택이 몰래 조카 윤시유를 통해 술과 고기를 보내어 안부를 묻고 위로해주었다. 그 무렵 그의 친구로 강진 앞바다의 고이도(현 완도군 고금도)에 유배되었다가 돌아가는 교리(校理) 김이재가 찾아왔다가 윤서유(윤광택의 아들)와 윤시유를 알게 되었고, 그에 대한 감시가 너무 심한 점을 지적하여 이때부터 서리들의 감시가 많이 풀리게 되었다."[1]

정약용은 1805년 겨울에 강진읍에서 북쪽으로 5리쯤 떨어진 우두봉 아래 있는 보은산방으로 거처를 옮긴다. 1806년 가을에는 다시 읍내 남쪽 목리에 있던 제자 이청(李晴)의 집으로 옮겨 살았다. 이렇게 거처를 옮겨 다니며 강진 읍내에서 8년여를 보냈다.

그러다가 그의 마지막 거처인 다산초당으로 옮긴 것은 47살이 되는 1808년 봄이었다. 강진의 만덕사 서쪽에 있는 그곳은 윤씨들의 산정(山亭)이 자리하고 있고, 차나무 1만여 그루가 있는 일명 '차동산'이라 부르는 곳이었다. 정약용은 그곳의 지명에서 따와 자신의 호를 '다산(茶山)'이라고 짓기도 했다.[2]

유배 후반부 10년, 곧 '다산초당의 시기'가 시작되었다. 이때부터 정약용은 제자들을 본격적으로 가르치고, 우리 역사에 길이 남을 명저들을 집필하게 된다. 다산초당은 '다산학의 산실'이었다.

정약용은 윤단 등의 도움을 받았는데, 이들은 어머니 해남 윤씨의 집안사람들이었다. 이들의 지원이 있었기에 후반 10년을 비교적 안정된 처소에서 유배 생활을 할 수 있었다. 또 문중에 전해온 각종 서책은 '다산학'의 각종 저술에 큰 도움이 되었다.

다산초당(강진군 다산박물관).

다산초당의 좌우에는 동암과 서암이 있다. 정약용은 주로 동암에서 지내고 서암에는 제자들이 기거했다. 정약용은 다산초당으로 거처를 옮긴 뒤 주변의 풍광을 시로 남겼는데, 〈다산 8경〉, 〈다산에 피는 꽃을 읊다〉, 〈다산 4경〉 등이 대표적이다. 그중에서 〈다산 4경〉을 감상해보자.

1. 석가산(石假山)

모래톱의 기이한 돌 모아 산봉우리 만들며

본디의 지닌 모습대로 실어다 꾸몄다네

험준한 산 묘하고 안정되어 세 탑 모양

험준한 바위틈에 소나무 하나 심었네

빙 두른 기이한 모습 봉황새가 쭈그린 듯

정석(丁石)과 약샘(藥泉, 약천)(강진군 다산박물관).

뾰족한 곳 얼룩무늬는 죽순등걸 솟았네
거기에다 샘물 끌어 연못으로 둘렀으니
고요히 물 밑 바라보니 푸르름이 어룽어룽

2. 정석(丁石)

대나무 집 서쪽 머리에 바위로 된 층계
연꽃성 꽃주인은 정씨(丁氏)에게 돌아왔네
학 날자 그림자 떨어져 이끼 무늬 푸르고
기러기 발자국 깊어 글자 자취 푸르르다
미불(米芾)은 절할 때도 거만한 모습 드러내고
도잠(陶潛)은 술 취해도 꾸민 행위 벗어났네
부열(傅說)의 바위와 우(禹) 임금의 굴 온전히 잡초에 묻혔거늘
어찌해서 구구하게 또 글자를 새기랴

차 **부뚜막**(茶籠. 다조)(강진군 다산박물관).

3. 약샘(藥泉)

옹달샘엔 진흙 없어 모래만 떠냈을 뿐

바가지 하나에 물을 떠서 비춘 노을 마신다

처음에는 돌 속에서 물구멍을 찾아내

끝내는 산속 약 달이는 사람 되었네

어린 버들 길을 가리고 잎새도 비껴 떠 있고

작은 복숭아 이마 맞대고 거꾸로 꽃이 폈네

가래 삭이고 고질병 나아 몸에도 맞겠으며

나머지 일이야 푸른 샘물로 차 달이기 알맞겠네

4. 차 부뚜막(茶籠)

푸른 돌 평평 갈아 붉은 글자 새겼으니

초당 앞에 차 달이는 작은 부뚜막

아가미 모양 찻주전자 반쯤 벌려 불에 깊이 휩싸이고

짐승 귀처럼 뚫린 두 구멍 가느다란 김이 난다

솔방울 주워 새로 숯불 갈아 피우니

매화꽃처럼 보글보글 뒤늦게 샘물을 붓네

정기를 빼앗음이야 끝내는 농담이니

단약의 화로 만들어 신선되기를 배우네[3]

　산속에 자리한 다산초당과 이곳에서 솔방울로 불을 피워 차를 달이는 정
약용의 모습이 마치 눈앞에 보이듯 생생하고 정겹게 그려져 있다.

호남지역 민란 예견

　다산초당에 거처가 마련되고, 외가인 해남 윤씨 집안의 도움을 받으
면서 생활은 점차 안정을 찾아갔다. 멀리 내려다보이는 바다는 지친 몸
과 마음을 조금이나마 위로해주었다. 그러나 그의 가슴속에는 여전히
뜨거운 불덩이가 이글거렸다. 그동안 지켜본 호남지방 백성들의 처참한
실정 때문이었다. 자연재해가 계속되고, 지주와 관리들의 수탈에 시달
리는 사람들이 참다못해 터전을 떠나면서 거리에는 유랑민이 줄을 잇는
등 민심이 흉흉했다.
　서울에서 살던 시절에 막역했던 친구 김이재(金履載)가 강진에서 가까
운 완도의 고금도에 정약용보다 먼저 귀양 와 있었다. 김이재는 정조 사
후에 벽파들의 핍박으로 귀양을 왔다가 1805년에 귀양이 풀렸다. 그는

서울로 돌아가는 길에 친구인 정약용을 찾아왔다. 그때 정약용은 노파의 집 골방에서 친구와의 이별을 아쉬워하며 부채에 직접 〈송별(送別)〉이라는 시를 적어서 주었다. 이 시는 지금까지 전해지고 있다.

> 역사(驛舍)에 가을비 내리는데 이별하기 더디구나
> 이 머나먼 외딴곳에서 아껴줄 이 다시 또 누구랴
> 반자(班子)의 귀양 풀림 부럽지 않으랴만
> 이릉(李陵)의 귀향이야 기약이 없네
> 대유사(大酉舍)에서 글 짓던 일 잊을 수 없고
> 경신년(1800)의 임금님 별세 그 슬픔 어찌 말하랴
> 대나무 몇 그루에 어느 날 밤 달빛 비치면
> 고향 향해 고개 돌려 눈물만 주룩주룩[4]

우리에게 조금은 낯선 김이재를 소환한 것은 정약용이 그에게 '대단히 불온한' 편지를 썼는데, 그 내용은 앞일을 정확히 내다보고 있었기 때문이다. 즉, 이 편지에서 정약용은 1809년 여름과 가을 사이에 다산초당에서 '민란의 조짐'을 예견했다. 그런데 1894년에 실제로 동학농민혁명이 벌어졌다.

이 편지는 「공후 김이재에게 보냅니다(與金公厚)」라는 제목의 편지였다. 그 내용을 요약하면 다음과 같다.

1. 민란의 조짐

지금 호남(湖南) 일도(一道)에 근심스러운 일이 두 가지 있으니, 그 한 가

지는 백성들의 소요이고, 또 한 가지는 아전의 탐학인 것입니다. 요 몇 해 사이에 깊은 산골로 이사한 명문대가(名門大家)가 수천 명이나 됩니다. 무주(茂朱)·장수(長水) 사이에는 노숙(路宿)하는 사람들이 산골짜기에 가득하고, 순창(淳昌)·동복(同福) 사이에는 유민(流民)이 길을 메웠으며, 바닷가의 여러 마을에는 촌락이 쓸쓸하고 논과 밭의 값이 없으니, 그 모양을 보면 황황(遑遑)하고 그 들리는 소리는 흉흉(洶洶)합니다.

그 문화(門貨)를 헤쳐 다투어 술과 고기를 사고 악기를 들고 산과 물로 가서 밤낮을 가리지 않고 마시고 떠들고 허벅지와 손뼉을 치며 즐기고 있으니 이는 즐기는 것이 아니라 앞으로 닥칠 불행을 슬퍼하는 것입니다.

그 까닭은 무엇입니까. 뜻을 잃고 나라를 원망하는 무리들이 허황된 뜬소리를 퍼뜨려 불안한 말로 선동하고 참위(讖緯)의 그릇된 설을 조작하여 백성들을 현혹시킬 목적으로 한 사람이 거짓말을 퍼뜨리면 많은 사람들은 참말로 알고 전하므로, 비록 장의(張儀)·소진(蘇秦)의 말재주가 있다 하더라도 또한 그 일어남을 덮을 수 없기 때문입니다.

그런데도 수령이란 관리는 귀머거리인 양 전혀 들으려 하지 않고 감사란 신하들도 전혀 마음을 쓰지 않으니, 이는 마치 자녀가 지랄병에 걸려 미친 듯 고함을 치고 어지럽게 치닫는데도 부모나 형이 되어서 어디가 아픈지를 물어보지 않는 것과 같습니다.

조정은 백성의 심장이고 백성은 조정의 사지이니, 힘줄과 경락(經絡)의 연결과 혈맥의 유통은 한순간의 막힘이나 끊김도 있어서는 안 됩니다. 지금은 백성들이 두려워 근심하고 있는데도 안위(安慰)하지 않고, 한 도가 시끄러운데도 진정시키고 무마할 대책은 꾀하지 않고서, 오직 다투고 반목하는 일만 엎치락뒤치락 서두를 뿐, 큰 집이 한 번 무너지면 제비나 참새도 또한 서식할 곳을 잃는다는 것을 모르고 있는 것입니다.

2. 탐관오리의 횡포

탐관오리의 불법을 자행함이 해마다 늘어나고 달이 갈수록 더욱 심해집니다. 6, 7년 동안 동서로 수백 리를 돌아다녀보니, 갈수록 더욱 기발하고 고을마다 모두 그러하여 추악한 소문과 냄새가 참혹하여 차마 들을 수가 없었습니다. 수령은 아전과 함께 장사를 하며 아전을 놓아 간악한 짓을 시키니 온갖 질고 때문에 백성들이 편히 살 수 없습니다.

법 아닌 법이 달마다 생겨나서 이제는 일일이 셀 수조차 없을 지경입니다. 조그만 고을의 아전들도 재상과 교제를 맺지 않은 자가 없이, 재상의 편지가 내리기라도 하면 기세가 산처럼 솟아올라 그 편지를 팔아 위세를 펼쳐 위아래에 과시하는데도 수령은 위축이 되어 감히 가벼운 형벌도 시행하지 못하고, 사민(士民)들은 겁이 나고 두려워서 감히 그 비행을 말하지 못하므로 권위가 이미 세워져 뜻대로 침학합니다.

계산해보면, 한 고을 안에 이런 무리가 5, 6명을 밑돌지 않으니, 양 떼 속에서 범을 없애버리지 않고 논밭에서 잡초를 제거하지 않는다면, 어찌 양이 잘 크고 곡식 싹이 자랄 수 있겠습니까. 그런데 감사가 군현(郡縣)을 순행할 적이면 가는 곳마다 반드시 이 5, 6명을 불러 좋은 안색으로 대해주고 음식을 대접하는데, 무릇 이런 접대를 받은 자들이 물러나서는 천지도 두려워하지 않고 악행을 저지른다는 것을 깨닫지 못하니, 아아, 안타깝습니다.

한 도가 이러하니 여러 도를 알 수 있고, 여러 도가 이러하니 나라가 장차 어찌 되겠습니까. 이 몸은 풍비(風痺)가 점점 심해지고 온갖 병이 생겨 언제 죽을지 모르겠으니, 기쁜 마음으로 장강(䍧江)에 뼈를 던지겠으나, 다만 마음속에 서려 있는 우국(憂國)의 충정을 발산할 길이 없어 점점 응어리가 되어가므로 술에 취한 김에 붓 가는 대로 이와 같이 심중을 털어놓았으니, 엎드려 생각하옵건대, 밝게 살피시고 나의 미치고 어리석음을 용서하시기 바랍니다.[5]

'말 잘하기는 소진 장의로군'이라는 속담이 있다. 중국 춘추전국시대 때 책사로서 합종연횡의 주인공이었던 소진과 장의를 빗댄 말로, 말주변이 좋은 사람을 일컬을 때 쓴다. 이들이 와도 소용없을 만큼 백성들의 민심은 걷잡을 수 없게 되었다는 이야기인데, 현실을 직시하여 미래를 내다본 정약용의 혜안이 새삼 놀랍다.

풍자와 은유의 달인

정약용은 '음풍농월' 식의 글쓰기를 지극히 배척해왔다. 시대의 아픔을 외면한 조선 시대 유생들의 행태와는 크게 달랐다. 유배지에서 쓴 각종 시문에는 사회성이 짙게 배어 있다. 직설적인 표현보다는 비유나 상징적 표현으로 각종 적폐를 고발한다. 그 대표적인 작품 몇 가지를 감상해보자.

먼저, 1804년에 지은 〈미운 모기(憎蚊)〉의 중간 대목이다.

몸뚱이는 지극히 하찮고 종자도 미천한 네가

어찌해서 사람 만나면 문득 침을 흘리느냐

밤에만 다니니 참으로 도둑질 배웠으며

제가 무슨 현자라고 혈식(血食)을 하느냐

　이 시에서 비난을 받는 대상은 모기이다. 여름철이면 어김없이 나타나 사람의 피를 빨아먹으며 귀찮게 하는 모기를 나무라지만, 모기를 내세워 비판하는 실제 대상은 백성들의 고혈을 빨아먹는 탐관오리들이다. 숨은 뜻도 모른 채 이 시를 읽으며 재미있다고 껄껄대는 탐관오리들도 적지 않았을 듯하다.

　다음은 1803년에 쓴 작품인 〈송충이가 소나무를 먹다(蟲食松)〉의 후반부이다.

큰 집과 명당이 만약에 기울어 무너지면

들보나 곧은 기둥으로 크고 작은 대로 가다듬어 쓰려 했도다

왜놈이나 유구국이 만약에 쳐들어올 때는

큰 전함 만들어 적의 예봉 꺾으려 했다

네가 이제 사사로운 욕심으로 함부로 죽여놨으니

말을 하자니 내 기가 치받쳐 오르노라

어찌하면 번개의 벼락도끼 얻어다가

네 족속들 몽땅 잡아 이글대는 용광로에 녹여버리나

　순조가 집권한 뒤에 노론 세력은 '신유옥사' 등으로 얼마나 많은 '들보'와 '기둥'을 잘라 땔감으로 만들었던가. 그래서 인재들이 사라진 조정에 똬리를 튼 이들을 '송충이'로 에둘러 비판한다. 얼마나 화가 났으면

그 송충이들을 용광로에 몽땅 집어넣어 없애버리고 싶었을까.

다음은 제비를 내세워 무력한 백성들의 애환을 노래하는 시로, 유배지인 장기에서 지은 27수의 연작시 중 여덟 번째 시이다.

> 제비가 처음 날아왔을 때
> 지지배배 하는 소리 그치지 않네
> 그 말뜻 분명히 알 수 없지만
> 집 없는 설움 하소연하는 것 같네
> "늙은 느릅나무 괴목나무엔 구멍 많은데
> 어찌하여 그곳에 살지 않느냐"
> 제비 다시 지지배배
> 사람에게 대답하기를
> "느릅나무 구멍엔 황새가 와서 쪼고
> 괴목나무 구멍엔 뱀이 와서 뒤진다오"

이 시에서 "제비는 무력한 백성들이고, 느릅나무와 괴목나무의 구멍은 민초들의 삶의 터전이며, 지지배배 울음소리는 백성들의 원성이고, 황새와 뱀은 삼정의 문란으로 백성의 원수가 된 탐관오리임을 은유"하고 있으며, 또 "화평의 세계, 공존의 질서가 무너진 낡은 사회, 약육강식의 사회를 풍자하면서 약자에 대한 연민을 형상화"했다고 할 수 있다.[6]

정약용의 풍자·은유·고발 문학은 항상 백성들의 고단한 생활상에 초점을 맞추었다. 〈보리죽(麰麨)〉(1810)은 농촌의 참상을 사실대로 그린 시이다. 다음은 〈보리죽〉의 제1연이다.

동쪽 집에서도 들들들

서쪽 집에서도 들들들

보리 볶아 죽 쑤려고

맷돌소리 요란하네

보리 싸라기 체로 치지 않고

기울도 까부르지 않고

그대로 죽을 쑤어

주린 창자 채운다오

썩은 트림에 신 침을 삼키니

머리가 어지러워 아찔거리고

해도 달도 빛이 없고

천지가 빙빙 돈다오

앞서 정약용은 백성의 원수가 된 탐관오리들을 모기, 황새와 뱀 등
으로 묘사했다. 그러나 여기에서 그치지 않았다. 〈승냥이와 이리(豺
狼)〉(1810)라는 시의 제1연이다.

승냥이여 이리여!

우리 송아지 채갔으니

우리 염솔랑 물지 말라

궤짝엔 속옷도 없고

횃대엔 치마도 없다

항아리엔 남은 소금 없고

쌀독엔 남은 식량도 없단다

큰 솥 작은 솥 빼앗아 가고

숟가락 젓가락 가져가다니

도둑놈도 아니면서

어찌 그리 못된 짓만 하느냐

사람 죽인 자는 이미 죽었는데

또 누굴 죽이려느냐[7]

안동 김씨 등의 세도정치가 극심해지면서 삼정(三政)이 문란해지고 관리들은 중앙이나 지방 할 것 없이 '승냥이'와 '이리'가 되어 백성들의 고혈을 빨아먹었다. 아전·수령·방백·정승은 곧 승냥이와 이리의 다른 이름이었고, 도둑놈보다 더 못된 놈들이었다.

다산초당 시절

다산(茶山)에서 차(茶)를 즐기다

한국(조선)인들은 예부터 차(茶)를 즐겨 마셨다. '차례(茶禮)'를 지내기도 했다. '다례'라고도 하는 이 행사는 음력 초하룻날과 보름날, 음력 설날을 포함한 명절날, 조상 생일 등과 같은 날에 간단한 음식과 차(다)를 차려놓고 제를 올리는 의례를 말한다.

정약용은 젊은 시절부터 차를 즐겼다. 21살 때, 새 찻잎 한 포를 겨우 얻은 기쁨을 〈봄날 체천에서 지은 시(春日棣泉雜詩)〉(1782)에서 다음과 같이 표현했다(정약용은 당시 자신이 살던 집의 이름을 체천정사라 불렀다).

백아곡의 새 차가 새잎을 막 펼치니
마을 사람 내게 주어 한 포 겨우 얻었네

체천의 물맛은 맑기가 어떠한가

은병에 길어다가 조금 시험해본다네[1]

　조선 시대에 차는 양반 계층의 기호식품이었다. 그만큼 차는 귀한 물건이었다. 당연히 일반 백성들은 쉽게 구경할 수도 없었다. 그래서 '차례' 때 차를 올리는 대신 술을 올렸다. '차'는 차츰 사찰의 제례 행사용으로 사용을 제한하게 된다.

　우리나라의 차 문화는 정약용이 중흥을 이끌었고, 그 명맥은 추사 김정희와 초의(의순) 스님으로 이어졌다.

　　다산이 본격적으로 차를 마시기 시작한 것은 강진으로 유배 온 지 4년 후, 백련사에서 아암(兒菴) 혜장(惠藏, 1772~1811) 선사와 교유를 갖게 되면서부터다. 그간 울화가 쌓여 맺힌 답답한 체증을 치료하기 위해서였다. 1801년 말에 강진으로 귀양 온 다산은 처음에 동문 밖 샘물 곁 주막집 뒷방에 옹색한 거처를 정했다. 이곳을 다산은 동천여사(東泉旅舍)로 불렀다. 막상 혜장 선사와의 첫 만남은 그로부터 4년 뒤인 1805년 여름에 이루어졌다.[2]

　정약용이 야생 차나무가 많아 다산(또는 차산)으로 불리는 이곳에 있던 초당에서 지내게 된 것은 그에게는 모처럼의 행운이었다. 그뿐만 아니라 차를 계기로 승려들과도 인연을 맺게 되었다.

　　전라도 해남군 대흥사에는 서산대사의 수충사가 있어서, 여기에는 대대로 학문하는 스님을 끊임없이 배출하였는데, 한국의 육우(陸羽)라 일컬어지

추사 김정희 초상.

는 초의(草衣) 장의순(張意恂,1786~1866) 스님도 이곳 출신이다. 당시 정약용
은 강진도암에, 추사(秋史) 김정희(金正喜, 1786~1856)는 제주도에서 각각 귀
양살이를 하고 있었다. 이들 3인은 선후배 간의 존경과 돈독한 우정, 지리적
조건으로 서로 자주 만났고, 다 같이 깊숙하고 고요한 산간에서 차를 통하
여 인생의 쓴맛·단맛을 음미하였다. (…) 해남군 대흥사의 학문 스님 아암에
게 차를 배우게 되었고 그에겐 주역을 가르쳤다.[3]

정약용이 아암(혜장 선사)에게서 차를 배웠다는 것은 착오인 듯하다.
정약용은 혜장 선사를 만나기 훨씬 전부터 차에 대해 쓴 시가 더러 있었
기 때문이다.

"초의는 다산의 손때 묻은 제자다. 초의가 다산초당을 처음 찾은 것은 1809년이었다. 당시 다산이 48세, 초의가 24세였다. 초의가 차를 배운 것은 물론 다산에게서였다. 15세 때 출가한 이후, 초의는 9년 가까이 영호남을 주유하며 선지식을 찾아 참구(參究)했다. 결과는 실망스러웠다. 대단하다는 명성을 듣고 찾아가보면 모두 가짜였다. 그러던 그가 다산을 만나 급속도로 그 학문과 인품에 빠져 들어가는 과정은 초의의 시집 속에 너무도 생생하게 그려져 있다."[4]

정약용이 남긴 글 중 어느 것 하나도 소중하지 않은 것이 없다. 그중에서도 그가 1805년 겨울에 백련사의 혜장 선사에게 차를 보내달라는 글인 「걸명소(乞茗疏)」는 특히 이 방면의 걸작이다.

나는 요즘 차를 탐식하는 사람이 되었으며
겸하여 약으로 삼고 있소
차가운데 묘한 법은
보내주신 육우 다경 3편이 통달케 하였으니
병든 큰 누에(다산)는 마침내
노동(盧仝)의 칠완다(七碗茶)를 마시게 하였소
정기가 쇠퇴했다 하나 기모경의 말은 잊을 수 없어
막힌 것을 삭이고 헌데를 낫게 하니
이찬황(李贊皇)의 차 마시는 습관을 얻었소
아아, 윤택할진저
아침에 달이는 차는 흰 구름이 맑은 하늘에 떠 있는 듯하고

낮잠에서 깨어나 달이는 차는

밝은 달이 푸른 물 위에 잔잔히 부서지는 듯하오

다연에 차 갈 때면 잔구슬처럼 휘날리는 옥가루들

산골의 등잔불로서는 좋은 것 가리기 아득해도

자순차의 향내 그윽하고

불 일어 새 샘물 길어다 들에서 달이는 차의 맛은

신령께 바치는 백포의 맛과 같소

꽃청자 홍옥다완을 쓰던 노공의 호사스러움 따를 길 없고

돌솥 푸른 연기의 검소함은 한비자(韓非子)에 미치지 못하나

물 끓이는 흥취를 게 눈, 고기 눈에 비기던

옛 선비들의 취미만 부질없이 즐기는 사이

용단봉병 등 왕실에서 보내주신 진귀한 차는 바닥이 났소

이에 나물 캐기와 땔감을 채취할 수 없게 마음이 병드니

부끄러움 무릅쓰고 차 보내주시는 정다움 비는 바이오

듣건대 죽은 뒤, 고해의 다리 건너는 데 가장 큰 시주는

명산의 고액이 뭉친 차 한 줌 몰래 보내주시는 일이라 하오

목마르게 바라는 이 염원, 부디 물리치지 말고 베풀어주소서[5]

정약용은 단지 차를 좋아하는 데에서만 그치지 않았다. 그가 직접 만든 차도 일품이었다. 모든 일에서 한번 매달리면 최고 수준에 이르렀는데, 이는 그의 성실함과 탐구열이 빚어낸 결과였다.

다산이 마셨던 차는 어떤 형태였을까? 다산차는 일반적으로 떡차였다.

1830년 다산이 제자 이시헌에게 보낸 편지에 떡차 만드는 방법이 자세하게 나온다. 삼증삼쇄, 즉 찻잎을 세 번 찌고 세 번 말려 곱게 빻아 가루를 낸 후, 돌샘물에 반죽해서 진흙처럼 짓이겨 작은 크기의 떡차로 만들었다. 다산은 유배 이전에 지은 시에서 이미 차의 독한 성질을 눅게 하려고 구증구포한 다고 말한 적이 있다. 구증구포든 삼증삼쇄든 다산차가 찻잎을 쪄서 말리는 과정을 여러 차례 반복해서 차의 독성을 중화시키고, 가는 분말로 빻아 반 죽해서 말린 떡차였음은 분명하다.[6]

정약용이 우리나라 차 문화를 중흥시킨 인물이라는 이유를 한 연구 가는 다음과 같이 다섯 가지로 정리했다.

첫째, 다산은 강진 유배 전부터 차를 즐겨 마신 다인이며, 둘째, 다산의 차 에 대한 이론이나 지식은 혜장이나 초의를 만나기 전부터 확립되어 있었으 며, 셋째, 다산은 차의 이론가로 그치지 않고 종다(種茶), 전다(煎茶), 제다(製 茶), 음다(飮茶)에서 실제 경험을 바탕으로 소용이 되는 실천가이자 교육자 였으며, 넷째, 해배된 후에도 다생활을 계속했고, 다섯째, 자신의 다도관이 확립되어 있었다는 것을 중시하고 있다.[7]

유배지를 찾아온 두 아들

강진에서 유배 생활을 할 때 두 아들이 차례로 한 번씩 찾아왔다. 서 로 헤어지고 5년 만인 1805년 겨울에 큰아들 학연이 먼저 찾아왔다. 주막 한쪽의 골방에 머무르던 때라 숙식이 마땅찮아 우두봉 아래 자리 잡은 보은산방의 스님에게 신세를 졌다. 아들은 집안의 형편이 어려워서 어린 당나귀를 타고 왔다. 정약용은 아버지로서 아들의 뜻밖의 방문에 놀랍고도 반가운 마음을 시로 남겼다. 그 시의 1연은 다음과 같다.

손님이 와 대문을 두드리는데
자세히 보니 바로 내 아들이었네
수염이 더부룩이 자랐는데
이목을 보니 그래도 알 만하였네
너를 그리워한 지 사오 년에
꿈에 보면 언제나 아름다웠네
장부가 갑자기 앞에서 절을 하니
어색하고도 정이 가지 않아
안부 형편은 감히 묻지도 못하고
우물쭈물 시간을 끌었다네
입은 옷이 황토 범벅인데
허리뼈라도 다치지나 않았는지
종을 불러 말 모양을 보았더니
새끼당나귀에 갈기가 나 있었는데
내가 성내 꾸짖을까봐서
좋은 말이라 탈 만하다고 하네
말은 안 해도 속이 얼마나 쓰리던지
너무 언짢고 맥이 확 풀렸다네[8]

정약용은 먼 길을 내려온 아들과 함께 보은산방에서 『주역』을 공부하며 한겨울을 지냈다. "유학자로서 불가의 한 귀퉁이에 자리를 내달라고 요청한 것에는 비굴한 것 그 이상의 아픔이 내재해 있다."[9]

다시 세월이 흘러 1808년 4월 20일, 이번에는 둘째 학유가 찾아왔다. 유배를 떠나올 당시 10대였던 둘째도 어느새 수염이 덥수룩한 20대 청년이 되어 있었다.

> 모습은 내 아들이 분명한데
> 수염이 나서 다른 사람과 같구나
> 집 소식 비록 가지고 왔으나
> 오히려 믿지 못하겠네

아이에서 어느새 어른이 된 아들의 모습을 보며, 귀양지에서 속절없이 흘러간 세월에 대한 아쉬움이 진하게 배어 있다.

강진에 귀양살이한 지 몇 년이 지난 뒤 부인 홍 씨가 시집올 때 입었던 다홍치마 여섯 폭을 사람 편으로 보냈다. 이를 잘 간직하고 있다가 1810년에 가위로 잘라 하피첩(霞帖, '하피'란 '노을 빛깔의 붉은색 치마'라는 뜻)을 만들어 두 아들에게 주는 글을 쓰고, 나머지는 1812년에 외동딸이 시집 갈 때 〈매조도(梅鳥圖)〉를 그려 선물했다.

정약용은 '하피첩'에 담긴 사연과 바람을 「제하피첩(題霞帔帖)」이라는 글로 남겼다.

내가 강진에서 귀양살이할 때 몸져누워 있던 아내가 헌 치마 다섯 폭을

하피첩 내용의 일부(국립민속박물관).

인편에 보내주었다. 아마 그녀가 시집올 때에 입고 왔던 분홍색 치마였나 본데 붉은 색깔도 거의 바랬고 노란색도 역시 없어져가는 것이었다. 단정하 고 곱게 장정된 책으로 만들고자 가위로 재단하여 조그마한 첩을 만들고, 손이 가는 대로 경계해주는 말을 지어서 두 아들에게 넘겨주련다.

　아마도 뒷날 이 글을 보고 감회가 일어날 것이고, 아버지, 어머니의 좋은 은택(恩澤)을 생각한다면 반드시 그리워하는 감정이 뭉클하게 일어나리라. '노을처럼 붉은 치마로 만든 첩(霞帔帖, 하피첩)'이라고 붙인 이름은 '붉은 치 마(紅裙, 홍군)'라고 하면 '기생'이라는 뜻이 있어 은근하게 돌려서 지은 것이 다.[10]

　그런데 부인 홍 씨가 시집올 때 입었던 분홍색 치마를 남편에게 보낸 이유는 무엇일까?

다산의 설명이 없으니 알 길이 없으나 우리의 입장으로 나름의 추측을 해볼 수 있다. 다산은 40세, 아내 홍 씨는 41세의 나이로 생이별했던 부부는 10년이라는 긴긴 세월을 독수공방으로 지냈다. 아내로서는 어쩌면 남편이 자기를 잊고 딴생각이라도 하는 것 아닌가 하는 걱정도 되고 해서 무엇인가 자극을 주어 자신을 생생하게 기억하도록 남편에게 시집을 때 입었던 다홍치마를 장롱 속에서 꺼내 인편에 보냈을 것이다.

절대로 잊지 말라는 강한 요구이기도 하지만, 은근하게 사랑의 정을 표시하려는 뜻이기도 했으리라. 이런 아내의 의중을 읽었기에 남편은 두 사람의 사랑의 열매인 아들과 딸에게 경계의 글과 함께 아름다운 그림을 그려서 주었을 것이다.[11]

실제로 남편은 한때 '딴생각'을 하고 있었다(이 부분은 뒤에서 다시 다룬다). 그런데도 유배 이후 폐족 상태의 집안을 유지하며 세 자식을 홀로 키우는 아내를 잠시도 잊은 적은 없었다. 1806년에 쓴 〈아내에게 부치다〉라는 글에 잘 담겨 있다.

하룻밤 지는 꽃은 1천 잎이고
우는 비둘기와 어미 제비 지붕 맴돌고 있다
외로운 나그네 돌아가란 말 없으니
어느 때나 침방에 들어 꽃다운 잔치를 여나
생각을 말아야지
생각을 말아야지 하면서도 애처롭게 꿈속에서나 얼굴 보고지고[12]

외동딸에게 주는 결혼 선물, <매조도>

정약용은 긴 유배 기간에 실로 엄청나게 많은 글을 썼다. 수백 권의 학술적인 글은 말할 것도 없고, 그가 지은 시는 무려 2,400여 수에 이르고 산문도 15권이나 된다. 그런데 그 많은 글 중에서 참수당한 셋째 형 정약종과 외동딸에 관한 글은 보이지 않는다. 천주교도로 몰려 죽은 형에 대해서 쓰는 건 어려웠을 것이다. '그' 때문에 집안이 폐족이 되고 자신과 둘째 형이 유배를 당했기에 자칫 또 무슨 화를 불러올지 몰라서 자제했을 터이다.

그런데 외동딸과 관련된 글이 없는 건 무슨 까닭일까? 1794년 3월 5일에 태어난 셋째 딸은 이름도 보이지 않는다. 생후 22개월 만에 천연두로 요절한 둘째 딸의 이름은 '효순(孝順)'인데, 막상 살아남은 딸의 이름은 알려진 바가 없다.

그 외동딸은 다산초당에서 글을 배운 제자와 결혼했다. 제자이자 사위의 이름은 윤창모였다. 정약용의 아버지가 가까이 지내고, 두 집안이 대대로 친분을 맺고 지내던 윤광택의 손자였다.

윤창모는 다산초당에서 멀지 않은 마을에 살고 있어서 글공부하고자 자주 다산초당에 들렀다. 그러다가 마침내 정약용의 눈에 들었다. "뒷날 윤창모는 학업에 열중하여 진사과에 급제해 가문을 빛내기도 했다. 결혼 뒤인 1813년 윤씨 일가들은 다산의 고향 마을 마재의 강 건너편 마을인 귀어촌으로 이사 와서 살기도 했다."[13]

딸이 한창 성장할 나이에 아버지가 국문을 당하고 이곳저곳에서 귀양을 사느라 집안이 온통 쑥대밭이 되었다. 그래서 아버지 노릇을 제대로 못 해 준 것이 마음에 걸려서였을까. 정약용은 자신에게 글을 배우던 제자 중에 눈여겨보던 바른 청년을 골라 짝을 맺어주고, 앞서 이야기한 것처럼 부인이 보내준 다홍치마에 〈매조도〉를 그리고 화제(畵題)를 지어 시집가는 딸에게 '지참금' 대신 주었다.

1813년 7월 14일에 다산초당에서 그리고 썼다는 〈매조도〉에는 4언 율시가 적혀 있다. 그 내용은 다음과 같다.

치마폭에 매화를 그리다

가볍게 펄펄 새가 날아와(翩翩飛鳥)

우리 뜰 매화나무 가지에 앉아 쉬네(息我庭梅)

매화꽃 향내 짙게 풍기자(有烈其芳)

꽃향기 사모하여 날아왔네(惠然其來)

이제부터 여기에 머물러 지내며(爰止爰棲)

가정 이루고 즐겁게 살거라(樂爾家室)

꽃도 이미 활짝 피었으니(華之旣榮)

그 열매도 주렁주렁 많으리(有蕡其實)[14]

이 4언 율시 옆에는 이 그림과 글씨의 사연이 다음과 같이 자세히 적혀 있다.

내가 강진에서 귀양살이한 지 수년 됐을 때 부인 홍 씨가 헌 치마 여섯 폭을 부쳐왔는데, 이제 세월이 오래되어 붉은빛이 가셨기에 가위로 잘라서 네

첩(帖)을 만들어 두 아들에게 물려주고 그 나머지로 이 족자를 만들어 딸아이에게 준다.[15]

이 〈매조도〉는 지금 고려대학교 박물관에 소장되어 있다. 유홍준 교수는 〈매조도〉의 품격과 가치를 높이 평가한다. "매화가지에 앉은 새의 그림 또한 그 애절한 분위기가 어느 전문화가도 흉내 못 낼 솜씨로 되어 있다. 붓의 쓰임새가 단조롭고 먹빛과 채색의 변화도 구사되지 못했건만 화면 전체에 감도는 눈물겨운 애잔함이란 누구도 흉내 못 낼 것 같다. 그래서 나는 예술은 감동과 감정에 근거할 때 제빛을 낼 수 있다고 믿는 것이다."[16]

정약용을 비롯하여 조선 시대의 진정한 학자나 선비는 문(文)·사(史)·철(哲)에 능통하고 시(詩)·서(書)·화(畵)에 식견을 갖췄다. 사람에 따라 차이가 있었지만, 이 여섯 가지 분야에 어느 정도라도 전문성과 조예가 없으면 축에 끼이지 못할 만큼 수준이 높았다. 정약용이야말로 문·사·철·시·서·화에 두루 능했다.

정약용이 다산초당에서 쓴 또 다른 작품 중에는 일기체로 된 서첩이 있다. 그중 다음에 소개하는 글은 다산의 서정 어린 낭만이 너무도 고고하게 표현되어, 유배객의 심사처럼 느껴지지 않기도 한다.

9월 12일 밤, 나는 다산의 동암에 있었다. 우러러보니 하늘은 적막하고 드넓으며, 조각달이 외롭고 맑았다. 떠 있는 별은 여덟아홉에 지나지 않고 앞뜰엔 나무 그림자가 하늘하늘 춤을 추고 있었다. 옷을 주워입고 일어나 걸으며 동자로 하여금 퉁소를 불게 하니 그 음향이 구름 끝까지 뚫고 나갔

다. 이때 더러운 세상에서 찌든 창자를 말끔히 씻어버리니 이것은 인간 세상의 광경이 아니었다.[17]

결코 비굴하지 않으련다

노론 벽파들은 정권을 잡고 세도정치로 국정을 오로지하고 있으면서도 정약용 등 개혁주의자들에 대한 증오심은 변하지 않았다. 그들 때문에 자신들이 한때 '찬밥 신세'를 면치 못하던 때가 있었으니, 언제 다시 재기하여 보복할지 모른다는 피해의식에 사로잡혀 있었다.

예나 지금이나 아둔한 권력집단은 '희생양 메커니즘'의 오류에 빠져든다. "'희생양 메커니즘'이란 하나의 희생물로써 모든 가능한 희생물들을 대신하는 것으로, 동물로써 인간을 대신하는 경제적 기능뿐 아니라 작은 폭력으로 나쁜 폭력을 막는 종교적 기능도 수행한다. 그것은 복수의 길이 막힌 희생물이며 격렬한 반응을 보임으로써 자신들의 폭력을 정당화하는 폭력이다."[18]

고대사회의 제물인 '희생양'은 동물이었다. 그러나 인지가 발달하면서부터 그 희생양은 사람으로 바뀌었다. 나치 독일의 유대인 탄압, 미국 백인들의 흑인 학대, 일제의 조선인 학살 등이 대표적인 예이다. 조선 왕조 후기에는 천주교인과 동학도, 일제강점기에는 독립운동가가 희생양이었고, 해방 이후 이승만 정권 때는 평화통일론자, 박정희 정권 시절 때는 혁신계와 민주화 운동가, 전두환 정권 시절에는 광주 시민들이 희생양이 되었다.

김조순 초상.

순조 5년에 대왕대비가 죽고 순조의 장인 김조순(金祖淳)이 권력을 장악하면서 안동 김씨의 세도정치가 시작되었다. '희생양' 만들기는 더욱 심화했다. 당연히 민심을 도외시한 세도정치는 민심을 들끓게 했고, 결국 민란을 불러일으키는 결과를 가져왔다. 1808년(순조 8년) 1월, 함경도 북청과 단청의 민란을 시작으로 1811년 2월에 곡산, 1813년 11월에 제주, 1814년 5월에 서울에서 각각 민란이 일어났다. 특히 1811년 12월에 평안도에서 일어난 '홍경래의 난'은 100일 동안 지속할 만큼 대규모 민란이자 농민항쟁이었다.

1809년 이래 흉년이 계속되자 서울에서도 식량이 크게 부족한 사태가 벌어지고 대규모의 민란이 발생했다. 정약용이 우려했던 일들이 현실로 나타나고 있었다.

그런데도 조정에서는 탕평책 대신 여전히 적대세력을 만들고, 포용을 거부했다. 정약용은 그동안 몇 차례 귀양살이가 끝날 기회가 있었으나 그때마다 노론 수구파에 밀려 좌절되었다. 특히 1810년 가을, 순조의 능행길에 정약용의 아들 학연이 어가 앞에서 바라를 두드려 부친의 억울함을 호소하자 형조판서 김계략이 이 사실을 임금에게 알렸고, 임금은 정약용을 고향으로 돌아가게 하라는 어명을 내렸다. 그러나 병조판서 홍명주가 이에 반대하는 상소를 올리고, 같은 남인 출신이면서 노론 벽파에 빌붙어 정약용 등을 몰락하게 했던 장본인 이기경이 이번에도 참소하여 정약용의 해배는 물거품이 되었다.

1814년에도 정약용의 해배를 막는 일이 또 있었다. 그 이야기는 「자찬묘지명」에 다음과 같이 적혀 있다.

> 갑술년(53세, 1814) 여름에 사헌부 장령 조장한이 정계(停啓)를 하고 의금부에서 해배 명령서를 보내려 하는 때에 강준흠(전 사간)이 상소하여 독살스러운 소리를 해놓으니 판의금 이집두(전 예조판서)가 두려워서 감히 해배 공문을 보내지 못하고 있었다.

정치적 '희생양'이 된 정약용은 오직 '100년 후의 역사'를 의식하면서 저술하고 제자들을 교육하는 일에 열중한다. 자식들이 이기경 등 세도가들을 찾아다니며 석방운동을 한다는 소식을 듣고는 결코 비루한 짓을 하지 말라며 단호하게 타이른다. 그는 끝까지 조선 선비의 올곧은 모습을 보였다. 1816년 6월 4일에 쓴 편지 「두 아들에게 답하노라(答二兒)」에 정약용의 엄한 꾸지람이 생생하게 담겨 있다.

　　옛날부터 돌아가셨다는 소식을 듣고 달려가는 예는 부모상을 당했을 때만 그런 것은 아니다. 그리고 형과 동생 중에 한 사람은 출타했을지라도 한 사람은 집에 있었으면서도 상 당했다는 소식을 듣고 달려가 곡했다는 이야기는 전혀 없고, 망령된 말로 이 아비를 위협하려 달려들고 권세가들 집에 나보고 고개를 숙이라고 졸라대고 있으니, 너희들은 어째서 이다지도 한 점의 양심도 없는지? 인간이 귀중하다는 것은 오로지 한 점의 양심이 있어 그것 때문에 군자다운 행실을 할 수 있는 것이다.

　　저 북쪽 땅 왕 유심(劉諶) 같은 자도 나름대로 의리를 가지고 살았는데, 조그마한 이익 때문에 앞뒤도 가리지 않고 마구 해대란 말이냐. 너희들 심중에서 사대부다운 기상은 조금도 찾아볼 수 없구나. 다만 화려한 권력가의 집안이나 진수성찬으로 호의호식하고 사는 집안을 흠모하고 있으며, 더구나 아비를 다시는 돌봐줄 필요가 없는 사람이라고 판단해서 별별 위협적인 수단을 동원해서 차마 해서는 안 될 일을 요구하고 있으니 이게 도대체 어찌 된 일이냐.

　　남들이 이 아비를 짐승처럼 여기고 있는데도 부끄러워할 줄도 모르고 이런 짓을 하라고 보채며, 그들의 거짓 웃음과 쌀쌀맞은 이야기들을 내게 권하느냐? 그들 권력자들이 벌떼처럼 다시 들고 일어나 오랜 감정을 풀어보려고 나를 추자도나 흑산도로 쫓아 보낸다 해도 나는 머리칼 하나 까딱 않겠다.[19]

권력을 손에 쥔 자들이 '오랜 감정'을 풀기 위해, 즉 자신을 해하기 위해 더 험한 곳으로 유배를 보낸다고 해도 양심에 거리끼는 행동은 하지 않겠다는 굳은 다짐이다.

지역차별을 없애야 한다

앞에서 1800년대 초 전국 각지의 민란 상태를 간단히 살펴보았는데, 1811년 평안도 농민들의 반란은 학계 일각에서 '평안도 농민전쟁'이라 부를 정도로 규모가 크고 명분이 뚜렷했다. 홍경래를 중심으로 광산노동자와 몰락한 농민, 부유한 상인을 비롯하여 서북지역 차별정책으로 관직에 나가지 못하는 양반 등 다양한 계층이 하나가 되어 봉기한 민란이었다.

조선 후기는 영조와 정조의 탕평책에도 불구하고 지역차별은 여전했다. 안동 김씨의 세도정치가 강화되면서 오히려 더욱 심해졌다. 정약용은 조정에 있을 때부터 이 문제의 심각성을 우려하고, 이를 바로잡아야 한다는 상소도 올렸으나 그의 제안은 수용되지 않았다. 결국 정약용이 강진에 유배되어 있던 1811년에 평안도에서 대규모 민란이 일어났다.

명문(名文)이란 시간과 공간을 뛰어넘어 읽는 이에게 감동을 준다. 200여 년 전에 지역차별 철폐를 주창한 정약용의 글은 그 뿌리와 유제가 아직도 남아 전하기 때문인지, 오늘에 이르기까지도 여전히 공감을 받는 명문으로 손색이 없다.

정약용은 유배지에서 서북지역 민란 소식을 듣고 자신이 제출했던 상소문 「통색에 대한 논의(通塞議)」를 되새겼다. 다음은 이 글의 주요 내용이다.

신이 엎드려 생각하건대, 인재를 얻기 어렵게 된 지가 오랩니다. 온 나라의 훌륭한 영재를 뽑아 발탁하더라도 부족할까 염려되는데, 하물며 8~9할을 버린단 말입니까. 온 나라의 백성들을 다 모아 배양하더라도 진흥시키지 못할까 두려운데, 하물며 그중의 8~9할을 버린단 말입니까.

소민(小民)이 그중에 버림받은 자이고, 중인이 그중에 버림받은 자입니다. 평안도와 함경도 사람이 그중에 버림받은 자이고, 황해도·개성·강화 사람이 그중에 버림받은 자입니다. 관동과 호남의 절반이 그중에 버림받은 자이고, 서얼이 그중에 버림받은 자이고, 북인(北人)과 남인(南人)은 버린 것은 아니나 버린 것과 같으며, 그중에 버리지 않은 자는 오직 문벌 좋은 집 수십 가호뿐입니다. 이 가운데에도 사건으로 인해서 버림을 당한 자가 또한 많습니다.

무릇 일체 버림을 당한 집안 사람들은 모두 스스로 폐기하여 문학·정치·농업·군대 등의 일에 마음을 쓰려 하지 않고, 오직 분개하여 슬픈 노래를 부르고 술을 마시며 스스로 방탕합니다. 이 때문에 인재도 마침내 일어나지 않습니다. 사람들은 그들 집안에 인재가 일어나지 않는 것을 보고는, "저들은 진실로 버려야 마땅하다"고 합니다.

아, 이것이 어찌 본래부터 그런 것이겠습니까. 어찌 천지가 그 정기를 모으고 산천이 그 참기운을 길러 반드시 수십 집 사람에게만 몰아주고, 더럽고 혼탁한 기운은 나머지 사람에게 뿌려준 것이겠습니까.

그 태어난 지방이 나쁘다 하여 버리는 것입니까. 김일제(金日磾)는 휴도

(休屠)에서 출생하였으니 서쪽 오랑캐(西戎) 사람이고, 설인귀(薛仁貴)는 삭방(朔方)에서 출생하였으니 북쪽 오랑캐 북적(北狄) 사람이고, 구준(丘濬)은 경주(瓊州)에서 출생하였으니 남쪽 오랑캐 남만(南蠻) 사람입니다. 그 어머니의 친정이 천하다 하여 버리는 것입니까. 한 위공(韓魏公)은 청주 관비(官婢)의 아들이었고, 범문정(范文正)의 어머니는 추잡한 행실이 있었으며, 소강절(邵康節)의 형제는 셋이었는데 성이 각기 달랐습니다. 이와 같은 자들을 모두 버릴 수 있겠습니까.

서류(庶流)도 청직(淸職)이 되게 하자는 의논이 때로는 시행되기도 하고 때로는 막히기도 하였습니다. 그러나 시행된다 하여도 서류들은 기뻐할 만한 것이 못 됩니다. 삼망(三望)에 주의[注擬: 관리 임명 시 임금의 비점(批點)을 받기 위해 세 사람의 후보를 올리는 것]된 사람이 반드시 모두 서류라면 이것은 서류의 정언(正言)이 되었을 뿐 진짜 정언이 된 것은 아닙니다. 아무 관직으로 한정하고 아무 품계로 한정한다면 이는 모두 사람을 버리는 것입니다.

제일 좋은 방법은 동·서·남·북에 구애됨이 없게 하고 멀거나 가깝거나 귀하거나 천하거나 간에 가리는 것이 없게 하여 중국의 제도와 같이 하는 것입니다. 유능한 자는 매우 적고 어리석은 자는 매우 많으며 공정한 자는 매우 적고 편벽된 자는 매우 많으니, 말한다 하여도 시행되지 못하고 시행된다 하여도 혼란이 있을 것입니다.[20]

훌륭한 인재들이 지역과 출신 성분, 당파 등의 이유로 배제되고 있는 현실을 통렬하게 비판하고 있다. 정약용은 이러한 불합리한 차별을 철폐하고 평등하게 인재를 선발해야 한다고 주장한다.

관리의 탈을 쓴 살쾡이들

귀양살이 신세이지만 정약용은 나라의 일이 걱정되었다. 다산초당에서 지내던 1809년에 호남지방에 큰 가뭄이 들었다. 지난겨울부터 봄, 여름을 지나 입추가 되도록 비가 내리지 않아 논밭에 풀 한 포기 자라지 않고 황폐해졌다. 유랑민이 들끓고, 곳곳에 시신이 널브러져 있어도 거두는 사람이 없었다.

그러나 유배된 처지라 이 같은 참상을 임금에게 알릴 길이 없었다. 그가 할 수 있는 일이라고는 그저 속절없이 지인에게 편지를 쓰거나, 시를 지어 후세에 남기는 것뿐이었다.

1809년 가을에 쓴 편지「공후 김이재에게 보냅니다(與金公厚)」에는 당시 호남지방의 참상뿐만 아니라 탐관오리들의 부정부패까지 낱낱이 담겨 있다. 다음은 그 편지의 일부분이다.

이 몸이 살아서 고향으로 돌아가느냐 못 돌아가느냐는 다만 내 한 몸의 기쁨과 슬픔이지만 지금 만백성이 거의 다 죽게 되었으니 이 일을 장차 어찌하겠습니까.

나주는 원장(原帳)에 붙어 있는 논이 1만 7천 결(結)인데, 모내기를 하지 못한 논이 1만 3천 결이고, 모내기를 한 논에도 한해(旱害)·충해(蟲害)·상해(霜害)를 입은 논이 또 2, 3천 결입니다. 다른 고을도 이렇다고 일컬을 것입니다.

회계 장부에 실려 있는 곡식이 10만여 석인데, 민간에 나누어준 곡식은 1만여 석에 지나지 않고, 그 나머지는 모두 아전들이 사사로이 써버렸습니다. 다른 고을도 이렇다고 일컬을 것입니다. 수령과 아전의 부정은 풍년이 든 해보다 10배나 더하고 굶어 죽는 시체는 한가을인데도 길바닥과 들판에 가득 찼습니다.

이제 비록 주공(周公)·소공(召公)이 관찰사가 되고 공수(龔遂)·황패(黃覇) 가 수령이 되어도 오히려 구제하지 못할까 두려운데 하물며 지금 사람이겠 습니까. 백성이 도탄에 빠진 지가 이제 4개월인데도 위로해 어루만지는 일 이 오히려 이렇게 지연되고 있으니 어찌 억울하지 않습니까.[21]

도둑들에게는 소란한 장터가 '영업'하기에 적격이듯이, 탐관오리들에 게는 사회적 혼란기가 한몫 챙기는 데 안성맞춤이다. 백성들은 자연재 해에 시달리고 부패한 관리들에게 착취당해도 하소연할 곳이 없었다. 경세의 뜻이 있으나 길이 없는 유배자, 봉황은 갇히거나 죽지가 잘리고 까막까치들만 설치는 시대에 정약용은 시문으로 회한을 남겼다.

〈여름날 술을 마시다(夏日對酒)〉라는 장문의 시는 특히 그의 대표작 중의 하나로 손꼽힌다. 다음은 그 일부분이다.

셀 수 없이 많은 인민인 창생들
똑같이 우리나라 백성들인데
정말로 세금을 거두려면
부자들에게 거두어야 옳은 일이다
어찌하여 벗기고 베어내는 정치를
가난한 무리에게만 치우치는가
군보(軍保)는 이 무슨 명색인지

유달리 좋지 않게 만들어진 법이다

1년 내내 힘들여 일을 해도

어찌 그 몸뚱이도 덮어 가릴 수 없고

뱃속에서 갓 태어난 어린 것도

백골이 재와 티끌이 된 사람도

몸뚱이엔 오히려 요역(徭役)이 남아 있어

곳곳에서 가을 하늘에 부르짖고

몹시 억울해 남근까지 잘라버리기에 이르렀으니

이 일은 참으로 슬프고 쓰라리구나 (…)

우리나라 어찌하여 어진 사람 벼슬길 좁아

수많은 장부들 움츠러들어야 하나

오직 양반 귀족만 거두어 쓰고

나머지 양반은 종과 같구나

평안도·함경도 사람들 늘 머리 숙이고 허리 굽히고

서얼들은 죄다 통곡들 하네

뛰어난 몇십 가문이

대대로 벼슬자리 삼켜왔는데

그 가운데서도 패가 쪼개져

엎치락뒤치락 서로 죽이며

약자의 살을 강자는 먹고는

대여섯 권세 있는 집안만 남아

점점 더 정승 판서가 되고

점점 더 팔도 관찰사가 되고

점점 더 승정원도 관장하며

점점 더 임금의 귀와 눈이 되고

점점 더 모든 벼슬도 차지하고

점점 더 서민의 옥사(獄事)도 주관한다오[22]

세도정치로 중앙의 권부가 썩으면서 부패의 하수구는 지방의 하부에 이르러 막장이 된다. 동물의 생태계에서 상위에 있는 동물이 하위에 있는 동물을 잡아먹듯이 부패의 질서도 생태계의 법칙과 다르지 않았다. 백성들은 토지를 논밭으로 삼는데 벼슬아치들은 백성을 논밭으로 여기면서, 풍년이나 흉년을 가리지 않고 고을마다 마을마다 사람 머릿수를 세어 재물을 거두어들였다. 부패의 구조화였다.

〈삵괭이〉라는 시에서는 지방 관리들의 먹이사슬 구조를 비판한다. 삵괭이(살쾡이)는 감사나 수령을 상징하고, 쥐 떼는 아전을 상상케 하는 우화시이다. 이 시의 뒷부분을 감상해보자.

이제 너는 쥐 한 마리 잡지 않고

도리어 스스로 도둑질을 하다니

쥐는 본디 좀도둑이라 그 피해 적지만

너는 지금 힘도 세고 세도 높고 마음까지 거칠어

쥐들이 못하는 짓 네 맘대로 하노라고

처마 타고 뚜껑 열고 매흙질한 곳 뭉개놓으니

이제부터 쥐 떼들이 거리낌이 없어져서

구멍에 나와서 껄껄대며 그 수염을 흔들겠네

훔친 물건 모아다가 너에게 많이 뇌물하고서

너와 더불어 행동을 할 테지

네 모습 또한 가끔은 일을 벌이기 좋아해

쥐 떼들이 기사 무리처럼 둘러싸 호위하고

나팔 불고 북치고 뽐내며 거느려서

대장기 앞잡이로 세우고 몰아가고

너는 큰 가마 타고 제멋대로 행동하며

쥐 떼들 다투어 급히 달려감을 기뻐할 뿐이니

내 이제 붉은 활에 큰 화살로 손수 너를 쏘고

차라리 사냥개 부추겨 설쳐대는 쥐 잡으련다[23]

서로 한 몸이 되어 백성들의 고혈을 짜내는 관리들을 신랄하게 꼬집는다. 오죽 답답하면 스스로 나서서 이들을 '잡고자' 했을까.

민족사의 명저들을 집필하며

주요 저서의 목록

니체는 "괴테는 한 인물을 넘어서 하나의 문화"라고 말했다. 정약용도 결코 괴테에게 뒤지지 않았다. 정약용은 조선지성사, 실학사, 경학사를 뛰어넘는 '조선의 문화'였다. 그의 탐구 분야와 깊이는 가늠할 수조차 없을 정도이다. "어떤 사상가는 들판에 솟아오른 봉우리 같아서 전체 규모를 쉽게 파악할 수 있는데, 정약용의 경우는 워낙 큰 산줄기라서 끝이 보이지 않을 만큼 무수한 봉우리들이 이어져 있고 깊은 골짜기가 사방으로 뻗어 있다. 어느 골짜기를 따라 올라가 보아도 전체의 모습은 짐작하기조차 어렵다는 것을 깨닫게 된다."[1]

기왕 나선 길이니, 정약용이 강진 유배지에서 쓴 책들을 탐사해본다. 이 시기를 전후하여 쓴 책이 무려 500여 권에 이르니 일일이 다 소개하기는 어렵다. 필자에게 그럴 만한 능력이 없는 게 아쉬울 뿐이다. 그래서 우리가 일반적으로 주요 저작물이라고 평가하는 책을 중심으로 살펴본다.

정약용이 귀양에서 풀려나 고향으로 돌아온 뒤, 61살에 지은 「자찬묘지명」(집중본)에서 열거한 저서의 총목록과 그 권수는 다음과 같다.

책 이름	권수
『모시강의(毛詩講義)』	12권
『모시강의보(毛詩講義補)』	3권
『매씨상서평(梅氏尙書平)』	9권
『상서고훈(尙書古訓)』	6권
『상서지원록(尙書知遠錄)』	7권
『상례사전(喪禮四箋)』	50권
『상례외편(喪禮外編)』	12권
『사례가식(四禮家式)』	9권
『악서고존(樂書孤存)』	12권
『주역심전(周易心箋)』	24권
『역학서언(易學緒言)』	12권
『춘추고징(春秋考徵)』	12권
『논어고금주(論語古今注)』	40권
『맹자요의(孟子要義)』	9권
『중용자잠(中庸自箴)』	3권
『중용강의보(中庸講義補)』	6권

『대학공의(大學公議)』	3권
『희정당대학강의(熙政堂大學講義)』	1권
『소학보전(小學補箋)』	1권
『심경밀험(心經密驗)』	1권

※ 이상은 경집(經集), 모두 232권.

책 이름	권수
『시율(詩律)』	18권
『잡문전편(雜文前編)』	36권
『잡문후편(雜文後編)』	24권
『경세유표(經世遺表)』	48권(끝내지 못함)
『목민심서(牧民心書)』	48권
『흠흠신서(欽欽新書)』	30권
『아방비어고(我邦備禦考)』	30권(완성하지 못함)
『아방강역고(我邦疆域考)』	10권
『전례고(典禮考)』	2권
『대동수경(大東水經)』	2권
『소학주관(小學珠串)』	3권
『아언각비(雅言覺非)』	3권
『마과회통(麻科會通)』	12권
『의령(醫零)』	1권

* 이상은 합하여 문집(文集)이라 칭함. 모두 267권.[2]

여기에서 '모시(毛詩)'는 '시경(詩經)'을 다르게 부르는 말이다. 이 방대한 양과 주제와 분야의 다양함에 놀라지 않을 수 없다.

탁월한 제도개혁안, 『경세유표』

역사적으로 천재들은 타고난 우수성에 소명의식까지 갖추어서 보통 사람들이 하지 못하는 일을 종종 해냈다. 정약용은 지식인 관리로서 그 역할을 다하지 못한 채 유배된 신세였으나 나라의 앞날을 위해 해야 할 일을 스스로 찾았다. 그 일이 바로 글쓰기였다.

물론 글쓰기는 고된 노동이었다. 정약용은 「두 아들에게 보여주는 가계(示二子家誡)」라는 편지에서 그 고충을 아들들에게 이렇게 이야기했다. "나는 임술년(1802) 봄부터 곧바로 저술하는 일에 전념하여 붓과 벼루만을 곁에 두고 새벽부터 밤까지 쉬지 않았다. 그래서 왼쪽 어깨가 마비되어 마침내 폐인의 지경에 이르고, 시력이 나빠져서 오직 안경에만 의지하게 되었다."

정약용이 유배 초기에 쓴 책은 『상례사전』과 『주역사전』이다. 모든 저술이 없어지더라도 이 두 책만은 남아 있기를 바랐다는 바로 그 책들이다. 정약용이 집중적으로 책을 많이 쓴 것은 다산초당으로 거처를 옮긴 뒤부터였다. 특히 일표이서(一表二書)라 불리는 대작 『경세유표(經世遺表)』와 『목민심서(牧民心書)』, 『흠흠신서(欽欽新書)』도 모두 이때 저술했다.

먼저, 『경세유표』부터 살펴보자. '경세(經世)'란 국가 제도의 골격을 세워 운영함으로써 나라를 새롭게 경영한다는 뜻이며, '유표(遺表)'는 신하가 죽으면서 임금께 올리는 마지막 글이라는 의미이다. 글을 쓴들 어쩌지도 못하는 유배자라는 막막한 처지에서 책의 이름을 그렇게 지을 때의 심경은 어땠을까?

『경세유표』는 1810년에 지은 책이다. 이 책에서 정약용은 관제에 관한 고금의 실례와 정치제도의 폐단을 지적하고, 그 개혁에 관한 자기의 의견을 개진했다. 내용은 추상적이지 않고 매우 구체적이며, 국가 정책의 모든 면을 망라하는, 32권 16책에 이르는 방대한 분량이다.

처음 제목은 『방례초본(邦禮草本)』이었는데, 이후 『경세유표』로 바뀌면서 대폭 수정되었다. 내용은 어느 것 하나라도 병들지 않은 것이 없는 이 나라의 실정을 낱낱이 밝힐 뿐만 아니라 이대로 가면 나라가 망할 것이 뻔하기에 현실을 뜯어고칠 개혁안이 필요하다고 강조한다. 이 책의 서문은 다음과 같다.

조선의 법은 고려 때의 구법(舊法)을 따른 것이 많았는데, 세종 때에 와서 조금 줄이고 보탠 것이 있었다. 그 후 임진왜란 때 온갖 법도가 무너지고 모든 일이 어수선하였다. 군영을 여러 번 증설하여 나라의 경비가 탕진되고 전제(田制)가 문란해져서 세금을 거두는 것이 공평하지 못했다. 재물이 생산되는 근원은 힘껏 막고 재물이 소비되는 구멍은 마음대로 뚫었다.

이리하여 오직 관서(官署)를 혁파하고 인원을 줄이는 것을 구급(救急)하는 방법으로 삼았다. 그러나 이익이 되는 것이 '되'나 '말'만큼이라면 손해되는 것은 산더미 같았다.

관직이 정비되지 않아서 올바른 선비에게는 녹(祿)이 없고, 탐욕의 풍습이 크게 일어나서 백성이 시달림을 받았다. 가만히 생각해보니 모든 것이 어느 하나라도 병들지 않은 것이 없는바, 지금이라도 고치지 않으면 반드시 나라가 망한 다음이라야 고칠 수 있을 것이다. 이러하니 어찌 충신과 지사가 팔짱만 끼고 방관할 수 있을 것인가.[3]

부질없는 생각이지만, 정약용이 그때 쫓겨나지 않고 조정에 남아서 이와 같은 경세의 철학을 '유표'가 아닌 국정개혁의 '방안'으로 제시했다면 나라가 국치로 가는 비극은 면하지 않았을까 상상해본다.

정약용은 뒷날 「자찬묘지명」에서 『경세유표』는 오래된 나라를 개혁하려는 생각에서 저술한 책이라는 것을 스스로 설명한다. 그 자세한 내용은 다음과 같다.

『경세유표』는 어떤 내용인가. 관제(官制)·군현제(郡縣制)·전제(田制)·부역·공시(貢市)·창저(倉儲)·군제(軍制)·과제(科制)·해세(海稅)·상세(商稅)·마정(馬政)·선법(船法) 등 나라를 경영하는 제반 제도에 대해서 현재의 실행 가능 여부에 구애받지 않고 경(經)을 세우고 기(紀)를 나열하여 '우리의 오래된 나라를 새롭게 개혁해보려는 생각(新我之舊邦)'에서 저술한 책이다.

그런데 이 책은 훗날 우리나라 역사에서 한 페이지를 장식한 사건에 큰 영향을 미치게 된다. 다름 아닌 동학농민혁명 당시 『경세유표』가 동학혁명군의 이념적 지표가 되었다는 기록이 남아 있다.

초의(草衣)는 정다산의 시우(詩友)일 뿐 아니라 도우(道友)로 있었다. 다산이 유배지로부터 고향에 돌아가기 직전에 『경세유표』를 밀실에서 저작하

전봉준(가운데 교자에 앉은 이)이 압송되는 모습(동학농민혁명기념관).

여 그의 문하생인 이청(李晴)과 그리고 친한 승려 초의에게 맡겨져 비밀리에 보관하여 전포하게끔 의뢰하였다.

그런데 그 전문(全文)은 도중에 유실되고 그 일부는 대원군으로부터 박해를 받은 남상교·남종삼 부자 및 홍봉주 일파에게 전해졌다. 그 일부는 그 후 강진의 윤세환·윤세현·김병태·강운백 등과 해남의 주정호·김도일 등을 통하여 갑오년에 기병한 전녹두·김개남 일파의 수중에 들어가 그들이 이용하였다. 전쟁 후 관군은 정다산의 비결이 전녹두 일파의 비적을 선동하였다고 하여 정다산의 유배지 부근의 민가와 고성사·백련사·대둔사 등을 수색한 일까지 있었다.[4]

일찍이 호남에서 민란이 발생할 것을 우려했던 정약용은 그런 낌새를 지켜보면서 『경세유표』를 지었고, 실제로 이 저서는 뒷날 전봉준과 김개남 등 동학혁명 지도자들의 개혁사상으로 나타났다.

사실 당시에 있어서 다산실학은 특히 호남 일대의 뜻 있는 농촌 지식인들 사이에 일정한 영향을 주고 있었던 것 같다. 기정진·이기·황현 등의 호남 명사들이 다산실학의 일정한 추종자였던 것도 그 영향의 일단이 아닌가 한다. 특히 반계(磻溪)와 다산의 개혁사상을 토대로 하여, 새로운 토지개혁안으로서의 『전제망언(田制妄言)』을 집필했던 이기(李沂)가 기병(起兵) 중의 전봉준을 찾아가 거사에 함께 가담할 것을 제의한 것도 다산실학의 영향권에 있을 수 있는 현상으로 보인다. 그런 점에서는 동학농민군이 농민운동을 전개하면서, 토지 문제의 해결 방안을 다산실학에서 구한다는 것은 매우 자연스러운 일일 것이다.[5]

'삼가고 또 삼가라', 『흠흠신서』

『흠흠신서(欽欽新書)』는 1819년에 완성하여 1822년에 30권 10책으로 묶은 법률 관련 저술이다. 『흠흠신서』는 책 이름부터가 예사롭지 않다. '공경할 흠(欽)' 자를 두 번 반복하면서 강조했다. 그 이유를 정약용은 책의 서문에서 직접 알려 준다. "흠흠이라 한 것은 무엇 때문인가? 삼가고 또 삼가는 것(흠흠)은 본디 형벌을 다스리는 근본인 것이다."

형벌을 다스릴 때 삼가고 또 삼가라는 말은 오늘의 사법 관련 공직자들도 귀담아들어야 할 대목이다.

이 책은 제목만 예사롭지 않은 게 아니다. 내용도 200여 년 전의 학자가 쓴 내용이라고 믿기지 않을 만큼, 그 당시 학자로서는 상상하기 어려운 사건들이 담겨 있다. 『흠흠신서』의 내용을 요즘의 법률적 논리로 본다면 형법과 형사소송법상의 살인사건에 대한 형사소추에 관한 절차나 전개과정에 해당하는 부분이지만, 여기에는 법률적 접근만이 아닌 법의학적·형사학적인 측면을 포괄하고 있으며, 사건의 조사와 시체 검험 등 과학적 접근까지 아우르고 있기 때문(…)."[6]

그래서 형법·형사소송법과 관련한 저술에 '공경할 흠' 자를 붙인 정약용의 치열한 인도주의 사상에 고개가 숙여진다.

정약용은 이 책을 쓴 의도를 책의 서문에서 직접 밝혔다. 서문은 임오년(1822) 봄에 썼다.

> 내가 전에 황해도 곡산부사로 있을 때 왕명을 받들어 옥사를 다스렸고, 내직으로 들어와서 형조참의가 되어 또 이 일을 맡았었다. 그리고 죄를 받아 귀양살이하며 떠돌아다닌 이후로도 때때로 형사 사건의 정상을 들으면 또한 심심풀이로 형사 사건을 논하고 죄를 판정해보았는데, 변변치 못한 나의 이 글을 끝에 붙였으니, 이것이 이른바 전발지사(剪跋之詞)로 3권이다. 이들은 모두 30권인데, 『흠흠신서(欽欽新書)』라 이름 지었다. 비록 내용이 잘다랗고 잡스러워서 순수하지는 못하지만, 일을 당한 이가 더러는 참고할 수 있을 것이다.[7]

정약용이 관리 시절 한때 곡산부사와 형조참의를 지내면서 죄인들을 다스리는 일을 했다고 하지만, 유학자 출신이 어떻게 일반인은 물론 관리들의 범죄행태를 이토록 세세하게 꿰고 있으며, 또 어떻게 결코 누구라도 억울한 사람이 없도록 범죄의 진상을 규명하는 방안을 제시했는지, 경탄을 금할 수 없다.

다음은 1권의 목차 중 일부이다.

정약용은 관직에 있을 때나 귀양살이를 하면서, 본인을 포함하여 수많은 사람이 억울한 죄명을 뒤집어쓰고, 목숨을 잃거나, 곤장을 맞고, 하늘을 우러러 탄식하는 것을 알고 있었다. 유배지에서는 관리들의 횡포로 '죄인이 만들어지고' 있는 것도 듣고 보았다.

백성들과 하급 관리들의 잘잘못을 가려야 할 목민관들의 행태를 꿰

『흠흠신서』(국립민속박물관).

뚫고 있었다. 그래서 구조적인 문제를 지적한다. "사대부(士大夫)는 어려서부터 머리가 희끗희끗할 때까지 오직 시부(詩賦)나 잡예(雜藝)만 익혔을 뿐이므로 어느 날 갑자기 목민관이 되면 어리둥절하여 손쓸 바를 모른다. 그래서 차라리 간사한 아전에게 맡겨버리고는 감히 알아서 처리하지 못하니, 저 재화(財貨)를 숭상하고 의리를 미천히 여기는 간사한 아전이 어찌 법률에 맞게 형벌을 처리하겠는가."[8]

그래서 쓴 책이 『흠흠신서』이다. 책의 '서문' 첫 대목에서 생명을 존중하고, 형률의 집행에 '흠흠'할(삼가고 또 삼가라) 것을 역설하는 휴머니스트의 모습이 돋보인다.

오직 하늘만이 사람을 살리기도 하고 또 죽이기도 하니 사람의 생명은 하늘에 매여 있는 것이다. 그런데 목민관이 또 그 중간에서 선량한 사람은 편안히 살게 해주고, 죄지은 사람은 잡아다 죽이는 것이니, 이는 하늘의 권한을 드러내 보이는 것일 뿐이다.

사람이 하늘의 권한을 대신 쥐고서 삼가고 두려워할 줄 몰라 털끝만 한 일도 세밀히 분별해서 처리하지 않고서 소홀하게 하고 흐릿하게 하여, 살려야 되는 사람을 죽이기도 하고, 죽여야 할 사람은 살리기도 한다.

그러면서도 오히려 태연히 편안하게 지낸다. 더구나 부정한 방법으로 재물을 얻고 여자에게 미혹되기도 하면서, 백성들의 비참하게 울부짖는 소리를 듣고도 그것을 구휼할 줄 모르니, 이는 매우 큰 죄악이 된다.[9]

애민정신이 담긴 『목민심서』

정약용의 철학과 방대한 저술에 담긴 사상을 한마디로 집약한다는 것은 끝이 보이지 않는 넓은 초원의 만화방초(萬花芳草, 온갖 꽃과 향기로운 풀)를 한 줄로 요약하는 것만큼이나 무모한 일이다. 그럼에도 무리해서 요약한다면 '목민사상(牧民思想)'이 아닐까. '목민'이란 봉건적인 용어이니, 지금 말로 하면 '애민사상(愛民思想)'이다. 우리 역사상 정약용만큼 애민사상을 갖고, 이런 사상을 실천할 수 있는 방략과 저서를 남긴 인물도 찾기 쉽지 않다.

군주시대나 민주시대를 가리지 않고 '애민'을 내세우지 않는 위정자나 관리는 없다. 우리 역사에서도 '민(民)'을 내세우고 '민본(民本)'을 추켜세우면서, 국민을 착취하고 억압하면서 권세를 누리는 자들은 차고 넘친다. 정약용이 살던 조선 후기도 다르지 않았다.

『목민심서』는 다산이 유배가 끝나가던 1818년에 쓴 저작이다. 그동안

『목민심서』(국립중앙박물관).

많은 저술을 통하여 학문과 지식이 온축된 시기에 쓰였기에, 가히 다산학의 '집약본'이라 할 수 있다. 그만큼 내용과 주제가 알차고 풍성하다. 다산은 "오래된 조선을 새롭게 혁신한다(新我之舊邦)"라는 정신으로 이 책을 지었다. "어느 것 하나라도 병들지 않은 것이 없어서 이를 고치지 않으면 반드시 나라가 망할 것" 같은 우려에서 피로 쓴 책이다.

그는 또 책의 이름을 '목민심서'라 부른 것은 "백성 다스릴 뜻은 있으나 몸소 실행할 수 없기 때문에 이렇게 이름 지은 것"이라고 밝혔다. 이를 통해 우리는 다산이 이 책에서 '애민사상'과 더불어 공직자의 윤리를 강조했다는 것을 쉽게 엿볼 수 있다.

이 책을 소개하는 데 지은이의 '서문'보다 나은 것은 없다.

군자의 학문은 수신이 그 반이요, 반은 백성 다스리는 것이다. 성인의 시대가 이미 오래되었고 성인의 말도 없어져서 그 도(道)가 점점 어두워졌다. 지금의 지방장관들은 이익을 추구하는 데만 급급하고 어떻게 백성을 다스려야 할 것인지는 모르고 있다. 이 때문에 백성들은 곤궁하고 피폐하여 서로 떠돌다가 굶어 죽은 시체가 구렁텅이에 가득한데도 지방장관들은 한창좋은 옷과 맛있는 음식으로 자기만 살찌우고 있으니, 어찌 슬픈 일이 아니겠는가.[10]

『목민심서』는 오랫동안 교수들이 자신은 읽지 않으면서 학생들에게 '필독서'로 추천해오다가 지방자치제가 실시되고, '목민관'이 자치단체장들로 인식되면서 자천타천으로 많이 찾게 되었다. 100년도 훌쩍 넘은 후대에 책의 가치가 제대로 인정받은 셈이다.

정약용은 이 책을 쓰게 된 이유를 다음과 같이 밝힌다.

나의 아버지께서는 성조(聖朝)의 인정을 받아, 두 고을의 현감(연천현감·화순현감)과, 한 군의 군수(예천군수)와, 한 부의 도호부사(울산도호부사)와, 한 주의 목사(진주목사)를 지냈는데, 모두 치적이 있었다. 비록 나는 불초하지만 그때 따라다니면서 보고 배워서 다소 듣고 깨달은 바가 있었으며, 뒤에 수령이 되어 이를 시험해보니 효험도 있었다. 그러나 뒤에 떠도는 몸이 되어서는 이를 쓸 곳이 없게 되었다.[11]

『목민심서』는 그가 책상머리에 앉아서 책이나 자료만 뒤적거리며, 뜬구름 잡는 식의 이상과 공상을 관념적으로 쓴 책이 아니다. '목민관'이던

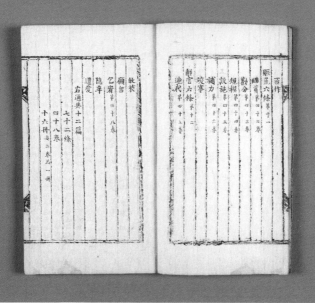

『목민심서』 차례 일부(국립중앙박물관).

아버지를 따라다니면서 보고 듣고 깨달은 것들과 자신이 관리를 지내며 직접 겪었던 경험을 바탕으로 하고, 18년 동안 유배지에서 지켜본 학정 (虐政)의 사례까지 더해서 쓴 것이다. 제도의 잘못, 공직자들의 문제점, 그리고 자신의 구상 등이 모두 담겨 있다.

먼 변방에서 귀양살이한 지 18년 동안 오경(五經)과 사서(四書)를 반복 연구하여 수기(修己)의 학을 공부하였으니 이미 배웠다 하나 반만 배운 것이다. 이에 중국 역사서인 23사(史)와 우리나라 역사 및 문집 등 여러 서적을 가져다가 옛날 지방장관이 백성을 다스린 사적을 골라, 세밀히 고찰하여 이를 분류한 다음, 차례로 편성하였다.

남쪽 시골은 전답의 조세(租稅)가 나오는 곳이라, 간악하고 교활한 아전들이 농간을 부려 그에 따른 여러 가지 폐단이 어지럽게 일어났는데, 내 처지가 비천하므로 들은 것이 매우 상세하였다. 이것 또한 그대로 분류하여 대강 기록하고 나의 얕은 견해를 붙였다.[12]

정약용은 이 책에 담긴 내용을 직접 실행해보고 싶은 욕망도 있었다. 그러나 그는 귀양살이를 하는 죄인의 몸이었고, 이때는 유배도 언제 끝날지 기약이 없던 시절이었다.

공직자의 몸가짐

'정약용 글쓰기'의 특징은 실용성에 있다. 당시의 유학자들이 요순공맹(요임금과 순임금, 공자와 맹자)이나 들먹이면서 뜬구름 잡는 식의 서사를 일삼을 때, 정약용은 어떤 주제를 막론하고 실용성에 비중을 두고 이를 바탕으로 하는 글을 썼다. 실사구시(實事求是) 정신에 가장 충실한, 실학자다운 글쓰기였다.

『목민심서』에서는 형이상학적인 고담준론보다 공직자들이 갖춰야 할 기본 틀을 제시했다. 그중 목민관의 정신자세 세 가지를 소개한다.

〈맑고 깨끗한 몸가짐〉

절도 있게 행동하고 의복은 단정하게 입으며 장중한 태도로 백성을 대하라.

틈이 나거든 정신을 가다듬고 행정의 방안을 계획하되 지성껏 최선을 다하라. 아랫사람에게 너그러우면 순종하지 않을 사람이 없다. 관청에서의 체모는 되도록 엄숙해야 한다. 그의 곁에 쓸데없는 사람이 있어도 안 된다.

술도 끊고 여색도 멀리하며 노래와 춤도 물리치고 단정하고 엄숙하되 제사를 모시듯 하며 행여나 유흥에 빠져 장사를 어지럽히거나 버려두는 일이 없도록 하라. 한가로이 놀면서 풍류를 즐기는 행동을 백성들은 좋아하지 않는다.

치적도 이미 드러나고 대중의 마음도 이미 흐뭇해지면 지방 문화재 같은 행사로 백성들과 함께 즐기는 것도 좋을 것이다.

관사에서 글 읽는 소리가 새어 나온다면 청아한 선비라 이를 수밖에. 그러나 만일 시만 읊조리고 바둑이나 즐기면서 저 할 일을 모조리 부하에게 떠맡기는 따위의 행동은 절대로 안 된다. [13]

⟨청렴의 의미⟩

청렴이란 목자의 본무요 갖가지 선행의 원칙이요 모든 덕행의 근본이니, 청렴하지 않고서 목민관이 될 수는 절대로 없다. 청렴이야말로 다시 없는 큰 장사인 것이다. 그러므로 큰 장사일수록 반드시 청렴한 것이니, 사람이 청렴하지 못한 까닭은 그의 지혜가 짧기 때문이다. 그러므로 예로부터 깊은 지혜를 가진 선비로서 청렴을 교훈 삼고 탐욕을 경계하지 않는 이는 없었다. 목민관으로서 청백하지 못하면 인민들은 그를 도적으로 지목하고 그가 지나가는 거리에서는 더럽다 꾸짖는 소리로 들끓을 것이니 부끄러운 노릇이다.

뇌물을 주고받되 뉘라서 비밀이 아니랴마는 한밤중의 거래도 아침이면 벌써 드러나는 법이다. 보내어준 물건이 비록 작은 것이라도 은혜가 맺힌 곳에 사정은 이미 오고 간 셈이다.

청렴한 관리를 존귀하게 여기는 까닭은 그가 지나치는 곳에서는 산천초목도 모두 다 맑은 빛을 받게 되기 때문이다.

한 고을 물산으로서 진귀한 것이면 반드시 민폐가 된다. 지팡이 한 개라도 가지고 가지 않는다면 청렴하다 할 수 있을 것이다.

그러나 꼿꼿한 행동이나 각박한 행정은 인정에 맞지 않으니 속이 트인 사람은 그렇게 하지 않는다.

청백하면서 치밀하지 못하거나, 재물을 쓰면서도 결실을 못 보는 따위의 짓은 칭찬 거리가 못 된다. 관청에서 사들이는 물건을 시가대로 주는 것이 옳다. 잘못된 관례는 기필코 뜯어고치되 혹시 못 고치더라도 나만은 범하지 말라.

재물을 희사하는 일이 있더라도 소리 내어서 하지 말고, 하는 체 내색하지도 말고 전임자의 잘못을 들추지도 말라.

청렴하면 은혜롭지 못하기에 사람들은 가슴 아프게 여기나 무거운 짐일랑 자기가 지고 남에게는 수월하게 해주면 좋을 것이요, 청탁하지 않는다면 청렴하다고 할 수 있을 것이다.

청백하다는 명성이 사방에 퍼지고 선정의 풍문이 날로 드날리게 된다면 인생의 지극한 영광이 될 것이다.[14]

〈집안일의 처리〉

자신을 가다듬은 후에라야 집안을 단속하게 되고, 집안을 단속한 후에라야 나라를 다스리게 되는 것은 어디서나 통하는 진리이거니와 한 지방을 다스리려는 이도 먼저 제 집안을 잘 단속해야 한다.

국법에 어머니를 공양하는 가족수당은 지불하지만, 아버지를 공양하는 비용은 지불해주지 않는 것은 그럴 만한 이유가 있기 때문이다.

청백한 선비의 부임길에는 가족을 따르게 해서는 안 된다. 가족이란 처자를 가리킨 말이다. 이사 오는 가족들의 몸치장은 검소해야 한다. 사치스러운 의복은 민중들이 싫어하고 귀신들도 질투한다니 복을 터는 것이다. 사치스러운 음식은 살림을 망치고 물자도 바닥낼 것이니 재앙을 불러들이는 길이다.

집 안팎을 엄하게 단속하지 않으면 집안 법도가 문란해진다. 가정에서도 그렇거늘 하물며 관청에서랴. 법을 마련하여 엄하게 다루려거든 우뢰처럼 두렵고 서리처럼 차갑게 하라.

청탁할 길이 없고 뇌물 넣어줄 방법이 없어야 가도가 바로 선 가정이라고 할 수 있을 것이다.

딴 계집을 사랑하는 일이 있으면 아내는 그를 미워하려니와 아차 한 번 실수하면 소문은 퍼져 골 안에 가득할 것이니 미리 사연의 정을 끊고 후회할 일이 없도록 하라.

어머니는 가르쳐주시고 처자들은 타이름을 듣는 집안이라야 법도 있는 집안이라 할 수 있고 민중들도 그를 본받을 것이다.[15]

『목민심서』가 시간이 흘러서도 여전히 읽히는 이유는 바로 시대가 바뀌어도 변하지 않는 진리를 담고 있기 때문이다. 예나 지금이나 청렴을 부르짖으면서 가장 청렴하지 못한 목민관들이 판을 치는 세상이기에 이 책이 오히려 더욱 빛이 나는 게 아닐까.

우리나라 역사지리를 최초로 정리한 『아방강역고』

많은 이들이 다산 정약용의 전공은 무엇이었을지 궁금해한다. 그도 그럴 만한 것이 '문(文), 사(史), 철(哲), 시(詩), 서(書), 화(畵)'에 두루 능통하고, 그 모든 분야에서 최고의 경지에 이르렀기에 따로 '전공'을 따지기도 어렵다.

그는 역사학자나 지리학자가 아니어서 이 분야의 '통사'를 쓰지는 않았다. 그러나 『정전론(井田論)』, 『정전의(井田議)』, 『방전론(邦田論)』, 『방전의(邦田議)』, 『아방비어고(我邦備禦考)』, 『대동수경(大東水經)』, 『전례고(典禮考)』, 『문헌비고간오(文獻備考刊誤)』 등 개별적 역사나 지리에 관한 저술을 많이 집필했다.

특히 『아방강역고(我邦疆域考)』는 우리나라 고대와 중세의 역사지리(영토)에 관해 최초로 종합 정리한 연구서로서 그 의미가 크다. 그러나 사학자나 지리학자가 아닌 사람이 지은 책으로서 완벽히 갖춰진 책이 아니라는 것을 이 책의 '발문'에서 설명한다.

『강역고(疆域考)』는 크게 완비된 책은 아니다. 귀양살이 중이라 서적이 아주 없었고, 얻어서 가려내 넣을 수 있었던 자료는 십칠사(十七史) 가운데 『동이열전(東夷列傳)』 4, 5권뿐이었다. 그 제기(帝紀)·표(表)·지(志)와 기타 열전은 대체로 보지를 못했으니, 어찌 빠지는 것이 없을 수 있었겠는가. 그 전부를 참고할 수 있었던 것은 오직 『사기(史記)』와 『한서(漢書)』뿐이며, 『동이열전』을 참고할 수 있었던 것은 또한 『후한서(後漢書)』, 『삼국지(三國志)』, 『진서(晉書)』, 『위서(魏書)』, 『북사(北史)』, 『수서(隨書)』, 『신당서(新唐書)』뿐이었

으니, 빠뜨리고 그릇되는 것을 벗어날 수 없는 바이다.[16]

다만 전문가가 아니기 때문이라기보다 귀양살이를 하는 신분이라 참고할 수 있는 자료들이 많이 부족했기 때문이라고 말한다.

정약용은 1811년에 다산초당에서 『아방강역고』를 저술했다. 모두 10권이었다. 자료가 부족해 완간을 미루다가 귀향한 지 15년이 지난 1833년에 『속강역고』 3권을 추가로 저술하여 총 13권으로 완성했다. 그때 그의 나이는 72살이었다. 그는 모든 저서에 서문을 붙였는데 이 책만은 예외였다.

다만, 처음 10권을 쓰고 나서 흑산도에 유배되어 있던 둘째 형 정약전에게 이 저술의 의미를 설명했다. 결국 이 글이 이 책의 '서문' 격이라 할 수 있는데, 그 내용은 다음과 같다.

『아방강역고(我邦疆域考)』 10권이야말로 10년 동안 모아 비축했던 것을 하루아침에 쏟아놓은 것입니다. 삼한(三韓)을 중국 역사책에서는 모두 변진(弁辰)이라 했고, 변한(弁韓)이라고는 하지 않았습니다. 우리나라 선비들은 혹 평안도를 변한이라고도 하고 혹 경기를 그곳에 해당시키기도 했으며, 혹 전라도가 거기에 해당된다고도 했습니다. 근래 처음으로 조사해 보았더니, 변진이란 가야였습니다.

김해의 수로왕은 변진의 총왕(總王)이었으며, 포상팔국[浦上八國, 함안(咸安)·고성(固城)·칠원(漆原) 등이다] 및 함창(咸昌)·고령(高靈)·성주(星州) 등은 변진의 12국(國)이었습니다. 변진의 자취가 이처럼 분명한데도 우리나라 학자들은 지금까지 어둡기만 합니다. 우연히 버려진 종이를 검사했더니, 오직 구암(久菴) 한백겸(韓百謙)만이 "변진은 아마 수로왕이 일어났던 곳일 것이다"라고 했습니다.

현도(玄菟)는 셋이 있습니다. 한무제(漢武帝) 때에는 함흥(咸興)을 현도로 삼았고, 소제(昭帝) 때에는 지금의 흥경(興京) 지역으로 현도를 옮겼고, 그 뒤 또 지금의 요동 지역으로 옮겼습니다.

의당 김부식의 『삼국사기』를 가져다가 한 통을 개작하여 태사공(太史公)이 『사기(史記)』를 지어서 했던 것처럼 이름 있는 산에 감추어 두어야 하는 것인데, 나 자신 살 날이 오래 남지 않았으니 이 점이 슬퍼할 일입니다.

만약 십수 년 전에만 이러한 식견이 있었더라도, 한 차례 우리 선대왕(정조)께 아뢰어 대대적으로 서국(書局)을 열고 역사(歷史)와 지지(地志)를 편찬함으로써 천고의 비루함을 깨끗이 씻어내고 천세의 모범이 될 책으로 길이 남기는 일을 어찌 하지 않았겠습니까. 정지흡(丁志翕)의 시에, "꽃 피자 바람 불고, 달 뜨자 구름 끼네(花開風以誤, 月圓雲以違)" 했습니다. 천하의 일이 서로 어긋나 들어맞지 않는 것이 모두 이런 식이니, 아아, 또 어찌하면 좋습니까.

오직 이 10권의 책만은 역시 우리나라에서는 결코 업신여길 수 없는 것인데, 그 시비를 분별할 수 있는 사람조차도 전혀 찾을 수가 없으니 끝내는 이대로 티끌로 돌아가고 말게 생겼습니다. 분명히 이럴 줄 알면서도 오히려 다시 고달프게 애를 쓰며 저술을 그만두지 못하고 있으니, 또한 미혹된 것이 아니겠습니까.[17]

『아방강역고』는 우리 역사상 존재했던 국가 및 종족들의 전체 강역(국경 안 또는 영토의 구역)을 다룬 책이다. 그 내용은 「조선고(朝鮮考)」, 「사군총

고(四郡總考)」,「낙랑고(樂浪考)」,「현도고(玄菟考)」,「임둔고(臨屯考)」,「진번고
(眞番考)」,「낙랑별고(樂浪別考)」,「대방고(帶方考)」,「삼한총고(三韓總考)」,「마
한고(馬韓考)」,「진한고(辰韓考)」,「변진고(弁辰考)」,「변진별고(弁辰別考)」,「옥
저고(沃沮考)」,「예맥고(濊貊考)」,「예맥별고(濊貊別考)」,「말갈고(靺鞨考)」,「발
해고(渤海考)」 등으로 구성되어 있다.

또한 옛 국가들의 수도에 대한 고증으로서「졸본고(卒本考)」,「국내고
(國內考)」,「환도고(丸都考)」,「위례고(慰禮考)」,「한성고(漢城考)」가 있고, 저술
당시의 지역 구분에 따라 해당 지역들의 강역 변천을 논한「팔도연혁총
서(八道沿革總敍) 상·하」, 국가의 성쇠에 따라서 위치상의 변천을 자주 겪
었거나 정확한 위치 비정이 쉽지 않은 지명, 특히 패수와 백산에 대한
「패수변(浿水辨)」과「백산보(白山譜)」, 그리고「발해고」의 보충 격인「발해속
고(渤海續考)」와 북쪽 변경에 관한 자료들을 보완설명한「북로연혁속(北路
沿革續)」과「서북로연혁속(西北路沿革續)」 등의 순서로 수록되어 있다.

정약용은 해당 국가 및 지역의 강역 변천을 중국과 조선의 문헌 자료
를 통해 고증하고, 여기에 "약용은 생각하기로(鏞案)"로 운을 뗀 저자의
의견을 별도로 첨부해 그 내력을 자세히 밝히고 있다.

다산 정약용 선생의 『아방강역고』는 우리나라 고대 역사지리를 최초로
종합 정리한 저술이며, 강목체(綱目體)로 기술되어 있다. 다산은 우리나라
사서(史書)와 지지(地志)를 기본으로 삼고, 중국의 사서와 지지에서 우리 '강
역' 곧 영토에 관한 기록을 시대별로 모두 추려내서 이를 체계를 세워 나열
하고, 그 사실의 허실을 따져 강역에 관한 실체를 찾아내는 노력을 한 것이
다.

'실체'를 찾아내는 방법으로는 실증사학적 방법을 철저히 원용했다. 다시 말하자면, 다산이 중국 고대 경전을 해석하는 방법으로 쓴 '이경증경(以經證經)'의 방법, 곧 이 경전으로 저 경전의 뜻을 해석 증명하였듯이, 이 사서나 지지를 다른 사서나 지지를 가지고 그 기록의 진실을 증명하거나 부정하는 방법으로, 다른 한편으로는 「동국여지도」와 「성경지도(成京地圖)」를 그려가지고 지지의 허실을 과학적인 방법으로 검증하여 우리나라 강역의 역사적 진실을 찾아내려고 했던 것이다. 이렇게 실증사학적으로 저술된 이 『강역고』는 한국 고대의 역사지리를 최초로 개척하여 정리하는 업적을 차지하게 된 것이다.[18]

정약전, 그리고 다산과 제자들

『자산어보』에 따끔한 의견 제시

조선 시대 때 먼 곳에 보내 다른 곳으로 옮기지 못하게 주거를 제한하던 형벌을 안치(安置)라고 한다. 안치에는 몇 가지가 있었는데, 일정한 지역 안에 머물러야 하는 '주군안치(州郡安置)', 육지에서 멀리 떨어진 외딴섬에 유배되는 '절도안치(絶島安置)', 집 주위에 가시 울타리를 치고 그 안에서만 살게 하는 '위리안치(圍籬安置)' 등이 있었다.

정약용은 주군안치에 해당하고, 정약전은 절도안치였다. 안치 중에서도 위리안치와 절도안치는 특히 가혹한 형벌이었다. 정약전은 절해고도 흑산도에 갇혀 힘겨운 귀양살이를 하다가 그곳에서 생을 마감했다.

정약용은 귀양살이하는 유배지에서 제자들을 가르치고 많은 글을 쓰느라 몸이 무척 쇠약해졌다. 그런 와중에도 흑산도에 유배 생활을 하는 둘째 형 정약전과 어렵사리 편지를 주고받았는데, 이는 정약용에게 크게 위안이 되었다.

동생은 힘들여 쓴 저술이 마무리되면 형에게 초고를 보내어 의견을 들었다. 형도『자산어보(玆山魚譜)』(1814)가 완성되자 동생에게 견해를 물었다. 형제가 모두 다 석학인 까닭에 편지의 내용은 주로 학문과 저술에 관련한 것들이었으나 가끔 평범한 일상의 이야기를 주고받기도 했다.

흑산도는 육지와 멀리 떨어져 외진 섬이어서 그곳 사람들은 물고기 잡는 게 일상이고, 이들의 대화는 대부분 물고기와 물고기 잡는 이야기였다. 정약전은 그들과 생활하면서 자신이 할 수 있는 일을 찾았다.

팔도를 유랑하는 사람이라면 직접 낚시를 해서 잡거나 어부가 잡은 물고기를 맛있게 먹으면 그만이었겠으나 정약전의 몸에는 학문 DNA가 흐르고 있었다. 정약전은 다양한 해양생물을 관찰하고 그 생김새와 습성·분포, 잡히는 시기와 쓰임새 등을 꼼꼼하게 연구하고 기록했다. 그렇게 해서 탄생한 책이『자산어보』이다.

우리나라는 3면이 바다인 반도 국가이면서도 해양생물학에 관한 체계적인 조사와 연구는 거의 없었다. 따라서 정약전의『자산어보』는 우리나라 최초의 해양생물학 책이자 어류연구서이다. 이 책에서는 200종이 넘는 해양생물을 특징별로 구분해서 자세하게 소개하고 있다.

『玆山魚譜』는 일반적으로 '자산어보'라고 부르지만, '현산어보'라고 불러야 한다는 주장도 있다. 여기에서는 일반적으로 많이 쓰이는 '자산어보'라고 사용한다. 그럼,『자산어보』는 어떤 책일까?

이전에도『경상도지리지』『동국여지승람』『우해이어보(牛海異魚譜)』등

해양생물을 다룬 책이 없었던 것은 아니지만, 『현산어보』는 항목 수나 내용의 방대함에서 이들을 압도한다. 물고기뿐만 아니라 갯지렁이, 해삼, 말미잘, 갈매기, 물개, 고래, 미역에 이르기까지 총 226개의 표제 항목을 다루고 있으며, 항목마다 등장하는 근연종들까지 더한다면 그 수는 훨씬 많아진다.

항목 하나하나의 내용도 대단히 훌륭하다. 이제까지의 책들이 단순히 생물의 이름만을 나열하거나 기껏해야 중국 문헌에 나온 기록들을 그대로 옮기는 데 불과했던 것과는 달리 정약전은 직접 생물을 채집·관찰하고 해부까지 해가며 얻은 사실적이고 정확한 지식들을 아낌없이 책에 쏟아붓고 있다. 상어와 가오리의 발생 연구, 척추뼈 수를 세어 청어의 계군을 나눈 것에 이르면 오늘날의 생물학자들도 혀를 내두르게 된다.

정약전은 각 생물들의 식용 여부, 요리법, 양식법, 약성, 그 밖의 쓰임새에 대해서도 일일이 언급해놓고 있다. 이를 통해 선조들이 주변 생물을 실생활에 어떻게 활용했는지를 알 수 있을 뿐만 아니라 학문의 실용성을 강조하여 민중의 삶을 개선시키려 한 당시 실학자들의 이용후생 정신을 느껴볼 수 있다.[1]

정약전은 몇 해 동안 200종이 넘는 해양생물을 일일이 조사·연구해서 정리한 3권 1책의 원고를 동생에게 보냈다. 그러자 동생 정약용은 다음과 같이 답을 보냈다.

『자산어보』에 대하여

책을 저술하는 한 가지 일은 절대로 소홀히 해서는 안 되니 반드시 십분 유의하심이 어떻겠습니까? 『해족도설(海族圖說)』(『해족도설』은 『자산어보』의 구상 당시의 이름이었던 것 같다)은 매우 뛰어난 책으로 이것은 또 하찮게 여길 것도 아닙니다. 그리는 것보다 나을 것입니다. 학문의 주요 내용에 대해 먼저 그 큰 강령을 정한 뒤 책을 저술하여야 쓸모 있는 책이 될 것입니다.

대체로 이 도리는 효제(孝悌)로 근본을 삼고 예악(禮樂)으로 꾸미고 감형(鑑衡)·재부(財賦)·군려(軍旅)·형옥(刑獄)을 포함하고, 농포(農圃)·의약(醫藥)·역상(曆象)·산수(算數)·공작(工作)의 기술을 씨줄로 삼아야 흠 없는 완전한 덕일 것입니다. 무릇 저술할 때에는 항상 이 항목을 살펴야 하는데, 여기에서 벗어나는 것이라면 저작할 필요도 없습니다. 『해족도설』은 이런 항목으로 살펴볼 때 몇몇 연구자가 필요로 할 것이고 그 쓰임도 매우 절실합니다.[2]

정약용은 형의 원고를 꼼꼼하게 읽고 솔직한 의견을 제시했다. 특히 '해족도설(海族圖說)'이라는 이름에서 알 수 있듯이 정약전은 이 책에 그림을 넣어 설명하려고 했던 것 같다. 그러나 동생이 그림보다 글로 설명해야 한다고 조언해 그림이 들어가지 않았던 것으로 보인다.

아끼는 사람들과의 사별

정약용은 개인적으로는 참 불운한 사람이다. 몇 차례의 국문과 유배, 끊임없는 반대세력의 모해 속에 시달려야 했다. 그런 와중에 가족과 친족은 물론 주변의 많은 이들의 죽음을 겪는다. 정조가 죽고 벌어진 신유박해(1801) 때 처형당한 천주교 신자가 100명이 넘고 유배를 떠난 이들도 수백 명이었다.

정약용은 9살에 어머니를 잃었다. 게다가 그의 장녀는 생후 4일, 3남은 14개월, 차녀는 22개월, 4남은 22개월, 5남은 10일, 6남은 35개월 만에 각각 세상을 떠났다. 다산(多産)했던 정약용 부부는 6남 3녀를 낳았으나 그중 4남 2녀를 앞세우는 참척을 당한다. 31살 때 아버지가 임소(지방관원이 근무하는 곳)인 진주에서 세상을 떠났으나, 아버지가 위독하시다는 소식을 듣고 내려가던 길에 이미 숨을 거두면서 자식들은 임종도 하지 못했다. 40살 때에는 셋째 형 정약종이 처형되고, 자신과 둘째 형은 유배되었다. 46살 때에는 자신의 후계자로 지목할 만큼 총명했던 형의 아들 학초(學樵)가 17살로 눈을 감았다는 소식을 유배지에서 들어야 했다.

1811년 50살 때에는 불경은 물론 세속의 학문까지 통달했던 혜장 스님이 입적하고, 54살 때에는 둘째 며느리가 오랜 병환으로 혈육 하나 남기지 못하고 29살의 나이로 세상을 뜨고 말았다.

그리고 55살이던 1816년 6월 6일, 흑산도에 유배 중이던 둘째 형 손암 정약전의 부음 소식을 들어야 했다. 형은 동생이 귀양살이가 끝날 것이라는 소식을 듣고 날마다 부둣가에 나와 혹시나 하며 동생을 기다렸다고 한다. 1801년 11월 21일, 나주의 주막집 밤남정에서 형제가 울며 헤어진 지 15년 만에 끝내 다시 만나지 못한 채 형이 먼저 한 많은 생을 접었다.

정약용은 가장 따르고 존경했던 형의 부음 소식에 한걸음에 달려갈 수 없는 신세를 한탄했다. 자기를 대신해 제자 한 사람을 보내 장례를 치르게 하고, 형님에 대한 통절하고 사무치는 정을 담아 고향 집의 두 아들에게 편지를 띄웠다.

6월 6일은 바로 어지신 둘째 형님께서 세상을 떠나신 날이다. 슬프도다! 어지신 분이 이렇게 세상을 곤궁하게 떠나시다니. 원통한 그분의 죽음 앞에 나무와 돌멩이도 눈물을 흘릴 일인데 무슨 말을 더하랴. 외롭기 짝이 없는 이 세상에서 다만 손암 선생만이 나의 지기(知己)였는데 이제는 그분마저 잃고 말았구나.

지금부터는 학문 연구에서 비록 얻은 것이 있다 하더라도 누구와 상의를 해보겠느냐. 사람이 자기를 알아주는 지기가 없다면 죽은 목숨보다 못한 것이다. 네 어머니가 나를 제대로 알아주랴, 자식들이 이 아비를 제대로 알아주랴. 나를 알아주는 분이 돌아가셨으니 어찌 슬프지 않겠느냐.

경서(經書)에 관해 240책의 내 저서를 장정하여 책상 위에 보관해놓았는데 이제 나는 불사르지 않을 수 없겠구나. 밤남정에서의 이별이 마침내 영원한 이별이 되고 말았구나.

간절하게 애통스러워 견딜 수 없는 것은 그분 같은 큰 덕망, 큰 그릇, 심오한 학문과 정밀한 지식을 두루 갖춘 분을 너희들이 알아주지 못하고 너무 이상만 높은 분, 낡은 사상가로만 여겨 한 가닥 흠모의 뜻을 보이지 않는 점이다. 아들이나 조카들이 이 모양인데 남들이야 말해서 무엇하랴. 이 점이 가장 슬픈 일이지 다른 것은 애통한 바가 없다.[3]

그렇다. 정약전은 정약용에게 그저 단순히 피를 나눈 혈육이 아니었다. 외로운 유배지의 생활을 버틸 수 있게 해준 지기, 즉 자기를 알아주는 사람이었다. 『열자』 「탕문」 편에 나오는 백아와 종자기의 이야기는 참된 벗, 나를 알아주는 사람을 만나기가 얼마나 어려운 일인지 잘 말해준다. 오죽하면 백아는 자신의 거문고 소리를 알아주던 종자기가 죽자 거문고 줄을 끊어버렸을까. 정약용이 절필을 선언하지는 않았으나 두 형제의 관계는 백아와 종자기의 관계 못지않았다.

정약용이 사별의 아픔을 겪은 이들은 자식과 혈육만이 아니었다. 누구보다 자신을 믿고 아끼며 천거했던 스승 채제공의 죽음도 가슴 아팠지만, 어버이처럼 돌봐주고 적들로부터 보호해주었던 선왕 정조 임금의 승하 소식이 가져온 충격과 슬픔은 무엇으로도 표현할 수 없었다.

자신에게 처음으로 서학 서적을 전해주고 천주교를 안내했을 뿐만 아니라 장차 나라의 큰 인물이 될 것으로 기대했던 이벽은 32살의 젊은 나이로 숨을 거두고, 역시 큰 기대를 모았던 맏형 정약현의 사위였던 황사영은 26살에 백서 사건으로 서소문 밖에서 참살되었다. 아까운 인재들이었다.

정약용은 뜻을 함께했던 이벽의 돌연한 죽음 앞에서 말을 삼킨 채 〈벗 이벽의 죽음을 애도하다(友人李德操輓詞)〉라는 시를 지었다. 덕조(德操)는 이벽의 호이다.

> 신선 같은 학이 인간 속에 내려왔나
>
> 높고 우뚝한 풍채 절로 드러났네
>
> 날개깃 새하얗기 눈과 같아서
>
> 닭이며 따오기들 꺼리고 성냈겠지
>
> 울음소리 높은 하늘에 일렁였고
>
> 맑고 고와 속세를 벗어났노라
>
> 가을 바람 타고 문득 날아가버리니
>
> 괜스리 바둥거리는 사람들 슬프게 한다[4]

사는 동안 아끼는 사람이 죽어서 이별하지 않는 경우는 없다. 그러나 정약용에게는 특히 애통하고 절통한 경우가 많았다. 그 숱한 아픔과 슬픔을 견디면서 그 많은 책을 썼다. 조카 학초가 17살에 일찍 죽자 「형의 아들 학초의 묘지명(兄子學樵墓誌銘)」(1807)에 이렇게 새겼다.

> 호학(好學)했는데 명이 짧아 죽었구나
> 하늘이 나를 돌보아주려다
> 하늘이 나를 앗아가버렸네
> 세태야 날로 더러워지고
> 옛 성인의 도(道) 황무지 되니 슬픈지고
> 저급의 사람들 질탕하게 빠지고
> 상급의 사람들 뾰족이 모만 나니
> 슬퍼라 누가 있어 나의 글 읽어줄 것인지[5]

정학초는 6~7살에 이미 사서를 읽고 논할 만큼 영민했다고 한다. 그런 조카를 정약용이 얼마나 아꼈는지, 그리고 그의 죽음을 얼마나 안타까워하는지 이 시에 잘 드러나 있다.

제자 양성과 '다산학단'

학문 연구와 제자 교육은 학자의 본분이다. 이는 동서고금이 다르지 않다. 정약용은 본디 학자였다. 혹독한 시련 속에서도 학자의 본분을 잃지 않았다. 강진의 주막에서 4년간 임시로 거처할 때에는 하급 관리들의 자제들을 가르쳤는데, 다산초당으로 옮긴 뒤에는 외가 쪽 집안 자제들을 중심으로 가르쳤다.

정약용은 '18'이라는 숫자와 묘한 인연이 있다. 강진에서 귀양살이한 해가 18년이고, 귀양을 끝내고 고향 마재로 돌아와 산 해가 18년이었다. 다산초당에서 가르친 제자의 수가 또한 18명이었다. 나중에 세 사람이 더 들어왔으나 기본은 18명이었다.

18명 중 초당을 빌려준 윤단의 손자들이 6명이고, 나머지는 그 지역 선비들의 자제들이다. 유배지의 제자들은 '다산학단(茶山學団)'을 이루어, 함께 배우고 연구하면서 스승 정약용이 학술을 연구하고 저술하는 데 큰 도움을 주었다. 그리고 스승이 귀양에서 풀려나 고향으로 돌아간 뒤에도 먼 길을 마다하지 않고 찾아와 학습을 계속했다. 초기의 제자들 이름은 다음과 같다.

이유회(李維會), 이강회(李綱會), 정학가(丁學稼, 정학연), 정학포(丁學圃, 정학유), 윤종문(尹鍾文), 윤종영(尹鍾英), 정수칠(丁修七), 이기록(李基祿), 윤종기(尹鍾箕), 윤종벽(尹鍾璧), 윤자동(尹玆東), 윤아동(尹我東), 윤종심(尹鍾心), 윤종두(尹鍾斗), 이택규(李宅逵), 이덕운(李德芸), 윤종삼(尹鍾參), 윤종진(尹鍾軫)

스승과 제자들은 1818년 8월 그믐날 '다신계(茶信契)'를 조직했다. 차를 마시며 신의를 지켜 학문을 계속하자는 뜻으로 지은 이름이었다. 이들은 자신들이 실천할 내용 등을 「다신계 절목(節目)」에 자세히 담았는데, 여기에는 제자들의 이름도 함께 적혀 있다.

· 보암에 있는 논은 이덕운이 관리하고, 백도에 있는 논은 이문백이 관리하여, 해마다 거두어들이는 곡식은 봄에 돈으로 만든다.

· 해마다 청명 한식일에 계원들은 다산에 모여 계사를 치르고, 출제된 운(韻)에 따라 연명으로 지은 시로 편지를 만들어 유산(다산의 아들)에게 보내라. 이렇듯 모이는 날에 생선값 1냥은 계전(契錢)에서 지불하고, 양식할 쌀 1되는 각자 가져온다.

· 곡우에 엽차를 따서 섞어 1근을 만들고, 입하에 늦차를 따서 떡차 2근을 만든다. 이 엽차 1근과 떡차 2근을 시와 편지와 함께 부친다.

· 국화꽃 필 때 계원들은 다산에 모여 계사를 치르고 운자를 놓고 시를 짓되, 연명으로 서장을 만들어 유산에게 보내라. 이렇듯 모이는 날에 생선값 1냥은 계전(契錢)에서 지불하고, 양식할 쌀 1되는 각자 가져온다.

· 상강날 햇무명 한 필을 사되, 그 굵기와 가늘기는 살펴서, 그해의 곡식이 많으면 가는 피륙을 사고, 곡식이 적으면 굵은 피륙을 사라. 백로에 딴 비자(榧子) 5되와 무명을 함께 유산에게 보낸다. 비자는 윤종문과 윤종영 두 사람이 해마다 올릴 것이며, 이 두 사람에게는 차와 부역을 면제시켜준다.

· 차 따기의 부역은 사람마다 수효를 갈라서 스스로 갖추되, 스스로 갖추지 못하는 사람은 돈 5푼을 신동에게 주어 귤동마을 어린이들을 고용하여 차 따기의 수효를 채우게 한다.

· 동암(東菴) 지붕을 잇는 이엉값 한 냥은 입동날 곗돈에서 지불케 하라. 귤동의 계원 여섯 사람으로 하여금 이엉 엮기를 감독하여 반드시 동지(冬至) 전에 새로 덮는다. 만일 동지가 지나면 이듬해 봄의 차 부역은 6인이 전담하게 하며, 다른 계원은 이를 거들지 않는다.

· 이상의 여러 부역 비용 지불한 후에도 만약에 남는 돈이 있거든 착실한

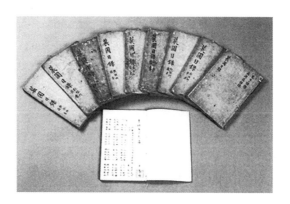

정약용의 제자 중 한 사람인 황경의 『양포일록』 (강진군 다산박물관).

계원으로 하여금 이자를 증식하도록 하되, 한 사람에 2냥을 넘지 못하며, 15 냥이 차거나 혹 20냥이 되면 곧 논을 사서 곗돈에 붙이고 그 돈의 이자 증식 은 20냥을 넘지 못한다.[6]

이들 18명의 제자 이외에도 정약용의 제자로는 나중에 사위가 된 윤 창모를 비롯 윤정기, 황상, 이시헌, 손병조, 황경, 황지초, 이청, 김재정 등이 있었다. 스승은 열과 성을 다해 제자들을 교육했다. 전통유학의 공 리공담이 아니라 실용적인 학문을 가르치고, 각자 생업으로 품격 있는 생활기반을 갖추도록 했다.

이런 그의 교육철학은 「윤윤경에게 주는 말(爲尹輪卿贈言)」에 잘 담겨 있다. 다음은 그 내용의 일부이다.

지금 소부(巢父)와 허유(許由)의 절개도 없으면서 몸을 누추한 오막살이 에 감추고, 명아주나 비름의 껍질로 배를 채우며, 부모와 처자식을 헐벗어

얼고 굶주리게 하며, 벗이 찾아와도 술 한 잔 권할 수 없으며, 명절 때에도 처마 끝에 걸려 있는 고기는 보이지 않고, 오직 공적이나 사적으로 빚 독촉하는 사람들만 대문을 두드리며 꾸짖고 있으니, 이는 세상에서 가장 졸렬한 것으로 지혜로운 선비는 하지 않을 일이다.[7]

'소부와 허유'는 부귀영화를 마다하는 사람을 비유적으로 이르는 말이다. 중국의 요임금이 허유에게 천하를 주겠다고 하자 허유는 더러운 말을 들었다며 잉수이강(潁水江, 영수강) 물에 귀를 씻었고, 소부는 허유가 귀를 씻어 강물이 더러워졌으니 그 물을 소에게 먹일 수 없다며 소를 끌고 돌아갔다는 데서 유래한다.

조선 시대 선비들 중에는 노동을 천시하면서 학문이나 과거시험을 본다는 구실로 놀고먹는 유한계층이 많았다. 정약용은 이를 경계했다.

정약용이 제자들에게 훈계하던 기본입장은 생업으로 품격 있는 생활기반을 확보하고 독서로 인격의 향상을 추구하는 일을 병행하는 것이 선비로서 살아가는 방법의 두 가지 기본조건임을 강조하는 데 있다. 아무 대책 없이 추위와 굶주림을 견디며 단지 독서만 하는 것을 미덕으로 여기던 당시 조선 사회의 선비들이 보여준 생활태도를 선비로서 자신의 책임을 다하지 못하는 어리석고 부끄러운 일이라 역설한 것이다. 이 점은 교육자로서 현실을 중시하는 실학 정신을 잘 드러내는 대목이다.[8]

책상 앞에서 독서만 하는 선비들, 즉 현실은 외면한 채 이론에만 집착하는 조선 지식인들의 폐단을 잘 꿰뚫고 있다.

저술에 열정을 쏟으며

복사뼈가 상하도록 쓰고 또 쓰다

과골삼천(踝骨三穿). '복사뼈에 구멍이 세 번 뚫리다'라는 뜻이다. 오늘
날에는 쓰이지도 않고, 쓰임새도 거의 없는 고어(古語)이다. 이는 강진
초당에서 정약용의 가르침을 받던 제자 황상이 자신의 제자들에게 다산
의 이야기를 들려줄 때 했던 말이다.

황상은 15살에 정약용의 제자가 되어, 평생 그를 스승으로 모셨다.
그런데 세월이 흘러 황상은 76살이 되어서도 계속 글을 썼다. 이를 보다
못해 그의 제자들이 황상을 말렸다. 그러자 황상이 제자들에게 이런 고
사를 들려주었다.

자네들! 거기 앉게. 날 위하는 말인 줄이야 왜 모르겠냐만, 그런 말은 나

를 알아주는 것이 아닐세. 내 스승이신 다산 선생님께서는 이곳 강진에 귀양 오셔서 스무 해를 계셨네. 그 긴 세월에 날마다 저술에만 몰두하시느라, 바닥에 닿은 복사뼈에 세 번이나 구멍이 났지.

15살 난 내게 '부지런하고 부지런하고 부지런하라'는 삼근(三勤)의 가르침을 내리시면서 늘 이렇게 말씀하시곤 했네. "나도 부지런히 노력해서 이를 얻었느니라. 너도 이렇게 하거라." 몸으로 가르치시고, 말씀으로 이르시던 그 가르침이 60년이 지난 오늘까지도 어제 일처럼 눈에 또렷하고 귓가에 쟁쟁하다네. 관 뚜껑을 덮기 전에야 어찌 이 지성스럽고 뼈에 사무치는 가르침을 저버릴 수 있겠는가? 공부를 하지 않는다면 그날로 나는 죽은 목숨일세. 자네들 다시는 그런 말 말게.[1]

복사뼈는 발목 부근에 안팎으로 둥글게 나온 뼈를 말한다. 이 복사뼈에 구멍이 세 번이나 뚫렸다는 건 그만큼 자리를 뜨지 않고 공부를 하고 글을 썼다는 이야기다. 이뿐만이 아니다. 엉덩이가 곪아서 앉아 있을 수가 없어 벽에 선반을 만들어 놓고 서서 글을 쓸 때도 있었다.

그렇게 피나는 노력의 결과물이 앞서 살펴본 약 500권의 책이다. 그 책들을 연대별로 주요 책의 목록을 다시 정리하면 다음과 같다. 그 시기는 1801년 40살의 나이에 경상도 장기현으로 유배된 때부터 1818년에 유배가 풀릴 때까지인데, 강진 유배 시기에 쓴 책이 많다.

1801년: 『이아술(爾雅術)』(6권), 『기해방례변(己亥邦禮辨)』

1802년: 『단궁잠오(檀弓箴誤)』, 『조전고(弔奠考)』, 『예전상의광(禮箋喪儀匡)』

1804년: 『아학편훈의(兒學編訓義)』

1805년: 『정체전중변(正體傳重辨)』(3권), 『승암문답(僧庵問答)』

1807년: 『상구정(喪具訂)』

1808년: 『다산문답(茶山問答)』, 『다산제생증언(茶山諸生贈言)』, 『제례고정(祭禮考定)』, 『주역심전(周易心箋)』

1809년: 『상복상(喪服商)』

1810년: 『시경강의보(詩經講義補)』(12권), 『관례작의(冠禮酌儀)』, 『가례작의(嘉禮酌儀)』, 『매씨서평(梅氏書評)』, 『소학주관(小學珠串)』

1811년: 『아방강역고』, 『상서지원록(尙書知遠錄)』 등 50권

1812년: 『민보의』, 『춘추고징(春秋考徵)』

1813년: 『논어고금주(論語古今注)』(50권)

1814년: 『맹자요의(孟子要義)』, 『대학공의(大學公議)』, 『중용자잠(中庸自箴)』, 『대동수경(大東水經)』

1815년: 『심경밀험(心經密驗)』, 『소학지언(小學枝言)』

1816년: 「손암선생 묘지명」, 『악서고존(樂書孤存)』

1817년: 『상의절요(喪儀節要)』, 『경세유표』

1818년: 『목민심서』, 『국조전례고(國祖典禮考)』

  가히 초인이 아니면 꿈도 꿀 수 없는 양이다. 글도 일일이 붓으로 직접 썼다. 『논어고금주』를 펴낼 때는 문인 이강회와 윤동의 도움이, 『대동수경』은 제자 이청이 주석을 모아주었다. 또 기록에는 남아 있지 않지만 유배 말기에는 제자들이 여러 도움을 주었으리라.

노론 학자와 논쟁

1814년 3월 4일, 느닷없이 선비 하나가 정약용을 찾아왔다. 문산(文山) 이재의(李載毅, 1772~1839)였다. 서울에서 태어난 아들이 1812년에 전라도 영암군수로 발령받자 이듬해 여름 영암으로 거처를 옮겨 살다가 정약용의 소식을 듣고 찾아온 것이다.

노론 계열인 이재의가 남인 출신의 적소(유배지)를 찾아온 것은 이례적인 일이었다. 그만큼 사고가 트인 선비였다. 이렇게 맺어진 인연은 귀양이 풀려 정약용이 고향 마재로 돌아온 뒤에까지 20여 년 동안 이어졌다. 처음 만난 두 사람은 만덕사를 거닐며 이야기를 주고받았다.

당시 정약용은 『맹자요의』를 저술하고 있을 즈음이어서 주제가 맹자의 사단(四端)과 인성의 문제로 모아졌다. "자연스레 대화의 주제가 『맹자』의 사단과 성(性)의 문제로 집중되었던 것은 두말할 나위도 없었다. 다른 어떤 사람보다도 문산이 한원진의 연원(淵源)인 성담(性潭) 송환기(宋煥箕, 1728~1807)의 제자이면서 또 일찍 도암(陶庵) 이재(李縡, 1680~1746)의 학통(學統)인 근재(近齋) 박윤원(朴胤源)에게 배우기도 한 노론 가문의 이름난 선비였다는 점에서, 그리도 당색(黨色)이나 학문적 계파에 별로 구애받지 않는 문인적 기질을 가진 사람이었다는 점에서 이 역사적 만남이 가능했다."[2]

정약용은 모처럼 시골 벽지에서 만난 학인(學人)이어서 이재의와 토론을 즐겨 했다. 더욱이 『맹자』의 '사단'은 여전히 탐구의 화두였다.

이때 정약용은 경전 해석을 통해 밝혀낸 자신의 독자적 이론으로 사덕(四

정약용과 이재의가 서로 주고받은 시첩(강진군 다산박물관).

德, 仁義禮智)이 내재하는 본성이 아니라 실천하여 획득되는 결과임을 주장하였다. 그리고 사단의 '단'이 내재하는 덕이 드러나는 끝머리인 단서(端緒)가 아니라 덕의 실현을 향하여 출발하는 첫머리인 단초(端初)임을 내세워 주자의 해석과 상반된 견해를 유감없이 토로하였다.

바로 이 점은 이재의가 옹호하는 성리학의 입장과 예리하게 충돌하는 것이었다. 비록 이재의는 정약용의 견해를 그대로 받아들이지 않고 주자학의 입장을 고수하였지만, 학문을 대하는 정약용의 진지함에 깊은 감명을 받았다.[3]

두 사람은 향후 이 화두를 갖고 3년 동안 편지를 주고받으며 치열하게 논쟁을 벌였다. 그러면서 의견은 서로 달랐으나 인간적인 신뢰가 쌓였다. 정약용은 고향으로 돌아오고 여러 해 뒤인 1831년 가을에 「문산이 진사가 옴을 기뻐함(喜文山李進士至)」이라는 글을 썼다.

나루정자 늙은 버드나무에 철 늦은 매미 소리
매양 석양 무렵이면 그대 오기를 기다린다
좋은 달 이미 지났으니 비 온들 무슨 지장
손님 수레 갓 멈췄으니 날 개기를 안 바란다
몸은 짧은 촛불 같아 불똥만 남았고
저서는 두다 만 바둑처럼 판이 안 끝난 셈[4]

정약용은 이재의와 논쟁을 시작하면서 경전 연구에 대한 원칙을 분명히 했다. 이것은 그가 처음부터 붓을 놓을 때까지 지켜온 학문 연구의 준칙이기도 하다. 1차 서한에서 이런 뜻을 분명히 밝혔다. 다음은 1차 서한의 앞부분이다.

나는 경전을 연구할 때 오직 옳은 것만 찾고, 옳은 것만 지키려고 한다. 어떤 것을 선택해서 지키고자 할 때 언제나 널리 고증하고 지력을 다해 정밀히 검토하는데, 마음가짐을 티 없는 거울과 평평한 저울같이 유지하면서 송사(訟事)에 단안을 내리듯이 그 본의(本義)를 파악해낸다. 이런 과정을 거쳐 비로소 견해를 세우는 것이다.

어떻게 그럴 거라고 추측하는 정도의 견해를 가지고 누가 주장했다고 해서 덩달아 낌새만 보고 주장하면서, 일반적으로 생각하고 있는 정론(定論)을 위반하겠는가? 내 생각으로는 당신도 같은 마음일 것이다. 의견이 합치되지 않는 것은 틀림없이 살펴본 바가 정말 백(白)이기 때문에 백(白)이라고 하는 것이지 마음속으로는 흑(黑)이라고 인정하면서 억지로 백(白)이라고 하는 것은 아닐 것이다. 당신의 생각이 이렇기만 하다면, 나와도 생각이 같은 것이다.

마음의 자세가 같은데 견해가 다른 것이 무슨 문제이겠는가? 다만 이 문제는 학문의 두뇌에 관계된 사항이어서 다시 한번 당신의 질문에 답하지 않을 수 없다. 만일 그대로 합치되지 못한다면, 입을 꽉 다물고 이번 봄을 보낼 것이요, 더 이상 옛사람들이 하던 것처럼 두 번 세 번이고 다시 거론하는 일은 없을 것이다. 왜냐하면 뒤끝이 좋지 않을까 염려되기 때문이다.[5]

옳은 것만 찾고 옳은 것만 지키려 하고, 하나의 견해를 세우기 위해 검증하고 또 검증하는 학자의 자세는 지금도 본받을 만한 내용이다.

18년 만에 끝난 귀양살이

『목민심서』를 완성하고 여름에 『국조전례고(國祖典禮考)』를 마무리할 즈음이었다. 옛 친구 김이재가 찾아왔다. 29살 때 우상 채제공의 천거로 둘이 함께 한림의 후보로 뽑혔고, 예문관 검열로 임명되어 한림원에서 같이 일했던 막역한 벗이었다. 김이재는 노론 계열의 시파였지만 한림원 시절 당파를 초월하여 학문과 우의를 나누었다. 바른말을 하여 세도가 김조순의 친척이지만 전라도에 유배 왔다가 풀려 서울로 가는 길에 찾아온 것이다.

김이재는 하룻밤을 지새우며 회포를 풀고 다음 날 떠나게 되었다. 10

리 길을 마중하고 헤어지는 순간 김이교는 신상에 관한 '한마디'를 기다렸으나 정약용은 끝내 아무 말도 하지 않았다. 그 대신 김이재의 부채에 시 한 수를 써주었다.

> 역마을에 가을비 내려 송별이 늦어지나
> 누가 다시 이 외딴곳을 찾아주리오
> 반자(班子)는 신선이 될 가망이라도 있지만
> 이릉(李陵)은 한나라로 돌아갈 기약이 없네
> 규장각에서 붓을 휘날리던 생각을 하면
> 경신년 임금님 승하하신 날을 차마 말 못 하겠네
> 참대 숲에 걸린 기울어지는 달이 밝으니
> 그 옛날 궁중 뜨락을 회상하며 눈물 흘리네[6]

'반자'는 기전체 역사서인 『한서(漢書)』를 지은 동한(東漢)의 사학자 '반고(班固)'를 말하는데, 이는 귀양을 끝내고 돌아가는 김이재를 가리킨다. 또 이릉(李陵)은 전한(前漢)의 장군으로 흉노와 싸우다가 흉노군에게 포위되어 어쩔 수 없이 항복한 뒤 흉노 땅에서 생을 마감한 비운의 인물인데, 정약용 자신을 빗댄 것이다. 흉노에 항복한 이릉을 변호하다가 무제(武帝)의 노여움을 사 궁형을 당한 이가 바로 『사기(史記)』를 저술한 사마천이다.

한편, 김이재의 부채가 정약용의 귀양살이를 마치게 했다는 이야기가 전해오는데, 그 내용은 이렇다.

당시 세도가인 김조순의 친척이었던 김이재가 어느 가을날에 김조순

의 사랑방에 들렀다. 김이재는 가을이었으나 여느 때처럼 부채를 부쳤
고, 김조순은 부채에 쓰인 시가 정약용의 작품임을 알아보았다. 그리고
조정에 나가 임금에게 아뢰어 정약용을 풀어주게 했다는 이야기이다.[7]
이 시는 부채에 쓴 시라 하여 「선자시(扇子詩)」라 일컫기도 한다.

그러나 이런 일화와는 달리 정작 정약용은 자신의 유배가 끝나게 된
사연을 「자찬묘지명」에 다음과 같이 기록했다.

> 무인년(1818) 여름 응교 이태순(李泰淳)이 상소하여 "정계(停啓)가 되었는
> 데도 의금부에서 석방 공문을 보내지 않은 것은 국조(國朝) 이래 아직까지
> 없던 일입니다. 여기서 파생될 폐단이 얼마나 많을지 알 수가 없는 일입니
> 다"라고 하니까, 정승 남공철(南公轍)이 의금부의 여러 신하들을 꾸짖으니,
> 판의금(判義禁) 김희순(金羲淳)이 마침내 공문을 보내어 내가 고향으로 풀려
> 돌아왔으니, 가경(嘉慶) 무인(순조 18년, 1818) 9월의 보름날이었다.

우연인지, 18년의 귀양살이에서 풀리는 때도 '18'이 겹친다. 순조 18
년은 서기 1818년이다. 40살에 귀양 와서 어느새 57살이 되었다. 중년
의 세월을 모두 강진에서 보낸 것이다. 정약용은 이 기간을 "이제야 겨
를을 얻었구나"라고 수용하면서 '다산학', 더 나아가서 '조선지성'사를 남
겼다.

「자찬묘지명」에 다음과 같은 이야기가 실려 있다.

> 나는 해변가로 귀양을 가자 '어린 시절에 학문에 뜻을 두었지만 20년 동
> 안 속세와 벼슬길에 빠져 옛날 어진 임금들이 나라를 다스렸던 대도(大道)

를 알지 못했다. 이제야 겨를을 얻었구나'라는 생각이 들어 그때야 혼연스럽게 스스로 기뻐하였다. 육경(六經)과 사서(四書)를 가져다가 골똘히 생각에 잠기고 밑바탕까지 파내었다.

한(漢)나라 위(魏)나라 이후로부터 명(明)·청(淸)에 이르기까지 유학사상으로 경전(經典)에 도움이 될 만한 모든 학설을 광범위하게 수집하고 넓게 고찰하여 잘못되고 그릇되었음을 확정해놓고는 그런 것 중에서 취사선택하고 나대로의 학설을 마련하여 밝혀놓았다.

전화위복의 대표적인 사례가 아닐 수 없다. 앞날을 예측할 수 없는 불안한 유배 생활을 하면서도 '다산학'의 기틀을 튼튼히 마련해놓았으니 말이다.

귀향, 새로운 시작

귀향하자 정적이 하인 보내

비록 귀양살이지만 옹근 18년을 살아온 강진은 비애와 함께 정이 깃든 곳이었다. 유배가 끝났다는 소식을 듣고는 심장이 멈추는 것 같았다. 그러나 돌이켜보면 이 시기야말로 시답잖은 권위의식을 벗고 학자의 본성으로 돌아가 제 몫의 삶을 산 기간이었다.

황상과 이청 같은 제자들을 가르치고, 사윗감으로 윤창모를 골랐으며, 추사 김정희와 초의선사를 만난 것도 행운이었다. 강진 유배가 도리어 그처럼 향기 나는 사람들을 만나게 해주었다. 염량세태(炎凉世態)의 시국에서도 도움의 손길을 멈추지 않았던 외가 쪽 윤씨 집안 사람들과 소박하고 인정 넘치는 주민들의 아쉬운 배웅을 받으며 8월 말에 다산초당을 떠나 귀향길에 올랐다.

귀향하는 도중에 충주 하담에 있는 부모의 산소를 찾았다. 1801년에 장기로 귀양 가는 길에 들른 게 마지막이었으니 18년 만의 참배였다. 정약용은 만감이 교차하는 심경으로 〈어버이 무덤에 오르며〉라는 제목의 시를 지었다.

나는 정기를 늦게 받아 태어났기에
아버지께선 내 막내아들이라 하셨어요
순식간에 30년이 흘렀는데
아버님 뜻을 기쁘게 해드리지 못했어요
무덤속이 비록 저세상이지만
옛사람은 여묘(廬墓) 살며 모셨답니다
아직도 생각나요 신유년(1801)의 봄
통곡하며 묘소를 하직했지요
말도 먹일 겨를도 없이 떠나면서
의금부의 관리에게 핍박당했어요
귀양지에서 떠돌다보니
어느새 18년이나 흘렀답니다
봉분 앞에 서 있는 한 쌍의 나무
가지와 잎새가 예전처럼 푸르르군요
사람의 생애가 너만도 못 하여
버림받는 게 어찌 그리도 쉬운지[1]

부모님 묘소에 들러 성묘를 마치고 9월 14일에 고향 마재로 돌아왔다. 1801년 2월에 옥에 갇혔다가 19일 만에 장기현으로 귀양 가고, 그해 10월 '황사영 백서 사건'으로 다시 투옥되고, 11월에 다시 강진으로 유배 간 지 18년 만이었다. 자신도 어느새 57살의 중늙은이로 변해 있었다. 20여 년의 세월 동안 혼자서 막내아들의 장례를 치르고 폐족이 된 가문을 지킨 아내 홍 씨의 고생은 더 말할 나위 없었다.

귀향한 지 얼마 뒤에 반갑지 않은 인물이 안부를 물어왔다. 정약용은 물론 남인 세력의 앞길을 가로막았던 서용보가 정약용의 집으로 하인을 보냈다. 동태를 살피러 보낸 것인지, 인간으로서 차마 하지 못할 일을 저지른 데 대한 반성인지 의도를 알기 어려웠다.

이듬해(1819)에 서용보는 영의정에 올라 출사하면서 다시 하인을 보내 안부를 전했다.

해배되어 마음이 더 추운 겨울을 보낸 뒤 굶주림에서 벗어나기 위해 분주하게 움직일 즈음인 1819년 봄, 서용보가 영의정에 올라 서울 조정에 가면서 다시 하인을 보내 안부를 전했다. 아직 사면을 받지 않은 상태라 다산에게 안부를 전해오는 사람은 거의 없었다. 그런데 서용보는 벌써 두 번이나 안부를 물어오니 다산으로서도 이런 서용보에 대해서 깊이 생각하지 않을 수 없었을 것이다.

다산보다 다섯 살 위인 서용보는 1774년(영조 50년) 불과 18세의 나이로 증광 문과에 급제했다. 다산과 다섯 살밖에 차이가 나지 않았지만 벼슬로는 15년이나 선배인 셈이었다. 과히 천재란 소리를 들을 만한 사람이었다. 이런 사람이 아직 완전히 사면되지도 않은 다산에게, 그것도 정승의 신분으로 두 번씩이나 안부를 전했다는 것은 뭔가 다른 뜻이 있다는 걸 의미했다.[2]

이즈음에 지은 〈가는 세월〉이라는 시에서 그의 착잡했던 심기를 엿볼 수 있다.

> 빠르게 지나가는 세월이여
> 저 흘러가는 물결 같다오
> 온갖 풀은 오그라들어 감추고
> 산속엔 눈 높이 쌓였네
> 이 쇠약해진 몸 돌아보니
> 햇볕이 이미 기울어진 것 같아라
> 무성한 잡풀 제거하지 못하여
> 자다가 깨어 탄식하고 노래하네
> 백성이 뉘우치지 않는 것도
> 도리어 또한 비난이 있거늘
> 뉘우치고도 고치지 않으니
> 이를 어찌하잔 말이냐[3]

"뉘우치고도 고치지 않으니 이를 어찌하잔 말이냐"라는 표현은 아마도 서용보의 행태를 꼬집어서 한 말인 듯하다.

소실 정 씨 모녀의 실체

정약용이 유배에서 해제되어 다시 집으로 돌아올 때는 혼자 몸이 아니었다고 한다. 정약용의 전기와 평전에서 이 내용은 대부분 빠져 있다. 연구자들의 논문과 저서에서도 이 내용은 찾아보기 어렵다. 또 '사실성' 측면에서 정확한 기록으로 정평이 있는 정약용의 「자찬묘지명」에도 이와 관련된 이야기가 전혀 언급되지 않았다. 자식들을 포함해 측근들의 기록에도 이 내용은 보이지 않는다.

임형택 교수가 1999년에 서울의 어느 고서점에서 16수로 된 한시를 우연히 발견했다. 여러 가지 필사해놓은 책 사이에 「남당사(南塘詞)」라는 16절의 한시가 들어 있었다. 필사된 책 중에는 정약용의 『아언각비』의 일부도 끼어 있어서 시중의 화제를 모았다. 이 「남당사」의 서문은 다음과 같다.

다산의 소실이 쫓겨남을 당해 양근의 박생이 가는 편에 딸려 남당의 본가로 돌아가게 하였다. 박생이 호남의 장성에 이르러 부호인 김씨와 은밀히 모의하여 뜻을 빼앗으려 했다. 소실은 이를 알고 크게 곡을 하면서 마침내 박과 결단하여 끊고 곧장 금릉으로 달려가 남당 본가로는 가지 않았다.

다산의 옛 거처로 가서 날마다 연못과 누대와 꽃나무 주변을 서성이며 근심스런 생각과 원망과 사모하는 마음을 부쳤다. 금릉의 악소배들이 감히 다산을 한 발짝도 엿보지 못했다. 듣고 몹시 서글퍼서 마침내 「남당사」 16절을 짓는다. 가사는 모두 여인의 마음에서 나온 것을 말했을 뿐 한마디도 보탠 말이 없다. 모든 이가 살필진저.[4]

이 내용을 풀이하면, 정약용은 강진 유배 시절 소실 정 씨(鄭氏)를 두었고, 홍임(紅任)이라는 딸을 낳았다. 정 씨는 정약용이 강진에서 처음 머물던 주막집 노파의 딸로, 이후 10여 년 동안 지극정성으로 남편을 모셨다고 한다.

정약용이 귀양살이가 끝나면서 본가인 마재로 돌아올 때 정 씨는 홍임과 함께 정약용을 따라왔다. 그러나 정실부인 홍 씨에게 내침을 당하자 친정으로 가지 않고 남편과 살았던 옛 거처인 다산으로 돌아가 살면서 원망과 사모하는 마음을 노래했는데, 이것이 「남당사」라는 글이라는 것이다.

이 글은 모두 16절로 되어 있는데, 그중 두 수는 다음과 같다.

갈 생각만 하는 임, 내 마음 슬퍼지니
밤마다 한 심지 향 하늘에 닿았겠네
어이 알리 온 집안이 환영하던 그날이
아가씨 집 운명 외려 기구하게 될 때임을

어린 딸 총명함이 제 아비와 똑같아서
아비 찾아 울면서 왜 안 오냐 묻는구나
한나라는 소통국도 속량하여 왔다는데
무슨 죄로 아이 지금 또 유배를 산단 말가[5]

정약용은 부인 홍 씨에 대한 정을 못내 그리워하며 1806년에 〈또 아내에게 부치다〉라는 시를 짓기도 했다. "하룻밤 지는 꽃은 1천 잎이고 / 우는 비둘기와 어미 제비 지붕 맴돌고 있다 / 외로운 나그네 돌아가란 말 없으니 / 어느 때나 침방에 들어 꽃다운 잔치를 여나 / 생각을 말아야지 / 생각을 말아야지 하면서도 애처롭게 꿈속에서나 얼굴 보고지고."

꿈속에서도 접근하려는 여인을 내쳤다는 시를 짓기도 하고, 1813년에는 부인 홍 씨가 혼사 때 입었던 낡은 치마를 보내오자 가위로 잘라서 아들·딸에게 글과 그림을 그려주었던 살가운 남편이고 아버지였다. 그런데 유배지에서 소실을 두었다는 이야기는 과연 사실일까?

「남당사」의 작자가 누구인지를 두고 학계에서 논란이 일었다. 다산초당의 은밀한 일을 알고 있는 어떤 문인일 것으로 추정되기도 하지만, 정약용 연구가인 정민 교수는 이 글의 작자는 바로 정약용 본인이라고 주장한다. 그는 그 논거로 네 가지를 드는데, 그중 하나는 다음과 같다.

> 둘째, 다산 아닌 다른 사람이 이런 시를 지을 수가 없다. 다른 사람이 이 시를 지었다면 그 뜻은 다산의 야박한 처사를 나무라고, 여인의 원망을 동정하는 데 있다. 다산의 제자라면 감히 스승의 소실과 관련된 일을 이렇듯 시시콜콜히 적어 결과적으로 스승을 욕뵈려 들 수는 없다. 무엇보다 그 내용이 다산만이 알 수 있고, 다산이라야 가능할 수 있는 사연이다.
> 시의 사연으로 보아 모녀가 강진으로 내려간 뒤로도 다산이 그들을 계속 살펴주었음을 알 수 있다.[6]

정약용이 강진에 유배되었을 때는 40살의 아직 정정한 나이였다. 언제 끝날지 기약 없는 귀양살이 신세에 따뜻한 여심이 곁에 있으니 정을 나누었고, 두 사람 사이에 홍임이라는 딸이 생겼다는 이야기가 오늘의 도덕관념으로는 용납되기 어려운 일이지만 당시는 임금부터가 궁녀를

몇씩이나 두고 양반들은 소실 두는 것을 당연시하던 시절이었기에 불가
능한 일은 아닐 것이다.

생활고에도 유유자적

정약용 가족의 생활은 지극히 어려웠다. 18년 유배의 뒷바라지 하느
라 살림은 거의 바닥이 났고, 농사일이 서툰 두 아들의 농사로는 가족의
먹거리를 마련하는 일도 쉽지 않았다. 국사범으로 낙인찍힌 신분이라
유배가 풀렸다고 해서 옛 동료들의 지원을 받을 수도 없었다. 이 시기의
막막한 심경도 시로 담아냈다. 〈밤[夜]〉이라는 시다.

어둑어둑 강가마을이 저무는데
성긴 울타리엔 개 짖는 소리 걸렸네
물결 차가운데 별빛은 흔들리고
산이 멀어도 눈빛은 오히려 밝아라
먹고살 길 도모해도 좋은 계책이 없고
책을 가까이하니 짧은 등잔이 있다오
깊은 근심 끝없이 떠나지 않으니
어떻게 하여 일평생을 마칠거나[7]

20여 년의 세월에도 변하지 않은 것은 안동 김씨의 세도정치였다. 순
조가 실어증에다 불면증과 건망증까지 심해지면서 순조의 장인 김조순

일파가 더욱 권력을 오로지하여 중앙이나 지방을 막론하고 크고 작은 감투가 돈으로 사고팔렸다. 국고는 텅텅 비었는데, 권세가들의 창고는 넘쳐났다. 김조순의 딸은 순조의 왕비, 김조근의 딸은 헌종의 왕비, 김문근의 딸은 철종의 왕비가 되어, 60년간 이들 일족의 세도정치가 이어졌다.

정약용이 유배에서 풀려나 고향으로 돌아오자 집안에서는 이제 다시 관문에 나가 먹고살 걱정은 하지 않아도 될 것으로 기대하기도 했다. 그러나 조정의 권력구도는 변한 게 전혀 없었고, 오히려 정약용의 정적 서용보는 정승의 자리에 올라 권세를 한껏 휘둘렀다. 귀향한 이듬해(1819) 겨울, 조정에서 정약용을 다시 등용시켜 경전(經田, 토지 측량)을 맡기기로 했으나 이 또한 서용보가 저지하는 바람에 등용은 이루어지지 않았다.

정약용이 할 수 있는 것은 강진 시절의 정신으로 돌아가 글을 쓰는 일뿐이었다. 먼저, 다산초당에서 집필했던 『흠흠신서』와 『아언각비』를 완성하는 데 최선을 다했다.

그나마 귀양보다 귀향이 나은 것은 자유스러움이었다. 해방감이 충만하고 그래서 틈나는 대로 그립던 고향의 산과 강을 찾아 풍광을 즐기며 유유자적했다. 배를 띄워 한강의 상류인 북한강을 오르내리기도 하고, 인근 용문산을 찾기도 했다. 고향 소내 마을 앞으로 흐르는 강의 이름이 원래 열수(洌水)였다는 고증을 찾아내고, 이후 '다산' 대신 '열수' 또는 '열상노인(洌上老人)', '열초(洌樵)' 등을 자신의 호로 사용했다.

이때의 심경을 시문에 담았다. 먼저, 〈동고석망(東皐夕望)〉이다.

구사일생으로 돌아와 실망의 뜻 그지없어

지팡이 짚고 때로 다시 강변에 기대 섰나니

한 떨기 누런 잎새 그윽한 마을엔 비 내리고

갠 두어 산봉우리엔 석양빛이 걸려 있네

거룻배는 정히 이 늙은이를 실을 만하고

갈매기와는 모쪼록 여생을 함께할 만한데

아, 무릉에 돌아가 제사 지낼 날이 없어라

현몽한 이가 백발의 신선인가 의심스럽네[8]

이어서 살펴볼 시는 「동고요망(東皐曉望)」이다.

단풍잎에 솔솔 바람 부는 새벽에

놀란 기러기는 날아가며 부르짖네

협곡의 배는 천상에서 나오는 듯

강에 비친 태양은 안개 속에 높구려

고향이 그리워라 거듭 본 게 기쁘고

집을 떠나라 오랜 노고가 생각나네

이미 돌아간 게 즐겁다고 했으니

왜 꼭 동고에서 휘파람 불 것 있나[9]

환갑에 쓴 「자찬묘지명」

1822년 6월 16일, 정약용은 회갑을 맞았다. 귀향한 지 3년, 고향에 정착하여 빈곤한 살림살이와 노년의 병마로 신음하면서도, 그동안 쉴 새 없이 글을 읽고 또 글을 썼다. 특히 여러 사람의 묘지명을 지었다. 둘째 형 정약전과 둘째 며느리, 이가환, 이기양, 권철신, 오석충, 그리고 윤지범, 윤지눌, 이유수, 윤서유 등 먼저 간 이들을 그리면서 묘지명을 지었다.

회갑 날에는 모처럼 친지와 벗들, 그리고 강진에서 제자들이 찾아왔다. 누구보다 반가운 손님들이었다. 다산초당에 남겨 두고 온 사연들을 물었다. 못 속의 잉어 두 마리는 잘 크는지, 선춘화(동백)는 피었는지 등 궁금한 것이 너무 많았다.

회갑을 맞아 그동안 준비해온 자신의 묘지명을 썼다. 옛적부터 선비나 학자들이 자기 묘지명을 지은 바 적지 않지만, 정약용처럼 방대한 묘지명을 쓴 사람은 흔치 않았다. 그의 묘지명은 웬만한 책 한 권 분량의 자서전이었다.

역사상 루소와 아우구스티누스의 자서전(참회록) 등을 제외하고, 명사들의 회고록(자서전)이 'PR판', 즉 "피할 것은 피하고 알릴 것만 알린다"라는 세평이 따른다. 그러나 정약용의 「자찬묘지명」은 정직한 기록과 품격 있는 서술로 정평이 나 있다.

그는 왜 굳이 회갑에 묘지명을 썼을까? 이후 14년을 더 살았지만, 당시 빈곤과 건강상태로는 언제 눈을 감을지 모른다는 압박감 때문이었을 것이다. 또 세도정치가 언제 끝날지도 막막해 더 이상 출사할 기회도 없을 것으로 판단하기도 했을 터이다.

「자찬묘지명」은 '광중본(壙中本)'과 '집중본(集中本)' 두 가지를 지었다. '광중본'은 무덤 속에 넣을 것이고, '집중본'은 자신의 문집이 간행되면

수록할 것이었다. '광중본'은 요약본이고, '집중본'은 분량이 많았다. '집 중본'의 첫 장은 이렇게 문을 연다.

> 이 무덤은 열수(洌水) 정약용(丁若鏞)의 묘이다. 본 이름은 약용(若鏞)이요,
> 자(字)는 미용(美庸), 또 다른 자는 송보(頌甫)라고도 했으며, 호는 사암(俟菴)
> 이고, 당호는 여유당(與猶堂)인데, 겨울 내를 건너고 이웃이 두렵다는 의미
> 를 따서 지었다.[10]

정약용은 「자찬묘지명」에서 60년 생애를 되돌아보면서 살아온 일을 상세히 적었다. 주요 저술을 짓게 된 배경과 내용을 요약하고, 정조의 은총과 궐내의 은밀한 비사도 빼놓지 않았다. 그러나 지나온 발자취를 더듬는 데만 뜻이 있는 게 아니라 "한평생을 다시 돌려 내가 금년부터 정밀하게 몸을 닦아 실천한다면……"이라며, 새로운 시작을 다짐하는 데도 의미를 두었다.

> 나는 건륭(乾隆) 임오년(1762)에 태어나 지금 도광(道光)의 임오(1822)를
> 만났으니 갑자(甲子)가 한 바퀴 돈 60년의 돌이다. 뭐로 보더라도 죄를 회개
> 할 햇수다. 수습하여 결론을 맺고 한평생을 다시 돌려 내가 금년부터 정밀
> 하게 몸을 닦아 실천한다면 명명(明命)을 살펴서 나머지 인생을 끝마칠 것
> 이다. 그러고는 집 뒤란의 자(子)의 방향 쪽에다 널 들어갈 구덩이의 모형을
> 그어놓고 나의 평생의 언행(言行)을 대략 기록하여 무덤 속에 넣을 묘지(墓
> 誌)로 삼겠다.[11]

「자찬묘지명」은 별도의 '보유(補遺)'를 통해 미처 기록하지 못한 부분을 보충한다. "명(銘)에 이르기를"에서 이 같은 의도를 살필 수 있다.

네가 너희 착함을 기록했음이
여러 장이 되는구나
너의 감추어진 사실을 기록했기에
더 이상의 죄악은 없겠도다.

네가 말하기를
"나는 사서(四書)·육경(六經)을 안다"라고 했으나
그 행할 것을 생각해보면
어찌 부끄럽지 않으랴.

너야 널리널리 명예를 날리고 싶겠지만
찬양이야 할 게 없다.
몸소 행하여 증명시켜주어야만
널리 퍼지고 이름이 나게 된다.
너의 분운(紛紜)함을 거두어들이고
너의 창광(猖狂)을 거두어들여서
힘써 밝게 하늘을 섬긴다면
마침내 경사(慶事)가 있으리라.[12]

토론과 편지로 즐거움을 누리다

정약용의 파란곡절 많은 생애에서 환갑을 전후하는 시기가 그나마 가장 행복했던 때가 아니었을까. 비록 나이는 들고 몸은 쇠약해지고 생활고에 시달렸으나 자유롭게 산천을 유람하고 글을 쓸 수 있었다. 또 당대의 석학들과 학문을 토론하거나 편지를 주고받는 즐거움도 누렸다.

환갑이던 해 봄, 정약용은 대산(臺山) 김매순(金邁淳, 1776~1840)과 학문적 논쟁을 벌였다. 김매순과 정약용은 젊은 시절 규장각에서 함께 일한 적이 있었는데, 1821년 11월에 다시 만나게 되었다. 30여 년 만이었다. 김매순은 안동 김씨 집안 사람이지만, 생각은 트여 있고 학문의 조예도 깊었다. 병조참판과 강화부유수를 지내기도 했다.

정약용이 자신이 저술한 『매씨상서평(梅氏尙書平)』과 『상례사전』 등을 김매순에게 보내자 김매순은 『매씨상서평』에 대한 평을 보내왔다. 두 사람은 몇 년 동안 편지로 서로의 의견을 나누고 논쟁을 벌였다.

정약용은 연천(淵泉) 홍석주(洪奭周, 1774~1842)와도 편지를 주고받으며 논쟁을 했다. 홍석주는 좌의정을 지낸 인물로, 경학과 성리학에 밝았다. 홍석주 역시 『매씨상서평』을 꼼꼼하게 읽고 평을 보내왔고, 정약용은 홍석주의 책을 읽고 역시 자신의 평을 보냈다.

정약용이 논쟁을 벌인 사람으로 또 홍석주의 아우 홍현주(洪顯周)가 있었다. 홍현주는 정조의 둘째 딸 숙선옹주와 혼인하면서 영명위(永明尉)에 봉해졌다. 일찍부터 정약용을 존경하여 형 홍석주를 소개한 인물이다.

이들 간에 오간 학술논쟁과 서평 등은 각각 책 한 권 이상의 분량이어서 다 언급하는 것은 불가능하다. 그중 대표적인 것으로 정약용이 대산

김매순과 주고받은 품격 있고 격조 높은 편지를 소개한다. 먼저, 정약용이 1821년 11월 27일에 대산에게 보낸 편지는 다음과 같다.

정록청에서 남색 관복을 입고 나란히 앉아 일하던 때를 생각해보니 역력하여 눈앞의 광경과 같으면서도 마치 부싯돌의 불과 바람 앞의 등불처럼 갑자기 나타났다가 홀연히 사라지곤 합니다. 이제 어언 서른 해가 지난 뒤에야 응중(凝重)한 모습을 다시 보게 되었는데, 이미 수염과 머리털은 희끗희끗하고 또 절박한 산림처사의 자태가 다분히 있으니 인생이란 참으로 감개스럽고 헤아릴 수 없는 것인가 봅니다.

돌아보매 쇠하고 늙어 폐인이 된 이 몸은 마치 벌레 먹은 나무 그루의 말라빠진 움과 같아서 뜻하지 않게 한 차례 병이라도 앓게 되면 문득 숨을 거두게 될 것입니다. 인형(仁兄)께서는 다행히 수서(收敍)를 얻어 호·령(湖嶺) 사이의 조그마한 고을 하나를 얻었으니 이 또한 이상한 일은 아닙니다. 때문에 내년 늦봄 벽계에 가기로 한 약속 또한 너무 아득하게 되었습니다. 한나라 광무황제의 '하루하루가 중요하다'라는 비유는 진정 도를 아는 사람의 말입니다.

그러나 다음 달 보름 무렵에 눈 덮인 집에서 하루 쉬기로 한 일은 절대로 늦추거나 어기지 마십시오. 들어보니 고기 잡는 어장에는 오강(五江)의 사람들이 모여들어 도리어 번거롭고 시끌벅적하게 될 것이니, 곧바로 산정에서 토란을 굽고 콩을 삶으며 즐기는 것이 조용하고 오붓할 듯하다고 합니다. 아이들 말이 이와 같으니 듣지 않을 수 없습니다. 다시 구우(丘隅)에게 연락하여 적당한지 헤아려보심이 어떠하겠습니까? 헤어진 뒤의 안부를 알기 위하여 간단히 적어 보냅니다.[13]

정록청은 조선 시대에, 성균관의 직원이 당시의 정사(政事)를 뽑아 적어서 보관하던 곳이다. 같은 해 12월 10일, 대산은 정약용에게 다음과 같이 답신을 보낸다.

원회운세(元會運世)는 지극히 유구한 것으로 30년이 그 한 단위를 차지하는데 이와 같은 세월이 지나서야 다시 만나게 되었으니, 그간의 세상일은 말로 다 형언키 어렵습니다. 두보의 이른바 '밤늦도록 촛불 밝히고, 마주 대하니 꿈만 같다'라는 시구가 어찌 반드시 친척에게만 해당하는 말이겠습니까?

더욱이 이틀 밤을 묵는 동안에 양양하게 귀에 가득 찬 것이 지극한 이론과 오묘한 뜻 아닌 것이 없었습니다. 게으름과 어두움을 깨우쳐주고 몽매함을 열어 넓혀주신 것은 낡고 묵은 옛날 책자와는 비할 바가 아닙니다.

돌아와서 사모하며 우러러보매 더욱 마음이 맺힌 듯한데, 뜻밖에도 도탑게 기억해주시고 손수 쓰신 편지를 보내주셨습니다. 그 뜻이 후하고 말씀이 진지하여 족히 보배롭게 가슴속에 간직할 만하온데 옛일까지 언급하시니, 생각이 얽히고 이어져 애잔한 동시에 어질고 후덕함이 애틋하여 이 세상에서 다시 얻을 수 없을 듯합니다. 받들어 여러 차례 반복하며 읽어보니 깊이 느끼어 아로새겨지는 감격 다 할 수 없습니다.

새봄은 아직 멀지만 세월이 덧없이 흘러가는 것은 시인이 두려워하는 바입니다. 정사(精舍)에서 한번 만나기로 한 약속을 어찌 소홀히 할 수 있겠습니까? 마땅히 구우(丘隅)에게서 연락이 있을 것입니다.[14]

역사적인 쟁점들

혁명적인 개혁안, 「탕론」

정약용의 철학과 사상은 봉건군주 시대에 성장한 특수 산물이다. 그가 살았던 시대는 양반과 상놈이라는 반상질서가 강고한 사회구조였다. 그 역시 양반 출신이었고, 집에는 노비(종)가 있었다. 군왕의 각별한 총애를 받았고, 몰락한 뒤 세도정치가 국정을 농단했으나 허수아비일망정 권력의 정점에는 임금이 존재했다.

그런 시기에 쓴 「탕론(湯論)」은 그가 봉건지배체제를 뛰어넘는 근대의 혁명적 사상가임을 보여주기에 충분하다. 많은 연구자가 그의 천재성과 개혁성을 평가하면서도 여전히 전근대인의 범주에 가두려 한다. 그가 전근대를 뛰어넘은 근대인인지, 그렇지 않은지 묻게 된다.

정약용의 대표적인 개혁적 사론이라 할 「탕론」은 2년여 동안 황해도 곡산부사로 활동한 뒤, 그러니까 재야 시절이 아닌 재조 시절에 쓴 것으로 보인다. 1799년 5월에 형조참의에 제수되었기 때문이다.

곡산부사 시절 부당한 조세에 항의하여 백성 1천여 명을 이끌고 관청에 몰려와 집단시위를 벌인 주동자 이계심에게 "한 고을에 너와 같은 자가 있어서 형벌을 두려워하지 않고 만백성을 위해 그 원통함을 펼 수 있어야 한다"라고 풀어주었던 일을 기억할 것이다.

이 사건은 목민관 정약용의 관용정신을 뛰어넘어 '민본(民本)' 사상의 근원에 이르게 한다. 여기서 말하는 민본은 전통적인 유교 통치철학의 곰팡내 풍기는 용어가 아니라 근대적인 '민(民)'의 가치를 의미한다.

그는 「원목(原牧)」이나 『목민심서』 등에서 "목민관이 백성을 위해서 있는 것인가? 백성이 목민관을 위해 있는 것인가?" "목민관이 백성을 위해 있는 것이지, 백성이 목민관을 위해서 있는 것이 아니다." "백성은 토지를 밭으로 여기는데 벼슬아치들은 백성을 밭으로 삼으니, 살갗을 벗기고 골수를 두들기는 것을 밭갈이로 삼으며 머릿수를 세어 거두어들이는 것을 가을걷이로 삼는다"라고 논급했다.

「탕론」은 이 같은 언설보다 훨씬 더 나아간다. 군주체제 자체를 문제삼기 때문이다.

"탕(湯)이 걸(桀)을 쫓아낸 것은 옳은 일인가? 신하로서 임금을 쳤는데도 옳은 일인가? 이것은 옛 도를 답습하는 것이요 탕 임금이 처음으로 열어놓은 일은 아니다."

「탕론」의 첫 대목은 이렇듯 '반역'의 문장으로 시작된다. 탕은 중국 하나라 걸왕이 폭정을 일삼자 그를 축출하고 자신이 천자의 자리에 올라 상(商)나라를 세운 인물이다. 이후 동양에서도 폭군방벌사상이 전해지고 실제로 진행되기도 했다.

정약용은 다시 묻는다. "대저 천자(天子)의 지위는 어떻게 해서 소유한 것인가? 하늘에서 떨어져 천자가 된 것인가, 아니면 땅에서 솟아나 천자가 된 것인가?"

대단히 불손하고 그야말로 사문난적에 이르는 발상이다. 맹자가 주창한 폭군방벌사상은 조선 시대에 금압의 대상이었다. 서양에서는 중세기 절대주의 국가에서 신민의 저항이 높아가는 단계에서 왕권신수설(divine right of kings)이 제기되었다. 왕이 지상에서 신의 대리인이고, 왕권에는 제한이 없으며, 모든 신민을 심판한다는 내용이다. 조선을 포함해 동양의 임금(황제)들도 이와 다르지 않았다.

정약용은 이어서 왕이나 천자가 생겨난 근원을 밝힌다.

근원을 더듬어보면 이러하다. 5가(家)가 1린(隣)이고, 5가에서 우두머리로 추대한 사람이 인장(隣長)이 된다. 5린이 1리(里)이고, 5린에서 우두머리로 추대된 사람이 이장(里長)이 된다. 5비(鄙)가 1현(縣)이고, 5비에서 우두머리로 추대된 사람이 현장(縣長)이 된다. 또 여러 현장이 다 같이 추대한 사람이 제후(諸侯)가 되는 것이요, 제후들이 다 같이 추대한 사람이 천자가 되는 것이고 보면 천자는 여러 사람이 추대해서 만들어진 것이다. [1]

그런데 이렇게 여러 사람이 추대한 인물이 제 역할을 하지 못하거나 아예 추대되지 않으면 어떻게 될까?

대저 여러 사람이 추대해서 만들어진 것은 또한 여러 사람이 추대하지 않으면 물러나야 하는 것이다. 때문에 5가(家)가 화협하지 못하게 되면 5가가 의논하여 인장을 개정할 수가 있고, 5린이 화협하지 못하면 25가가 의논하여 이장을 개정할 수가 있고, 구후(九侯)와 팔백(八伯)이 화협하지 못하면 구후와 팔백이 의논하여 천자(天子)를 개정할 수 있다. 구후와 팔백이 천자를 개정하는 것은 5가가 인장을 개정하고 25가가 이장을 개정하는 것과 같은 것인데, 누가 신하가 임금을 쳤다고 말할 수 있겠는가.[2]

그는 인민주권설을 제시한다. 즉, 민(백성)이 나라의 주인이므로 아래로부터 다스리는 자들을 차례로 선택해야 한다고 주장한다. 이는 오늘날 선거제도의 발상과 다르지 않다.

한(漢)나라 이후로는 천자가 제후를 세웠고 제후가 현장을 세웠고 현장이 이장을 세웠고 이장이 인장을 세웠기 때문에 감히 공손하지 않은 짓을 하면 '역(逆)'이라고 명명하였다. 이른바 역이란 무엇인가? 옛날에는 아랫사람이 윗사람을 추대하였으니 아랫사람이 윗사람을 추대한 것은 순(順)이고, 지금은 윗사람이 아랫사람을 세웠으니 아랫사람을 세운 것은 역이다.

그러므로 왕망(王莽)·조조(曹操)·사마의(司馬懿)·유유(劉裕)·소연(蕭衍) 등은 역이고, 무왕(武王)·탕왕(湯王)·황제(黃帝) 등은 현명한 왕이요 성스러운 황제(皇帝)이다.[3]

그의 고난에 찬 생애는 이 같은 '혁명성'에서 발원했다고도 할 수 있다.

회심했는가? 배교자인가?

정약용은 23살 때 이벽에게서 천주교 교리를 듣고, 두 형과 함께 이승훈에게 세례를 받았다. 세례명은 요한이었다. 한자로 쓴 『천주실의』 등 각종 서책도 열심히 읽었다. 이 때문에 결국 혹독한 박해를 받고 폐족의 신세가 되기에 이르렀다.

그는 1797년 정조에게 「자명소(自明疏)」(「변방사동부승지소」를 일컫는 말)를 올려 배교를 분명히 했다. 1801년 '황사영 백서 사건' 당시 국청을 받을 때도 이미 천주교를 떠났다고 진술했다. 그래서 셋째 형은 처형되었으나 그는 간신히 살아남을 수 있었다. 그런데 이런 '배교'가 본심이 아니어서 유배에서 풀려난 뒤 다시 신앙생활을 했다고 한다.

정약용은 귀양에서 풀려난 지 2, 3년 후부터 신앙생활을 다시 하기 시작하였다. 그에게 천주교 진리는 언제나 명백한 것으로 보였다. 그는 항상 외딴 방에 칩거하면서 소수의 친구밖에는 만나지 않았다. 그는 자주 단식과 그 밖의 속죄를 위한 고행을 하였다. 그는 직접 만든 아주 고통을 주는 허리띠를 항상 띠고 있었고, 또한 자주 몸의 여러 군데를 작은 쇠사슬로 감았다. 그는 오랫동안 묵상을 하고 묵상한 일부를 적어놓았고, 또 미신을 반박하고 무식한 사람을 가르치기 위해 여러 가지 책을 저술하였다.

그의 저서 중 일부는 여러 박해 동안 땅속에 숨겨둠으로써 썩어 없어졌다. 그러나 그중 많은 것이 그의 집안에서 보존되었다. 그는 완전히 복권된 후에도 그의 은둔적 생활을 조금도 바꾸지 않았고, 날로 더해가는 그의 신앙심은 그를 아는 모든 신자들을 기쁘게 하였다. 그는 1836년 유방제(빠치피

꾀) 신부로부터 성사를 받고 사망하였다. 그는 그의 배교의 스캔들을 조선교
회 앞에서 그의 좋은 모범으로 보상하였다.[4]

한국천주교회사 연구에 조예가 깊은 최석우 신부는 "다산이 「자명소」
를 올렸고, 또 배교한 사실도 잘 알고 있으며, 누구보다도 그것을 개탄
하고 있다. 그러므로 교회는 다산의 회개를 더할 수 없이 기뻐했고, 그
의 신앙을 더욱 높이 평가하고 있다"[5]라고 말해 정약용이 배교에서 '회
개'한 것으로 받아들인다.

천주교인으로서의 다산의 신앙생활에는 확실히 파란과 우여곡절이 많았
다. 우리는 그것을 단계적으로 볼 수 있었다. 다산은 한때 선교에 종사하고
교회 일에 적극적으로 관여한 열렬한 신자였다. 그러나 그는 교회를 멀리하
고, 나아가서 신앙까지 배신하였다. 먼저 글로 배신을 밝혔고, 다음 국가의
최고 법정에서 그것을 공언하기까지 하였다. 그러나 그는 참회하고 이전 신
앙생활로 돌아왔다. 이번에는 공적인 신앙생활이라기보다는 내적인 신앙
생활이었다. 다시 말해서 그는 마치 사막의 은수사(隱修士)처럼 은둔생활을
하면서 기도와 묵상과 고행에 전념하였다.[6]

반면, 이에 대한 반론도 만만치 않다. 정약용 연구에 조예가 깊은 김
상홍 교수는 그가 끝내 회심하지 않았다고 주장한다. 그 이유는 다음과
같다.

첫째, 다산이 중국인 유방제 신부에게 종부성사를 받고 운명하였다는 다

블뤼의 기록은 사실과 다르다. 그는 다산이 운명하기 3일 전에 조선을 떠났다. 둘째, 유방제 신부는 사제직을 더럽힌 부도덕한 인물인데, 다산의 자손들이 그에게 종부성사를 받게 했겠는가. 셋째, 다산 연보를 보면 유방제 신부에게 종부성사를 받았다는 기록이 없다. 넷째, 운명하기 3일 전에 쓴 유작시 〈회근시(回졸詩)〉에서 철저한 유교적 삶과 충직한 신하로서의 모습을 찾을 수 있다. 다섯째, 다산의 장례 절차를 그의 유명대로 유교의식으로 거행하였다.[7]

이렇게 조목조목 정약용이 회심하지 않고 운명했다고 주장한 김상홍 교수는 다음과 같이 유학자를 '성인품'에 올릴 수 있느냐고 묻는다.

끝으로 첨언할 것은 다산의 시성(諡聖)에 관한 문제이다. 천주교 측은 1990년 봄, 천주교 전래 초기의 신해사옥과 신유사옥 때 순교한 정약종·황사영·주문모 등 98 위(位)를 '성인품(聖人品)'으로 시성해줄 것을 로마 교황청에 청원하였는데, 여기에 다산을 포함시킨 것으로 신문에 보도되었다. 모진 탄압과 고난을 극복하고 초기 교회의 발전에 공헌하고 순교한 분들이 속히 시성되어야 함은 당연하다.

문제는 다산이 과연 '성인품'에 오를 수 있느냐는 것이다. 다산은 배교 이후 철저한 유교주의자로서 일관하며 생을 마쳤다. 다산이 성인으로 시성될 만한 공적과 기적을 남겼는지에 대해서 객관적으로 입증할 증거가 없다. 오히려 다산은 앞에서 논증한 바와 같이 배교 이후 천주교리를 혹독하게 비판하였고, 금정찰방 재직 시에는 여신도를 잡아다가 강제로 결혼시키는 등 천주교의 박해와 탄압을 하였다.[8]

마을공동체 경작, '여전제'

「탕론」과 거의 비슷한 시기에 쓴 것으로 추정되는 「전론(田論)」은 정약용의 개혁사상이 담긴 대표적인 글이다. 그가 살던 18세기 후반에서 19세기 전반기 조선에서는 봉건제도의 붕괴와 사회경제적 모순이 격화되면서 민란이 잦았다. 유생과 관리들은 여전히 관념론적인 '수신제가치국평천하'를 떠들었다.

정약용의 현실 인식은 치밀하고 예리했다. 『목민심서』의 한 대목을 보자. "근래에 와서 조세와 부역이 무겁고 번잡하며 관리들의 횡포가 심하여 백성들은 나라를 믿고 살 수 없게 되었다. 이리하여 모든 사람이 전부 난을 생각하게 되었으니 요언망설(妖言忘說)이 동에서도 서에서도 일어나고 있다. 이것을 법에 비추어 처단한다면 백성은 한 사람도 살아 있지 못할 것이다."

농업이 생업인 백성들은 땅(토지)이 곧 생존의 명줄이었다. 그러나 경자유전의 법칙이 무너진 지 오래였다. 정약용의 『여유당전서』 제1집 제9권에는 이런 현실이 다음과 같이 기록되어 있다. "지금 호남지방 백성의 형편을 보면 평균 100호 중에서 남에게 토지를 주어 소작료를 받아먹는 자는 불과 5호이고, 자기의 땅을 경작하는 자는 25호가량이며, 지주의 땅을 경작하여 소작료를 바치는 농민은 70호나 된다."

이는 비록 호남지방의 사례이지만 다른 지역도 크게 다르지 않았을 것이다. 자영농이나 소작농들은 호랑이보다 무섭다는 관리들에게 뜯기고 온갖 조세와 부역에 시달렸다. 『여유당전서』 제1집 제11권의 한 대목을 보자.

지금 국내의 전답은 약 80만 결(結)이고 인구의 수는 약 800만 명이다. 가령 10명을 1호로 계산하면 매 1호에서 1결의 땅을 경작하면 공평한 것으로 된다. 그런데 지금 문무고관들과 항간의 큰 부자들로서 1호에 매년 벼 수천 석을 거두고 있는 자가 심히 많으니 그들이 소유한 땅을 계산하면 100결이나 된다. 이것은 즉 990명의 생명을 빼앗아 1호를 살찌게 하는 것으로 된다.

지금 국내의 부자로서 경주의 최 씨와 전라도의 왕 씨같이 벼 1만 석을 추수하는 자가 있으니 그 매 개인의 소유한 전답을 계산하면 400결이나 된다. 그러면 이는 3천 900명의 생명을 빼앗아 1호를 살찌게 하는 것이다.

이 문제를 어떻게 풀어야 할까? 정약용은 이를 극복하기 위해 획기적인 마을공동체 경작의 '여전제(閭田制)'를 제안했다.

이제 농사를 짓는 사람에게는 밭을 얻도록 하고, 농사를 짓지 않는 사람에게는 밭을 얻지 못하도록 한다면, 여전(閭田)의 법(法)을 시행해야만 나의 뜻을 이룰 수 있을 것이다.

무엇을 여전이라 하는가. 산골짜기와 개울과 들판의 형세를 가지고 경계(界)를 그어 만들고는, 그 경계의 안을 여(閭)라 이름하고 여 셋을 이(里)라 하며, 이 다섯을 방(坊)이라 하고, 방 다섯을 읍(邑)이라고 한다. 여에는 여전장(閭田長)을 두고 무릇 1여의 밭에는 1여의 사람들로 하여금 다 함께 그 밭일을 하게 하되, 서로의 경계가 없이 하고 오직 여장의 명령만을 따르도록 한다.

매양 하루하루 일을 할 때마다 여장은 그날의 수(數)를 장부에 기록하여 둔다. 그래서 가을에 거둘 때에는 그 오곡(五穀)의 곡물을 모두 여장의 당

(堂)에 운반하여 그 양곡을 나누는데, 먼저 국가의 세(稅)를 바치고, 그다음은 여장의 봉급을 바치고, 그 나머지를 가지고 날마다 일한 내용대로 장부에 의해 분배한다. 가령 곡식을 수확한 것이 천곡[斛: 10두(斗)가 1곡(斛)]일 경우, 그 장부에 기록된 일한 날의 수가 2만 일이면 매양 하루당 양곡 5승(升)을 분배하게 된다.

어떤 사람의 경우, 그 부부(夫婦)와 아들과 며느리의 장부에 기록된 일한 날의 수가 모두 8백 일이면 그 분배된 양곡은 40곡(斛)이 되고, 또 어떤 사람의 경우, 그 장부에 기록된 일한 날의 수가 10일이면 그 분배된 양곡은 4두(斗)뿐인 것이다.

노력을 많이 한 사람은 양곡을 많이 얻게 되고 노력이 많지 않은 사람은 양곡을 적게 얻게 되니, 그 힘을 다함으로써 토지에서도 그 이익을 다 얻게 될 것이다. 토지의 이익이 일어나면 백성의 재산이 풍부해지고, 백성의 재산이 풍부해지면 풍속(風俗)이 순후해지고 효제(孝悌)가 행해지게 될 것이니, 이것이 밭을 다스리는 가장 좋은 방법이다.[9]

공동으로 농지를 경작하는데, 일한 만큼 양곡을 배당한다는 내용이다. 당시에는 생각하기조차 힘든 아이디어였다.

'조선 시 선언'

정약용이 살던 시대의 동아시아는 한자문명권이었다. 한자가 문화와 문명의 매체 역할을 했다. 세종이 1443년에 훈민정음을 창제하고 3년 뒤 이를 반포했으나 공용문자로는 여전히 한자가 사용되었다. 지배층에서는 훈민정음을 언문(諺文)이라 일컬으면서 아이들과 부녀자들의 글로 여겼다.

연산군 때는 왕을 비방하는 '언문 투서' 사건이 일어나자 언문 사용과 학습을 일절 금지하고 언문 서적을 불태우기도 했다. 호학군주 정조는 '문체반정'의 구실 아래 이른바 패관소설류를 규제했는데 정약용도 이에 적극 동조한 바 있다.

정약용은 그 많은 글(책)을 모두 한자로 지었다. 유배 시절에 자식들에게 쓴 편지에서 "시대를 상심하고 시속을 안타까워하지 않은 것은 시가 아니다. 찬미하고 권면하고 징계하는 뜻이 없다면 시가 아니다"라고 '시대정신'을 일깨우면서도 모든 글을 한자로 썼다.

정약용보다 200여 년 앞서 태어난 허균(許筠, 1569~1618)과, 125년 앞서 태어난 김만중(金萬重, 1637~1692)은 당대 유가의 명문거족 출신으로 과거에 급제하고 높은 벼슬을 지냈다. 두 사람 역시 대단한 개혁 성향의 사람이어서 사대부가 누리는 영욕이 엇갈리는 삶을 살았다.

우리나라 최초의 한글소설인『홍길동전』을 지은 허균은 "이조 굴지의 시인 문장가이었고 천주교를 최초로 도입한 자이고 (…) 소위 실학파로서는 유형원보다 반세기가 먼저요, 그는 유자인 동시에 불가이고 참의설의 도창으로 도가 내지 풍수학자이고, 또한 철저한 본능지상주의자"[10]였다.

김만중은 광산 김씨의 거족 출신으로 예학의 대가 김장생의 종손이다. 16살 때에 진사시에 1등으로 합격한 뒤 29살에 문과에 급제하여 벼슬길에 올랐다가 당쟁에 휘말려 남해에 위리안치되었다가 유배지에서

『홍길동전』 안성판(1917년 추정)(국립한글박물관).

죽었다. "우리나라의 시문(詩文)을 쓰는 사람은 자기 나라의 말을 두고 남의 나라 말을 쓰는 데 급급하니, 이는 곧 앵무새가 사람의 말을 흉내 내는 것과 같다"라면서 『구운몽』과 『사씨남정기』를 한글로 지었다.

김만중은 "문화적인 모든 현상이 중국문화권에 꽁꽁 묶여 있을 당시, 한국인은 한국어로 작품을 써야 한다는 뛰어난 국민문학론을 제창하였을 뿐 아니라, 시문에 있어서나 소설에 있어서도 이들에 대한 일가견을 갖고 폭넓은 범동양적인 지식의 경험을 통하여 문학창작에 임한 위대한 작가"[11]이기도 하다.

두 사람을 여기에서 소환하는 이유는 한글로 작품을 썼다는 공통점 때문이다. 그런데 개혁이나 진보 성향에서 이들에 못지않았던 정약용은 왜 한 편의 글도 한글로 짓지 않았을까?

다산(茶山)의 문학관에서 우리가 주목해야 할 사실의 하나는 그의 시가 강한 민족주체의식을 담고 있다는 사실이다. 그 당시 민족 또는 국가란 개

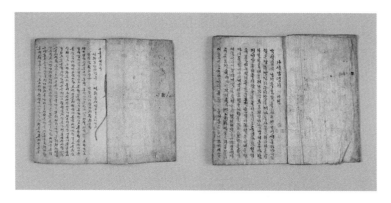

『구운몽』 필사본(1921, 왼쪽)과 『사씨남정기』 필사본(1909, 오른쪽)(국립한글박물관).

넘은 중국과의 관련하에서만 의미를 가지는 것인데 중국의 문자인 한자로 시를 쓰면서 민족주체의식을 담는다는 일이 언뜻 모순되는 말인 것 같지만 다산은 그 나름대로 중화주의의 절대적 권위로부터 벗어나려고 노력했다. 그리고 이러한 노력의 결과가 그의 '조선 시 선언'으로 응축된다.[12]

정약용은 조선 사람이기에 조선 시를 즐겨 쓴다고 선언한다. 그가 나이 들어서 한여름을 보내는 여섯 가지의 즐거움을 노래한 시 「老人一快事六首效香山體(노인일쾌사육수효향산체)」('노인일쾌사'는 '늙은이의 한 가지 즐거운 일'이라는 뜻)에서 문학적 주체의식을 분명히 하고 있다. 이런 내용을 읊은 대목을 감상해보자.

> 노인의 즐거운 일 하나는
> 붓 가는 대로 마음대로 시 쓰는 것
> 어려운 운자에 신경 안 쓰고

퇴고하느라 더디지 않고

흥이 나면 뜻을 싣고

뜻이 이르면 바로 시를 쓰네

나는 조선 사람이기에

즐거이 조선 시를 쓰노라

그대는 그대의 법을 쓰면 되지

시작법에 어긋난다 떠드는 자 누구뇨

중국 시의 구구한 격률을

먼 곳의 우리가 어이 안단 말인가[13]

그가 이 같은 내용의 시를 한자로 쓴 것은 아쉽다. 그러나 "당시 조선 후기 문단이 문학 사대주의에 빠진 것을 비판하고, 자신은 조선인으로서 조선 시를 쓴다고 선언한 것"[14]은 그나마 의미가 있다.

다양한 활동과 의외의 행적

생계용으로 일군 인삼밭

정약용의 노후에 이르러서야 쓰러져가던 가정의 생활이 어느 정도 안정을 되찾았다. 부인 홍 씨가 누에를 치고, 가족이 함께 인삼밭을 가꾸어 수확하면서부터이다(1827). 부인 홍 씨는 신혼 초기부터 누에를 쳤다. 양반집 규수로 자라났으나 과거에 급제한 남편이 아직 급료가 없을 때부터 누에를 쳐서 살림을 꾸려나갔다.

누에를 치는 아내를 지켜본 정약용은 「원진사 일곱 수 아내에게 주다(蚖珍詞七首贈內, 원진사칠수증내)」라는 시 7수를 지어 고마운 마음을 담았다. '원(蚖)'은 여름에 치는 누에를 말한다. 다음은 이 시의 첫 연과 마지막 연이다.

반년은 길쌈 농사 그러고는 갈고 매는 고달픔

목화 심곤 1년 내내 날씨 걱정 끊임없네

누에치기 그 보람 빠르기는 제일이라

한 달이면 광주리에 고치가 가득 (⋯)

양장 집에 긴요한 건 목화밭이니

땅에 거름 사람 공력 게을리할쏘냐

써레로 밭을 일궈 가로세로 이랑 짓고

씨아에 솜을 걸고 고패로 실 뽑는다[1]

정약용은 젊은 시절부터 놀고먹는 양반들을 질시했다. 백성들의 피와 땀을 빼앗지 말고 직접 생산에 나서라는 게 정약용의 주장이었다.

고향으로 돌아온 지 얼마 뒤부터 가족과 함께 틈나는 대로 마을 건너편 백악곡에 인삼밭을 가꾸었다. 1828년에 지은 「오랜 비가 곡식을 상하게 하므로 동파의 세한삼우의 시 3수를 차운하여 송옹(윤영희)에게 받들어 보이다」에서 인삼 재배의 실상을 보여준다.

지난해에 서산에서 와력(瓦礫, 기와나 조약돌)을 주워다가

인삼밭에 9척 높이의 계단을 만들고

바위를 캐다가 가지런히 다듬은 다음

모두 규격에 따라 모서리를 끊어내었네

일을 하는 데는 평소에 거칢을 싫어하고

좁은 성질은 본디 똑바름을 좋아하기에

예둔(銳鈍)과 구고현(句股弦, 직각 삼각형의 세 변)을 더듬어 연구하여

지평과 수평을 이것으로 헤아리는데

어긋나지 않게 하려고 납작 돌 갖다 받치고

습기를 제하려고 자갈을 따로 채워 넣노니

물 건너의 공사 감독 피로하기도 해라

왕래하는 작은 배는 베 짜는 북과 같네그려 (…)

복사꽃 나무 삼백 그루를 심게 하여

더불어 구지(仇池, 중국 간쑤성의 절경으로 유명한 산)의 한 동천을 만들고

불러도 안 일어나고 대낮까지 달게 잔다면

시간 맞춰 등청하는 고관보다 나으리[2]

　생활이 안정을 되찾으면서 친한 벗들과 어울리고 가까이에 있는 용문산을 찾는 등 여가를 즐겼다. 여전히 글을 쓰고 다산초당에서 집필한 각종 저술을 보완하는 일에 온힘을 쏟았다.

　66살이던 1827년에 왕세자가 노쇠한 순조를 대리해서 국정을 맡으면서 정약용을 다시 등용하려고 했으나 노론 측의 윤극배라는 인물이 정약용을 모함하는 상소를 올려 이를 저지시켰다. 노론 벽파는 여전히 정약용에 대한 적개심을 거두지 않고 있었다.

　그런데 평소에는 몹시도 싫어하던 조정에서 급한 일이 생기자 정약용을 다급히 찾았다. 69살이던 1830년에 순조의 왕세자가 위독해지면서 백방으로 명의를 찾던 중 정약용이 의술에 능통하다는 것을 알고 종4품 부호군(副護君)의 첩지를 내렸던 것이다.

그러나 입궐하여 세자를 진맥했을 때는 이미 운명 직전의 위급한 상황이었다. 손 쓸 겨를도 없이 물러나 약을 구하던 중 세자는 눈을 감고 말았다.

3년 뒤인 1834년 11월에는 순조가 위독하다고 다시 불려 들어갔다. 서둘러 상경했으나 궁궐에 이르기도 전에 왕의 붕어 소식이 들렸다.

정조에게 입은 은혜를 그의 자손들에게 갚을 수 있는 기회였으나 두 차례 모두 성과 없이 끝나고 만다. 정약용은 그 후 더 이상 출사하는 일 없이 포의(布衣)로서 생의 마지막을 보냈다.

의서 펴낸 의술 전문가

조정에서 왕이나 왕세자가 위급할 때면 불러들일 만큼 그는 의학(의술)에 조예가 깊었다. 이미 의학 전문 서적으로 『마과회통』(12권)을 지었고, 『의령』이라는 독립된 의서뿐만 아니라 문집 곳곳에 의학 관련 내용이 들어가 있다.

그는 40살부터 귀양살이를 하면서 여러 가지 병고에 시달렸다. 정신적 고통과 조악한 음식, 바뀐 환경 등 여러 가지가 한꺼번에 몰려와 생긴 병고였다. 치통과 냉리(冷痢) 따위의 병을 앓았고, 50대 초반부터는 풍증(風症)에 시달렸다. 그래서 의학·의술에 관해 직접 연구하면서 전문가 이상의 의술을 익히게 되었다.

그는 의학이론뿐만 아니라 본초, 처방 등 임상에도 밝았다. 한의학 이론

가운데 불합리하다고 생각한 것에는 과감한 비판을 가했고, 민간에 퍼져 있던 효과 있는 속방을 두루 수집하였다. 실사구시를 중시하는 학풍이 의학 분야에도 일관되어 나타난다.

그래서인지 다산의 건강법은 경험주의적이다. 다른 인물들이 단전호흡, 도인법, 벽곡법 등에 심취한 것과 달리 그는 냉천(冷泉) 이용, 신수혈(腎兪穴)을 지지는 법 따위의 소박한 방법을 소개하였다.[3]

그는 '신수혈을 지지는 방법'보다 더 신묘한 방법을 다음과 같이 제시한다.

엉덩이뼈 위쪽, 등 뒤 척려혈 끝부분에 움푹 파인 곳이 신수혈이다. 이 혈자리는 안으로는 신(腎)의 경락인 명문(命門)과 연결된다. 이 부위를 배꼽에 뜸 뜨듯이 쑥으로 뜸을 떠라. 열 차례 이상 뜨면 여러 통증이 다 없어질 것이다.[4]

정약용의 저술에는 「인체의 맥을 논한다(脈論)」라는 글이 3편이나 있다. "손의 맥을 짚어보고 오장육부의 증상을 알아낸다는 것은 거짓이다. 다만 손과 발과 뇌의 큰 경락을 진맥하여 혈기의 왕성·쇠약·허약·충실을 알 뿐이다"라고 전제하면서 인체의 맥을 피력한다. 세 편 중에서 「맥론 3」을 살펴보자.

진맥으로 오장육부를 안다는 것은 한강 물을 떠보고 어느 지류(支流)의 물이라고 하는 것과 같은 이치이니 나는 믿기 어렵다.

맥이 오장(五臟)에서 명령을 받아 지체(支體)에 통하는 것은 물이 여러 산에서 발원하여 하류에 도착하는 것과 같다.

대저 한강의 근원은 한 가닥은 속리산에서 나오고, 한 가닥은 오대산에서 나오고, 한 가닥은 인제군에서 나오고, 한 가닥은 금강산에서 나와 용진에 이르러 합쳐지는데, 땅을 맡은 사람이 말하기를 "양화도는 속리산에 속하고, 용산포는 오대산에 속하고, 두모포는 인제군과 금강산에 속한다" 하여 이에 양화도에서 물이 용솟음치면, "이것은 속리산에서 산이 무너져 사태가 난 이변이 있습니다"라고 하며, 두모포에서 물결이 잔잔하게 되면, "이것은 인제군과 금강산에서 비 내리고 볕 나는 것이 꼭 알맞게 되었습니다"라고 한다면, 그 기후를 점치는 법이 과연 정세(精細)치 못하여 어긋나고 틀린 점이 없다고 하겠는가.

맥이 오장과 육부를 진찰할 수 없는 것은 그 이치가 꼭 이것과 같은데도 사람들은 오히려 그윽하고 어두운 속에 마음을 붙여 그것이 이치 밖에 있는가 의심하게 되니 또한 미혹하지 않은가. 촌·관·척이 한 길이 아니라면 그만이겠지만 그것이 한 길이면서 그 경계를 나눈 것이라면 그 이른바 오장육부가 각기 부위가 있다고 한 것을 나는 믿을 수가 없겠다.[5]

우리나라 최초로 사진기 사용

정약용의 천재성과 과학적인 사고, 그리고 서학에 대한 깊은 이해 등을 고려하더라도, 그가 우리나라에서 최초로 사진기를 사용한 사람이라면 얼른 동의하기 어려울 것이다.

그는 어떤 사진기를 사용했을까? "다산이 사용한 사진기는 '카메라 오브스쿠라(camera obscura)'라는 장치인데, 어두운 방과 같은 암실에 구멍을 뚫고 렌즈를 단 것이었다. 이런 장치는 중국에서도 기원전 5세기에 묵자(墨子) 같은 지식인들이 실험했고, 서양에서도 기원전 4세기에 아리스토텔레스가 사용했다. 괴테 또한 1780년대에는 커다란 카메라 오브스쿠라를 갖고 있었고, 1791년부터는 들고 다닐 수 있는 카메라 오브스쿠라를 갖고 있었다. 괴테는 그림을 그리는 데에 이것을 사용하기도 하였지만 많이 사용하지는 아니하였다."[6]

정약용의 문집에는 사진기와 관련해 다음과 같은 내용이 남아 있다.

집을 산과 호수 사이에 지으니, 좌우에서 아름다운 경치와 빛이 서로 어울려 비치고, 대와 나무, 꽃과 돌이 겹겹이 둘러싸여 있으며, 누각의 울타리가 옆으로 잇달아 있다. 어느 맑은 날을 잡아 방의 창문을 모두 닫고 외부에서 들어오는 빛을 모두 막아 실내를 칠흑과 같이 하고, 구멍 하나만 남겨 볼록렌즈, 즉 애체를 그 구멍에 맞추어 끼운다.

이 조그만 구멍으로 어떻게 가능하겠느냐고 생각하겠지만, 투영된 영상이 눈처럼 희고 깨끗한 종이판 위에(애체의 편평하고 볼록한 정도에 따라 조정한다) 두서너 자 건너편의 볼록렌즈부터 비친다. 실외의 강 언덕과 산봉우리의 아름다움과 더불어 대와 나무, 꽃과 돌의 무더기와 누각의 옆으로 잇닿은 울타리가 모두 종이판 위에 그림자를 지어 비치는데, 짙은 청색과 옅은 초록빛은 색깔 그대로이고, 성긴 가지와 잎사귀의 밀집함도 실제 모양과 같고, 사이사이 밝고 그늘진 위치가 정연하여 그대로 한 폭의 그림이다.

세밀하기가 실이나 머리털과 같아 중국의 고개지(顧愷之)나 육탐미(陸探

微) 같은 사람도 능히 그려낼 수 없을 것이니, 무릇 천하의 기이한 풍경이다. 안타까운 것은, 바람이 불면 나뭇가지가 흔들려서 묘사하기가 매우 어렵고, 사물의 형상이 거꾸로 비치어 감상하기엔 황홀하다는 것이다. 이제 어떤 사람이 사진(寫眞)을 만들고자 하되, 털끝만 한 착오도 없이 하려면 이것을 제쳐놓고는 더 좋은 방법이 없다.

그러나 진흙으로 빚은 사람같이 뜰 가운데 엄연히 단좌(端坐)하지 않고는 그 묘사의 어려움이 나뭇가지 끝에 바람이 부는 경우와 다름이 없다.[7]

5편의 단편소설

월간 ≪문학사상≫은 1976년 10월호에 "새로 찾아낸 다산의 소설·소품·시론·그림"을 특집으로 꾸미면서 「처녀바람」, 「현진자전(玄眞子傳)」, 「장천용전」, 「김씨부인전」, 「빈사전(貧士傳)」 등 5편의 단편소설을 발굴해 소개했다. 어느 때 쓴 작품인지는 밝히지 않았다.

정약용이 아무리 다방면에 뛰어난 '백과전서파' 지식인이라 해도 소설까지 지은 것은 놀랍다. 이 잡지는 특집의 후기에서 "지금까지 묻혀 있던 그의 시와 시론·소설·소품과 함께 그가 그린 그림까지 발굴하여 소개하는 데는 10년 동안 꾸준히 다산을 연구해온 김영호 교수의 공이 컸다"라고 밝혔다.

새롭게 발굴된 작품들 중 「빈사전」의 내용(전문)은 다음과 같다.

영암군에 한 빈사가 살고 있었다. 그 빈사의 종은 큰 부자였다.

하루는 그의 종에게 말하기를 "네가 나에게 돈 1천 냥을 빌려주면 내가 당연히 갚아줄 것이다. 설령 네가 죽는다 할지라도 너는 청귀(淸鬼)가 될 것이 아니냐." 했다. 이 말을 듣고 종이 대답하였다. "오직 명하신 대로 따르겠습니다."

빈사가 다시 말한다. "귀찮겠지만 네가 나에게 빌려줄 돈 1천 냥을 너희 집에 그대로 두어 두어라. 그래서 네가 소금을 구입할 때에는 내 돈으로도 소금을 구입하고 네가 쌀을 구입할 때에는 역시 내 돈으로도 쌀을 구입하여라. 그리하여 네 복대로 돈을 이용하여 나로 하여금 실패하지 않도록 해라."

종이 대답했다.

"그렇게 하겠습니다."

그로부터 수개월 뒤에 종이 빈사를 찾아와 말하기를 "소인은 1천 냥으로 소맥을 사들여 누룩을 디디려고 합니다. 어르신네는 어떻게 하시렵니까?" 하였다. 빈사가 대답하였다.

"네가 구입하는 것을 내 돈으로 구입하도록 해라." 장차 누룩을 디디려고 할 때 종의 집에는 염병이 생겨 수개월 동안 떠나지 않았다.

종이 빈사에게 찾아와 청하기를 "저의 집 사정이 이러하니 청컨대 어르신 댁에서 먼저 누룩을 디디도록 하십시오." 했다. 빈사가 그렇게 하라고 허락했다.

그러자 그 후 흉년이 크게 들어 밀가루가 좋은 쌀 이상으로 귀하게 되었다. 금주령이 아주 엄하게 내려 술 빚는 사람도 없게 되었다. 종의 집에서는 밀을 팔아 무려 4배나 되는 큰 이익을 보았지만, 빈사는 겨우 본전을 갈무리하여 여전히 가난할 뿐이었다. 빈사가 탄식하기를 "이것은 운명이다. 내 다시는 돈벌이를 꾀하지 않으리라" 했다.

주역이라고 하는 책은 우발라(優鉢羅) 꽃과 같아 향기가 있고 빛깔이 있고 열매도 있고 뿌리도 있으며 또한 가지도 있고 잎사귀도 있으며 어느 한 곳인들 기묘하지 않은 곳이 없다.

미천한 학자가 얄팍한 짐작으로 겨우 한 가지의 맛만을 보고 대의가 이곳에 있다고 한다. 그리하여 자기와 의견이 같은 사람은 돕고 의견이 다른 사람은 배척하여 각각 문호(門戶)를 세는 흉이 많고 사효(四爻)는 두려워함이 많고 오효(五爻)는 공이 많아 저절로.

이로써 구한다면 통하지 않음이 없다. 효(爻)가 변하지 않았을 때는 원래 그런 상(象)이 있기 때문에 효사(爻詞)에 이런 점이 있는 것이다.

소박의 제을(帝乙)이 누이를 시집보낸다는 것과 부자가 되지 못한 사람이 있다는 것이 곧 이것이다. 그 때문에 후세에 와서 효(爻)의 변화에 어두워졌다. 이제 만일 효(爻)의 변화에 있어서 이 봉안에 원래 이런 상(象)이 있음을 알지 못하면 역시 통하지 않는 것이다.[8]

조선의 큰 별이 지다

결혼 60주년에 운명하다

세월의 화살은 정약용도 비켜 가지 않았다. 회갑을 맞이했을 때도 그 느낌을 「자찬묘지명」에 "다시 태어난 것과 같이 하여 한가히 세월을 보내는 일을 그만두고, 아침저녁으로 성찰하는 일에 힘써 하늘이 내려주신 성품을 회복할 수 있으리라. 지금 그렇게 살아간다 해도 큰 잘못은 없으리라"라고 쓰며 자부했는데, 70줄을 넘기면서 기운도 떨어지고 병치레도 잦아졌다.

1832년(71살)부터 육신의 쇠약증세가 심해졌다. 그해 추석에 쓴 「시골의 추석 풍경」에서는 "쇠하고 병든 이 몸"이 "슬프고 안타깝다"라고 표현하기도 했다.

맑은 가을 시골에선 즐거움에 들떠 있고

가을 동산 오곡백과 입맛 나게 뽐내누나

등나무 지붕 호박잎 져서 둥그렇고

낙엽 지는 산 언덕에 밤송이 입 벌렸네

맨 국자로 걸러 뜬 술, 잔치 때에 비할쏘냐

시구(詩句) 하나 없어도 시골 이웃 정겨웁다

슬프고 안타깝다 쇠하고 병든 이 몸이

금빛 찬란 추석달도 마음에 걸리누나[1]

그동안 가정사에도 여러 가지 일이 있었다. 1821년 9월에 정약용의 이복형이자 맏형 정약현이 사망했다. 그는 이벽의 누이와 결혼하면서 이벽과 매부지간이 되었으며, 그의 딸은 황사영과 결혼했다.

정약용은 「선백씨(先伯氏) 정약현 묘지명」에 정약현을 기리며 다음과 같이 썼다. "신유년(1801년)의 화란에 우리 형제 세 사람이 모두 기괴한 화란에 걸려들어 한 사람은 죽고(약종), 두 사람(약전·약용)은 귀양 가버렸으나 공은 횡댕그렇하게 물의 가운데 들어가지 않고 우리 가문을 보호하고 우리 집안 제사를 이어갔는데 한세상에서 공공연히 칭송하여 어려운 일이라고들 하였다. 그러나 하나의 목숨을 어찌지 못하여 마침내 초췌하게 죽어갔으니 오호, 슬프도다."[2]

정약용의 큰아들 학연은 1807년에 아들 대림을 낳았다. 정약용의 장손이다. 정약용이 사망한 뒤, 1855년(철종 6년) 식년시에 합격하여 진사가 되었고, 연천현감 등을 지냈다. 둘째 아들 학유는 뒷날 「농가월령가」

를 짓고,『시경(詩經)』에 나오는 생물명을 정리한『시명다식(詩名多識)』등 저술을 남겼다.

정약용은 노령에도 시 짓기와 저술에 대한 보완작업을 멈추지 않았다. 60살에『사대고례산보(事大考例刪補)』와『역학서언(易學緒言)』을 마무리하고, 73살에는『상서고훈수략(尙書古訓蒐略)』과『상서지원록(尙書知遠錄)』을 수정하여『상서고훈(尙書古訓)』으로 합편하고,『매씨서평』을 개정했다.

이즈음 정세를 보면, 1833년(순조 33년) 3월에 서울에서 쌀 폭동이 일어나고, 1836년(헌종 2년) 1월에 프랑스 신부 모방(Maubant)이 의주를 거쳐 서울에 밀입국했다. 이에 앞서 1827년에는 전라·경상·충청에서 천주교 신자 수백 명이 체포되었다.

그러던 1836년 2월 22일, 조선에서 큰 별이 떨어졌다. 오전 7~9시, 남양주 마재의 여유당에서 정약용이 75살로 눈을 감은 것이다. 우연하게도 부인 풍산 홍씨와 결혼한 지 60주년이 되는 회혼일이었다. 그는 눈을 감기 3일 전에 〈회근시〉를 지었다.

60년이 풍륜처럼 돌고 돌아 눈앞에 번득이고

복숭아꽃 곱게 피던 봄철의 신혼 같네

생이별 죽어 이별 늙기를 재촉터니

슬픔 짧고 기쁨 기니 임금님 은덕인가

결혼하던 이날 밤 사랑 얘기 다시 좋고

첫날밤 장옷에 쓴 글씨 아직 남았어라

갈라지고 다시 만남 나의 숙명이던가

다산 정약용 부부의 묘.

합근잔 들고 나서 자손에게 물려주리[3]

정약용은 회갑을 맞은 해(1822)에 자신의 사후 상제(喪祭)에 대해 쓴
「유명(遺命)」이라는 글을 자식들에게 남겼다. 여기에는 입관 절차, 장례
절차, 묘소, 묘비 등이 상세히 기록되어 있었다. "두 아들 학연과 학유는
아버지 유언의 명령대로 장례를 치렀다. 다산은 벼슬이 통정대부였으니
대부의 예에 따라 사망 3개월째인 4월 1일, 살던 집의 뒷산의 유산(酉山)
의 자(子)의 방향, 즉 남쪽을 향해, 자신이 점지해두었던 곳에 장사지내
졌다."[4]

정약용의 현손인 정규영(丁奎英, 1872~1927)은 1922년에 완성한 「사암
선생연보」에서 다산 정약용의 생애와 업적을 다음과 같이 요약·정리했
다.

아! 공(다산)은 처음에 거룩한 임금을 만나 정조 대왕을 가까이 모시면서 경전을 토의하고 학문을 강론하며 먼저 그 바탕을 세우고, 중년에 상고(上古)의 성인들을 경적(經籍)에서 사숙(私淑)하여 아무리 심오한 것도 연찬하지 않은 것이 없고, 아무리 높은 것도 우러르지 않은 것이 없다. 만년에는 대월(對越: 침묵·묵상)의 공부와 착한 일과 잘못한 일을 숫자로 세어가며 착한 일의 숫자가 많아지게 하는 행실의 공부에 엄한 태도를 지녔다. (…) 이미 경지에 도달했다고 해서 대단한 체하지도 않았고, 이미 노년에 이르렀다고 해서 조금도 해이하지 않았으니, 아! 지극한 덕행(德行)과 성대(盛大)한 학문이 아닌가![5]

죽은 뒤에 누명을 벗다

정약용이 사망한 지 46년이 지난 1882년에 고종은 내각에 지시하여 『여유당전서』를 전부 필사하여 내각에 보관하도록 했다. 순종은 1910년 7월 18일에 정약용을 '정헌대부(正憲大夫) 규장각 제학(정2품)'에 추증한 데 이어 '문도(文度)'라는 시호를 내렸다. 정부가 추증과 시호를 내림으로써 사후이지만 그에게 씌워졌던 누명을 공식적으로 벗게 되었다. 그러나 정약용의 사후에도 오랫동안 그의 유고를 연구하거나 평가하는 일은 제대로 이루어지지 않았다.

이제 우리는 정약용 세계관이 대중화 기회를 얻지 못했던 역사적 원인을 간단히 해명할 차례이다. 정약용은 뛰어난 유학적 학식과 남다른 독창적인 재능을 가지고 있었다. 그의 유학에서의 독창성은 한국 유학의 최고봉으로 꼽히는 이황과 이이를 훨씬 능가하는 것으로 생각된다. 그럼에도 불구하고 그는 이들과는 달리 그가 한국 역사에 끼친 영향력과 명성은 미미한 것에 지나지 않는다. 이렇게 된 원인이 분명하게 해명되어야 한다.[6]

이황과 이이를 능가한다는 평가를 받을 만큼 훌륭한 정약용의 업적이 조명을 받지 못한 데에는 여러 가지 이유가 있을 것이다. 그와 뜻을 함께했던 남인 세력이 정치적으로 몰락하고, 노론 벽파가 구한말에 이어 국치(조선병탄)에 가담하면서 식민통치기에도 지배층의 한 축이 되었다. 그리고 한국 사회는 해방 후 급속한 서구문화에 편입되었다. 즉 "일제에 의한 조선 왕조의 패망과 우리의 문화적 전통에 대한 계승발전 노력이 배제된 채 서구적 모델에 따른 근대화의 추구"가 정약용의 업적이 제대로 조명받지 못하는 결정적인 이유일 것이다.[7]

그가 로마에서 태어났으면 레오나르도 다빈치, 독일에서 살았으면 괴테에 못지않았을 것이고, 영국이었다면 애덤 스미스가 미치지 못했을 터인데, 조선 500년 역사상 가장 반시대적 정파인 노론(벽파) 세력이 집권한 시대에 살면서 천재성을 제대로 발휘하지 못한 채 눈을 감고 말았다.

비슷한 시기였지만 욱일승천의 기세를 띤 영국과 서산낙일의 운명에 맡겨진 조선의 시대 상황 속에서 생존해야 했던 애덤 스미스와 다산 정약용의 삶의 형식과 내용은 퍽 대조적이었다. 영국이 앞에 있는 목적지를 향해 힘껏 달리는 말이었다면 스미스는 거기에 채찍을 가하는 기수(騎手)에 비유될 수 있고, 조선이 난파 직전의 위기에 몰린 배였다면 다산은 영광스러웠던

지난날을 회상하며 배 안의 감옥에 갇혀 있는 타수(舵手)에 비유될 수 있다.[8]

1925년 7월, 중남부 지방의 대홍수로 정약용의 고택 '여유당'이 떠내려갔다. 다행히 정약용의 현손인 정규영이 다산의 유고를 유실될 위기에서 구해냄으로써 정약용의 유산은 보존될 수 있었다.

정약용의 저술이 세상에 널리 알려지게 된 것은 한말의 언론인 장지연의 ≪황성신문(皇城新聞)≫ 1899년 4월 17일 자와 18일 자에 실린 「아국(我國)의 경제학 선생 정다산 약용 씨의 소술한 바를 적요하노라」라는 논설에 의해서였다. 이 논설은 정약용의 『여유당집』을 읽고, 다산이 효종의 대동법 개혁, 영조의 노비법·군포법·한림천법·균역법 개혁을 들면서 부국강병을 도모하여 국정 전반을 개혁해야 한다고 주장한 부분을 요약·해석한 것이다.

이어서 같은 신문 1899년 8월 3일 자와 4일 자에 「대한 경제 선생 다산 정약용 씨의 소찬한 수령고속법(守令考績法)을 좌에 명기하노라」라는 논설을 2회에 걸쳐 실었는데, 다산 정약용의 『목민심서』의 서문과 목차, 내용 등의 일부를 소개한 것이었다.[9]

이보다 앞서 가장 먼저 정약용의 저술에 관심을 보인 사람은 매천 황현이다. 황현은 자신의 책 『매천야록』에 "다산이 저술한 책들은 하나도 간행된 것이 없고 개별적으로 서로 베껴 써서 책에 따라 각기 흘러다니고 있다. 『흠흠신서』, 『목민심서』의 경우 더욱 지방행정과 형사소송에 절실한 내용이기 때문에 비록 당론이 다른 가문의 사람이라도 보배로 간직하지 않은 사람이 없었다"[10]라고 썼다.

정약용 서거 100주년을 앞두고 1934년이 되어서야 언론인 정인보와

≪황성신문≫ 1899년 4월 17일 자(대한민국역사박물관).

안재홍이 다산의 모든 저서를 간행해야 한다고 제기하면서 다산에 대한 본격적인 연구가 시작되었다. 이에 따라 1938년 신조선사에서 두 사람의 교열로 『여유당전서』 76책이 간행되고, 1939년에는 최익한이 신문에 연재했던 글을 보완해서 '다산학'에 대해 본격 연구한 『여유당전서를 독함』이라는 단행본을 간행함으로써 다산에 대한 연구에 크게 기여했다.

미처 캐지 못한 광맥

다산 정약용의 책은 어느 책 어느 쪽을 펼쳐도 금빛이 나고 생동감이 넘치는 경세의 문장이다. 500여 개에 이르는 책의 이정표를 찾아다녀도 늘 새롭고 낯선 길이다. 그러다 보니 수많은 광맥을 그냥 차밭[茶山]으로만 알고 스쳐 지난 것 같다. 그래도 오랫동안 차밭을 나름 열심히 돌아다닌 아쉬움을 덜고자 광맥에서 주운 몇 대목을 소개한다.

먼저, 유배지에서 아들 정학연에게 쓴 「두 개의 저울」보다 더 '사회정의론'을 잘 논술한 글이 있을까 싶다.

> 천하에는 두 가지 큰 저울이 있다. 하나는 시비(是非)의 저울이고, 하나는 이해(利害)의 저울이다. 이 두 가지 큰 저울에서 네 가지 큰 등급이 생겨난다. 옳은 것을 지켜 이로움을 얻는 것이 가장 으뜸이다. 다음은 옳은 것을 지키려다 해로움을 입는 것이다. 그다음은 그릇됨을 따라가서 이로움을 얻는 것이다. 가장 낮은 것은 그릇됨을 따르다가 해로움을 불러들이는 것이다.[11]

그가 500여 권의 책을 쓰면서 한글로는 시 한 편도 쓰지 않았으나, 우리말의 가치를 살리고자 무진 애를 쓴 점은 높이 평가할 수 있다.

> 다산은 우리 속담의 가치를 높이 평가하여 『이담속찬(耳談續纂)』을 편찬할 만큼 백성의 언어와 삶에 관심이 많았다. 그의 시에는 우리말을 사용한 것이 여럿 있다. 「탐진어가(耽津漁歌)」에서 '높새바람'을 한자로 표현하기 위해 '높다'와 '새', '바람'을 합쳐 '고조풍(高鳥風)'이라고 하였다. 이 밖에도

'흰 파도'를 '까치파도[작루(鵲漊)]'로, '보릿고개'를 '맥령(麥嶺)'으로, '새색시'를 '아가(兒歌)'로, '마파람'을 '마아풍(馬兒風)'으로 쓰는 등 비록 한자지만 우리말을 살려 쓰려고 애썼다.[12]

정약용의 얼굴은 어떻게 생겼고 몸집은 어떠했을까? 월전 장우성이 그린 표준 영정 등 근엄하게 생긴 초상화가 있지만 어디까지나 초상화일 뿐이다. 일제강점기에 정약용을 처음으로 본격 연구하기 시작한 최익한은 정약용을 다음과 같이 그린다.

신빙할 만한 전언에 의하면 선생은 체구가 중인(中人) 이상으로 장대하였다고 한다. 「자찬묘지명」에는 "어려서 매우 영리하여 자못 문자를 알았다"라 하였을 뿐이고 강진 유배 중에 지은 「칠회(七懷)」시 중 「조카를 생각하며」에 "체구는 나를 닮아 건장하려무나"라 하였으나, 이것을 보면 선생의 장대(長大)는 전언(前言)과 상합한 것이다.

선생이 지은 「선중씨(先仲氏) (若銓) 묘지명」 중에 정조가 일찍이 약전을 보고 형의 준위(俊偉)가 동생의 무미(斌媚)보다 낫다고 하였으니, 이것을 보면 선생은 구간(軀幹)이 석대(碩大)한 데다가 자태가 거칠지 않고 아름다웠던 것을 족히 알 수 있다.[13]

'구간(軀幹)'은 '몸통'을 말하고, '석대(碩大)'하다는 것은 '몸집이 굵고 크다'라는 뜻이다. 즉, 이런 자료들을 볼 때 정약용의 체구는 꽤 컸던 것으로 보인다.

정약용을 연구한 또 다른 이는 정약용을 이렇게 묘사했다.

다산 정약용(1762~1836)의 몸집과 풍채에 대해서는 별로 알려져 있지 않다. 단지 몇몇 자료로 어림짐작해본다면, 그는 몸집이 큼직한 데다가 자태가 거칠지 않고 아름다웠음을 알 수 있다. 그는 어렸을 때 마마를 앓기는 했으나 곱게 지나가 얼굴에 한 점 흔적이 없고 다만 눈썹 부위에 손티로 인하여 눈썹이 조금 갈라졌다고 한다. 그래서 스스로 눈썹 세 개 달린 사람, 곧 삼미자(三眉子)라 일컬었다.[14]

'손티'는 '약간 곱게 얽은 얼굴의 마맛자국'을 일컫는다.

자기를 알아주던 채제공과 정조 그리고 이벽과 둘째 형 정약전마저 세상을 등지면서 정약용은 살아야 할 이유를 찾기 어려웠다. 그래서 "백세 후 나를 알아주는 사람을 기다리고자" 사암(俟庵)이라 아호를 짓고 글 쓰는 일에 신명을 바쳤다. 지기(知己)들은 모두 가고 그나마 책이라도 전할 사람은 두 아들뿐이었다.

나는 천지 사이에 외로이 서 있다. 여기에서 의지하고 생명으로 삼고 있는 것은 오직 문필이다. 너희들이 만약 글을 읽으려고 하지 않는다면 나의 저서는 쓸데없을 것이고 나의 저서가 쓸데없으면 나는 이것을 애써 지을 필요가 없으며 앞으로는 사색을 멈추고 멍청이처럼 앉아 있을 것이다. 그러면 나는 단 열흘을 못가서 병이 날 것이며 병이 나면 그것을 고칠 약은 아무 데도 없을 것이다. 그러니 너희들이 글을 읽고 따라서 나의 저서를 읽어준다는 것은 곧 나의 생명을 살리는 것이 아니냐? 너희들은 생각하고 또 생각해 보아라.[15]

정다산의 절규

앞에서도 말했듯이 정약용은 "시대를 아파하고 세속에 분개하지 않
는 시는 시가 아니"라고 강조했다. 나라를 이끌어가는 위정자들의 당파
싸움과 벼슬아치들의 부패로 백성들의 고통은 더욱 커지고 있는데, 대
책이 없다는 것에 절망하고 절규하며 쓴 다산의 시 몇 구절을 소개한다.

삼경 지나 담 머리에 달은 지는데
어두운 죽란 뜰에 풀벌레도 울며 샌다(〈죽란시사〉)

산하는 옹색하여 3천 리도 못 되건만
당파싸움 풍우 속에 2백 년을 넘기누나(〈유흥(遺興)〉)

백 년 두고 조야 정객 정론이 없고
천리강산 백성들은 슬픈 노래뿐(〈증오우국진(贈吳友國鎭)〉)

수영 앞 아전놈은 두둑이 뇌물 먹고
대낮에 연못가에 취해서 누워 자네 (〈고시(古詩)〉)

들에는 푸른 풀 포기도 하나 없는 적지(赤地) 천 리인데
유랑민은 길바닥에 가득 메워서 가엾어 눈 뜨고는 못 볼
지경이지만 나라 정치 이를 봐도 대책이 없구나(〈전간기사서(田間紀事
序)〉)[16]

마무리하며

연구가들의 평가와 선생의 당부 말씀

감당하기 어려운 탐방길이었다. 다행히 선학들의 다방면에 걸친 연구(둘레길)가 있어서 그나마 한 바퀴를 돌아볼 수 있었다. 깊숙한 광맥을 보지 못하고, 그래서 놓친 부분이 적지 않다. 끝이 보이지 않는 광대무변이라 계속하여 탐방자가 나오길 기대한다.

그냥 마무리하기가 서운하여 전문 연구가들의 촌평을 찾아 부족한 부분을 면하고자 몇 편을 골랐다. 말이 '촌평'이지, 역시 '고수'들이라 천금의 무게를 지니는 논평이다.

"정약용은 재주와 학문이 일반 사람에 비해 뛰어나 역사·백가·천문·지리·의약 등의 서적을 두루 통달했으며, 13경에 대해 밝혀놓은 자신의 학설이 있다. 그가 저술한 책이 집에 가득 차 있는데, 가령 『흠흠신서』 『목민심서』는 옥사를 다스리고 백성을 다스리는 일을 맡은 사람들을 위해 유용한 글이다. 추사 김정희와 비교해도 재주가 높고 실학이 뛰어날뿐더러 우리나라 근세에 제1인자일 뿐 아니라, 중국에서도 기효람, 원운대의 아래에 세우면 불만일 것이다."[1]

"한마디로 그의 생애는 보수적 도학의 전통의식과 부패한 세도정치의 그늘 속에서 만년에 이르도록까지 불우하였지만, 그의 사후 그의 사상은 더욱 밝게 빛나며 우리 시대가 부딪히고 있는 끝없이 많은 문제들에 대해 풍부한 지혜로 조명해주는 사실을 확인할 수 있다. 그의 사후 19세기 말 고종의 관심과 높은 평가를 받으면서 그의 학문과 사상은 다시 세상에 빛을 내게 되었다. 20세기 초 박은식·장지연 등 계몽사상가에도 영향을 주었으며, 그가 세상을 떠난 지 100주년이 되는 1936년 그를 재평가하면서 실학사상을 민족사상과 근대사상의 발단으로서 본격적으로 재발견하게 되었다."[2]

그러면 다산이 꿈꾸고 그린 새로운 나라는 어떤 나라였을까?

"그의 의견에 따르면 그것은 정치적으로는 인민의 평등 권리에 기초한 민주제도며 경제적으로는 재산 균등과 노동 균등에 기초하여 착취와 피착취가 없는 행복한 인민 생활이었다. 이 점들에서 다산의 「원목(原牧)」, 「탕론(湯論)」 등 민권론은 루소의 사회계약설과 서로 통하였으며 또 「전론(田論)」 7장에 표시한 만민개로(萬民皆勞)의 이념은 생시몽의 '제네바 서한'에 접근하였다. 그리하여 다산이 이상한 새 사회는 소박한 부르주아지 민주주의와 공상적 공산사상을 포함한 것이다. 이와 같은 사상은 당시 반봉건적 사상계에서 실로 거대한 역할을 담당할 수 있었다."[3]

"오호 다산! 그는 실로 무(武)의 이충무공과 겸칭할 문(文)의 제1인자이요, 그 일신의 조제(遭際)에서 조선민의 운명을 반영하였다고 하겠다."[4]

"다산 정약용 선생은 근세 조선의 유일한 정법가(政法家)이다. 아니 상하 오백 년에 다시 그 쌍(雙)이 적다 하여도 과언이 아니다. (…) 선생 일인에 대한 고구(考究)는 곧 조선사(朝鮮史)의 연구요 조선 근세사상의 연구요 조선 심혼(朝鮮心魂)의 명예(明翳) 내지 전(全) 조선성쇠존멸(朝鮮盛衰存滅)에 대한 연구이다."[5]

"많은 연구자들의 노력을 통해 잘 알려진 것처럼, 다산의 철학 체계에는 여러 갈래의 사상적 경향들이 녹아들어 있습니다. 서학, 고대 유학, 훈고학, 양명학, 고증학, 일본 고학(古學), 퇴계 혹은 성호 학풍, 그리고 심지어는 다산 자신이 그토록 강하게 비판했던 주자학적 요소까지. 다산의 탁월한 안목은 이런 다양한 관점들을 자신만의 고유한 철학 체계 속에서 하나로 융합시킨 데서 빛을 발합니다. 나는 다산의 진정한 위대함이 바로 여기에 있다고 생각합니다. 그는 당대의 주요한 사상적 경향들을 비판적으로 숙고하면서 자신만의 고유한 자리를 만들었기 때문입니다. 마치 서양에서 칸트나 헤겔이 위대한 종합의 천재이면서 동시에 자신만의 고유한 철학사적 지위를 가진 것처럼 말입니다. 다산 당시의 중국과 일본, 어느 곳을 살펴보더라도 다산 정약용에 견줄 만한 수준 높은 학자들을 찾아보기 어려운 것도 바로 이

때문일 것입니다."[6]

"다산은 한국 문화, 사상의 바다다. 스물둘 약관의 나이로 출세, 옥당(玉堂)에 들어 정조 임금과 경세제민(經世濟民)을 도모하고 암행어사로 목민(牧民)의 현장을 두루 살폈던 다산은 마흔 살 때 땅끝 강진 앞바다에 유배돼 내던져졌다. 불혹의 나이에 쓸쓸한 바다에 갇힌 다산은 이후 죽을 때까지 35년간 동양고전을 주체적으로 해석하고 현실 개선책을 연구하고 시를 지었다. 이렇게 지은 한 수레의 책은 한국, 나아가 세계 사상, 문화 전반의 바다를 이뤘다. 그 바다는 언제나 새롭게 파도치며 오늘의 이 답답한 정치, 사회, 문화 전반을 확 터진 안목으로 조망하고 개혁할 수 있는 혜안을 던져주고 있다."[7]

"다산 없는 제자나 제자 없는 다산은 어느 경우든 상상하기 어렵다. 다산은 초당 정착 초기 정약전에게 보낸 편지에서 제자들에 대해 "양미간에 잡털이 무성하고, 온몸에 뒤집어쓴 것은 온통 쇠잔한 기운뿐"이며, 발을 묶어놓은 꿩과 같아 "쪼아먹으라고 권해도 쪼지 않고 머리를 눌러 억지로 곡식 낱알에 대주어서 주둥이와 낱알이 서로 닿게 해주어도 끝내 쪼지 못하는 자들"이라고까지 말했다. 도대체 다산은 그들을 어떻게 가르쳐서 조선 학술사에서 달리 유례가 없는 놀라운 학술집단으로 단기간에 변모시켰을까?"[8]

"다산은 전 생애를 통해서 이 병들고 썩은 세상을 치유하기 위해 온갖 방책을 강구하는 500여 권의 방대한 저술을 남겼다. 현실에 활용하면 부패와 타락을 막을 수 있다고 생각되는 개혁안을 마련해두었으니, 그게 바로 다산의 개혁사상이요 실학사상이다. 공렴한 공직자들이라면 바로 그 일을 해낼 수 있다고 믿었다.

　통찰력이 예리한 목민관으로서 다산은 인권과 사회 보장의 선진적인 조치들을 강구했다. 그야말로 과거에 급제한 뒤 마음속으로 다짐했던 공직자로서의 '공렴(公廉)', 즉 공정·공평한 행정을 위해 청렴 정신을 최대한으로 발휘한 목민관이었다. 그의 지행일치는 평생을 관통하는 행동 철학이었다. '몸소 행하여 증명해야 드러나고 빛나게 된다오'(「자찬묘지명」). 실천에 옮기는 행동만이 학문의 근본 목적이라던 그의 철학은 쉼 없이 이어지고 있다."[9]

　다음의 글 두 편은 다산 정약용이 사대부(지식인)들과 자식(후생)들에게 당부한 말이다. 200여 년의 세월이 지났음에도 가슴에 와 닿는다.

　사대부의 마음가짐이란 광풍제월(光風霽月)과 같도록 털끝만큼도 가리운 곳이 없어야 한다. 무릇 하늘이나 사람에게 조금이라도 부끄러운 것을 흔연히 저지르지 않는다면 저절로 마음이 넓어지고 몸에 안정감이 나타나 호연지기가 저절로 우러나오는 것이다. (…)

　내가 벼슬살이를 하지 못하여 전원조차 너희들에게 물려주지 못하니 다만 두 글자를 부적(神符)처럼 마음에 지니어 잘 살고 가난을 벗어날 수 있도록, 너희들에게 물려 준다. (…) 한 글자는 '근 자(勤字)'이고 또 한 글자는 '검 자(儉字)'이다. 이 두 글자는 좋은 밭이나 기름진 땅보다도 나은 것이니, 일생 동안 쓰고 써도 다 못 쓰는 것이니라.[10]

주(註)

책머리에

1) 마이클 J. 겔브, 공경희 역, 『레오나르도 다빈치처럼 생각하기』, 대산출판사, 2000, 24~25쪽.

2) 최익한, 송찬섭 엮음, 『여유당전서를 독함』, 서해문집, 2016, 97쪽.

3) 위의 책, 98쪽.

4) 「탄생 250주년, 다산을 말한다」, ≪경향신문≫, 2012년 5월 16일 자.

캄캄한 시대에 뜬 별

1) 정약용, 박석무·정해렴 편역주, 『다산시정선(상)』, 현대실학사, 2001a, 35~36쪽.

2) 금장태, 『실천적 이론가 정약용』, 이끌리오, 2005a, 24~25쪽.

3) 최익한, 『실학파와 정다산』, 청년사, 1989, 498쪽.

4) 박석무, 『다산 정약용 평전』, 민음사, 2014, 92쪽.

호학군주 정조 즉위로 출셋길 열려

1) 박현규, 『정조와 채제공 그리고 정약용』, 김영사, 2019, 5쪽.

2) 금장태, 앞의 책, 2005a, 33쪽.

3) 김석형, 「다산 정약용의 생애와 활동」, 북한 과학원 철학연구소 편, 『정다산 연구』, 한마당, 1989, 13쪽.

4) 문화체육관광부 국가전자도서관, '전운옥편(全韻玉編)'. https://www.dlibrary.go.kr/content/viewDetail.do?ndl_bib_no=19060739.

5) 정약용, 심경호 외, 『여유당전서―시문집(시) 1권』, 한국인문고전연구소.

6) 최익한, 앞의 책, 1989, 110쪽.

7) 이덕일, 『정약용과 그의 형제들⑴』, 김영사, 2004a, 69쪽.

8) 위의 책, 64쪽.

9) 금장태, 앞의 책, 2005a, 46쪽.

10) 위의 책, 46~47쪽.

11) 정약용, 앞의 책, 2001a, 57쪽.

영예와 굴곡진 행로

1) 최익한, 앞의 책, 1989, 219쪽.

2) 고미숙, 『두 개의 별 두 개의 지도: 다산과 연암 라이벌 평전 1탄』, 북드라망, 2013, 134~135쪽.

3) 이건창, 『당의통략』 원론(原論).

4) 정약용, 박석무·정해렴 편역, 『다산논설선집』, 현대실학사, 1996, 266~269쪽.

5) 이덕일, 앞의 책, 2004a, 83쪽.

6) 금장태, 앞의 책, 2005a, 71쪽.

7) 정조, 「문학론」, 『일득록(日得錄)』, 724쪽.

8) 이가환, 「금대전책(錦帶殿策)」; 김상홍, 『다산학 연구』, 계명문화사, 1990, 153쪽, 재인용.

9) 정조, 앞의 책, 724쪽.

10) 정약용, 앞의 책, 1996, 263~264쪽.

11) 박석무, 앞의 책, 154쪽.

12) 위의 책, 123쪽.

13) 고승제, 『다산을 찾아서』, 중앙일보사, 1995, 408~409쪽.

촉망받는 인재로 성장

1) 금장태, 앞의 책, 2005a, 107~108쪽.

2) 샤를 달레, 안응렬·최석우 옮김, 『한국천주교회사(상)』, 한국교회사연구소, 1980, 301쪽.

3) 위의 책, 300~302쪽.

4) 금장태, 앞의 책, 2005a, 119쪽.

5) 위의 책, 116쪽.

6) 정민, 『파란(1)』, 천년의상상, 2019, 120쪽.

7) 《동아일보》, 2013년 7월 29일 자.

8) 위와 같음.

9) 도널드 베이커, 김세윤 역, 『조선 후기 유교와 천주교의 대립』, 일조각, 1997, 290~291쪽.

10) 금장태, 앞의 책, 2005a, 136쪽.

밀려오는 먹구름

1) 박영규, 앞의 책, 7쪽.

2) 정약용, 앞의 책, 2001a, 247~248쪽.

3) 김태희 외, 『다산, 공직자에게 말하다: 새로운 사회를 열망했던 다신이 꿈꾼 나라』, 실학박물관, 2019, 137~140쪽.

4) 정옥자, 『정조의 수상록 일득록 연구』, 일지사, 2000, 11쪽.

5) 박영규, 앞의 책, 346~347쪽.

6) 위의 책, 356쪽.

폐족의 위기 속에서

1) 성기옥, 『조선 후기 지식인의 일상과 문화』, 이화여자대학교 출판부, 2007, 63쪽.

2) 김옥희, 『광암 이벽의 서학사상』, 가톨릭출판사, 1979, 29쪽.

3) 박석무, 앞의 책, 297쪽, 재인용.

4) 김삼웅, 『곡필로 본 해방 50년』, 한울, 1995, 24쪽.

5) 금장태, 앞의 책, 2005a, 177쪽.

고난의 길, 역사의 길

1) 이주한,『노론 300년 권력의 비밀』, 역사의 아침, 2011, 뒤표지.

2) 김삼웅,『금서―금서의 사상사』, 백산서당, 1987, 18~19쪽.

3) 정민,『삶을 바꾼 만남: 스승 정약용과 제자 황상』, 문학동네, 2011a, 2쪽.

4) 정약용, 박석무 편역,『유배지에서 보낸 편지』(개정판), 창비, 2001b, 6쪽.

5) 박지원, 김명호 편역,『지금 조선의 시를 쓰라』, 돌베개, 2007, 131쪽.

6) 박석무, 앞의 책, 발췌.

후세에 남을 전술에 매진

1) 박석무, 앞의 책, 416쪽.

2) 이덕일,『정약용과 그의 형제들(2)』, 김영사, 2004b, 162쪽.

3) 정약용, 앞의 책, 2001b, 138쪽.

4) 정약용, 앞의 책, 2001a, 104~105쪽.

5) 정약용, 박석무·정해렴 편역주,『다산시정선(하)』, 현대실학사, 2001c, 449쪽.

6) 정약용·정약전, 정해렴 편역주,『다산서간정선』, 현대실학사, 2002, 77~78쪽.

7) 위의 책, 136쪽.

8) 박석무, 앞의 책, 444~445쪽.

9) 정약용, 앞의 책, 2001a, 346~347쪽.

다산초당에 몸을 맡기고

1) 금장태, 앞의 책, 2005a, 183~184쪽.

2) 윤동환,『삶 따라 자취 따라 다산 정약용』, 다산기념사업회, 2004, 228~230쪽.

3) 정약용, 앞의 책, 2001a, 583~584쪽.

4) 정약용, 앞의 책, 2001c, 519쪽.

5) 정약용·정약전, 앞의 책, 213~215쪽.

6) 김상홍, 『다산문학의 재조명』, 단국대학교 출판부, 2004, 174쪽.

7) 정약용, 앞의 책, 2001c, 발췌 인용.

다산초당 시절

1) 정민, 『새로 쓰는 조선의 차 문화』, 김영사, 2011b, 140쪽.

2) 위의 책, 142쪽.

3) 이성우, 『한국식품문화사』, 교문사, 1990, 255~256쪽.

4) 정민, 앞의 책, 2011b, 14쪽.

5) 윤동환, 앞의 책, 234~235쪽.

6) 정민, 앞의 책, 2011b, 15쪽.

7) 윤동환, 앞의 책, 234쪽.

8) 김상홍, 『아버지 다산』, 글항아리, 2010, 143~145쪽.

9) 위의 책, 150쪽.

10) 박석무, 앞의 책, 477~478쪽.

11) 위의 책, 479쪽.

12) 정약용, 앞의 책, 2001c, 536쪽.

13) 박석무, 앞의 책, 476쪽.

14) 정약용, 앞의 책, 2001c, 643쪽.

15) 유홍준, 『나의 문화유산 답사기(1)』, 창비, 1993, 50쪽.

16) 위의 책, 50~52쪽.

17) 위의 책, 52쪽.

18) 르네 지라드, 김진석 역, 『희생양』, 민음사, 1898, 뒤표지.

19) 정약용, 앞의 책, 2001b, 127~128쪽.

20) 금장태, 『다산 정약용: 유학과 서학의 종합자』, 살림, 2005b, 159~160쪽.

21) 정약용·정약전, 앞의 책, 219쪽.

22) 정약용, 앞의 책, 2001c, 494~497쪽.

23) 위의 책, 588쪽.

민족사의 명저들을 집필하며

1) 금장태, 앞의 책, 2005b, 18쪽.

2) 최익한, 앞의 책, 2016, 82~83쪽.

3) 윤동환, 앞의 책, 373~374쪽.

4) 최익한, 『실학파와 정다산』, 국립출판사(평양), 1955, 460~461쪽.

5) 김영호, 「다산학 연구서설: 다산실학에 대한 연구성과와 그 문제점」, 《다산학보》, 제9권, 다산학연구원, 1987.

6) 정약용, 박석무·정해렴 역주, 『역주 흠흠신서(1)』, 현대실학사, 1999, 4쪽.

7) 위의 책, 20쪽.

8) 정약용, 앞의 책, 1999, 저자 서문.

9) 위와 같음.

10) 김상홍, 『다산의 꿈 목민심서』, 새문사, 2007, 16쪽.

11) 위의 책, 17쪽.

12) 위와 같음.

13) 이을호, 『다산의 목민사상과 공직자의 윤리』, KBS 한국방송공사사업단, 1990, 38쪽.

14) 위의 책, 40쪽.

15) 위의 책, 42~43쪽.

16) 정약용, 정해렴 역주, 「아방강역고 발문」, 『아방강역고』, 현대실학사, 2001d, 413~414쪽.

17) 위의 책, 5~6쪽, 재인용.

18) 위의 책, 3쪽.

정약전, 그리고 다산과 제자들

1) 이태원, 『현산어보를 찾아서(1)』, 청어람미디어, 2002, 338쪽.

2) 정약용·정약전, 앞의 책, 80쪽.

3) 박석무, 앞의 책, 379~380쪽.

4) 정약용, 앞의 책, 2001a, 62쪽.

5) 정약용, 박석무 편역, 『다산산문선』, 창비, 1993, 215쪽.

6) 윤동환, 앞의 책, 338~339쪽.

7) 금장태, 앞의 책, 2005b, 228쪽.

8) 북한 과학원 철학연구소 편, 앞의 책, 147쪽.

저술에 열정 쏟으며

1) 정민, 앞의 책, 2011a, 13쪽.

2) 정약용·이재의, 실시학사경학연구회 편역, 『다산과 문산의 인성논쟁』, 한길사, 1996, 17쪽.

3) 금장태, 앞의 책, 2005a, 277쪽.

4) 정약용·이재의, 앞의 책, 251쪽.

5) 위의 책, 35~36쪽.

6) 최익한, 앞의 책, 1989, 502쪽.

7) 금장태, 앞의 책, 2005a, 264쪽.

귀향, 새로운 시작

1) 정약용, 앞의 책, 2001c, 871쪽.

2) 차벽, 『다산의 후반생: 다산 정약용 유배와 노년의 자취를 찾아서』, 돌베개, 2010, 266~267쪽.

3) 정약용, 앞의 책, 2001c, 686쪽.

4) 정민, 앞의 책, 2011a, 360쪽.

5) 위의 책, 362쪽.

6) 위의 책, 370쪽.

7) 금장태, 앞의 책, 2005a, 268쪽.

8) 정약용, 임정기 역, 『다산시문집 제7권』(한국고전종합DB), 한국고전번역원, 1994.

9) 위와 같음.

10) 정약용, 앞의 책, 1993, 11쪽.

11) 위의 책, 62쪽.

12) 위의 책, 62~63쪽.

13) 정약용, 실시학사경학연구회 편역, 『다산과 대산·연천의 경학논쟁』, 한길사,
    2000, 28~29쪽.

14) 위의 책, 30~31쪽.

역사적인 쟁점들

1) 김지용, 「탕론」, 『다산의 시문(하)』, 명문당, 2002a, 900쪽.

2) 위의 책, 901쪽.

3) 위의 책, 901~902쪽.

4) 다블뤼, 『조선순교사비망기』; 최석우, 「정약용과 천주교의 관계」, 《다산학보》, 제
   5권, 다산학연구원, 67쪽, 재인용.

5) 최석우, 위의 글, 68쪽.

6) 위와 같음.

7) 김상홍, 앞의 책, 2004, 121~125쪽, 발췌.

8) 위의 책, 149쪽.

9) 금장태, 앞의 책, 2005b, 179~180쪽.

10) 김동욱, 「이씨 조선의 이방인 허균」, 《사상계》, 제68호, 1959, 181~182쪽.

11) 김열규·신동욱 편집, 정규복 해설, 『김만중 연구』, 새문사, 1983, 4쪽.

12) 송재소, 『다산시연구』, 창작과비평사, 1986, 33쪽.

13) 김상홍, 앞의 책, 2004, 323쪽.

14) 위의 책, 325쪽.

다양한 활동과 의외의 행적

1) 김지용, 『다산의 시문(상)』, 명문당, 2002b, 212~213쪽.

2) 차벽, 앞의 책, 346~347쪽.

3) 신동원, 『조선사람의 생로병사』, 한겨레신문사, 1999, 101쪽.

4) 위의 책, 101~102쪽.

5) 김지용, 앞의 책, 2002a, 937~938쪽.

6) 최종고, 『괴테와 다산, 통하다』, 추수밭, 2007, 244쪽.

7) 최인진 외, 『다산 정약용의 사진세계: 카메라 오브스쿠라의 흔적을 되살리다』, 연
   우, 2006, 5쪽, 재인용.

8) 문학사상사 편집부, 《문학사상》, 49호, 1976, 330~331쪽.

조선의 큰 별이 지다

1) 김지용, 앞의 책, 2002a, 537쪽.

2) 정약용, 앞의 책, 1993, 196쪽.

3) 김지용, 앞의 책, 2002a, 562~563쪽.

4) 박석무, 앞의 책, 570쪽.

5) 위의 책, 572쪽.

6) 차성환, 『글로벌 시대 정약용 세계관의 가능성과 한계』, 집문당, 2002, 232~233쪽.

7) 위의 책, 235쪽.

8) 박홍기, 『다산 정약용과 아담 스미스』, 백산서당, 2008, 67쪽.

9) 신용하, 「19세기 말 장지연의 다산 정약용의 발굴」, 《한국학보》, 제110집, 일지사,
   2003, 3쪽.

10) 박석무, 앞의 책, 582쪽, 재인용.

11) 정민, 『다산의 재발견』, 휴머니스트, 2011c, 458쪽.

12) 최성수 외, 「실학사상의 지평을 넓히다—정약용」, 『우리 역사의 주체적 인물 1』, 북피아, 2007, 19쪽.

13) 최익한, 앞의 책, 1989, 95~96쪽.

14) 신동원, 앞의 책, 101~102쪽.

15) 북한 과학원 철학연구소가 탄생 200주년 기념논문집으로 펴낸 『다산 정약용』의 표지에 실린 글.

16) 김지용, 앞의 책, 2002a, 뒤표지.

마무리하며

1) 홍한주, 『지수염필』.

2) 금장태, 앞의 책, 2005.

3) 최익한, 앞의 책, 1989.

4) 안재홍, 「다산 선생의 대경륜: 조선 건설의 총계획자」, 《조선일보》, 1935년.

5) 정인보, 「유일한 정법가 정약용 선생 서론」, 《동아일보》, 1934년 9월 10일 자.

6) 백민정, 『정약용의 철학』, 이학사, 2007.

7) 고승제, 앞의 책.

8) 정민, 앞의 책, 2011c.

9) 박석무, 앞의 책.

10) 정약용, 「또 두 아들에게 보여주는 가계(又示二子家誡)」.

지은이 **김삼웅**

독립운동사 및 친일반민족사 연구가로, 현재 신흥무관학교 기념사업회 공동대표를 맡고 있다. ≪대한매일신보≫(지금의 ≪서울신문≫) 주필을 거쳐 성균관대학교에서 정치문화론을 가르쳤으며, 4년여 동안 독립기념관장을 지냈다. 민주화운동관련자 명예회복 및 보상심의위원회 위원, 제주 4·3사건 희생자 진상규명 및 명예회복위원회 위원, 백범학술원 운영위원 등을 역임하고 친일반민족행위진상규명위원회 위원, 친일파재산환수위원회 자문위원, 국립대한민국임시정부기념관건립위원회 위원, 3·1운동·임시정부수립100주년 기념사업회 위원 등을 맡아 바른 역사 찾기에 부단히 노력하고 있다.

역사·언론 바로잡기와 민주화·통일운동에 큰 관심을 두고, 독립운동가와 민주화운동에 헌신한 인물의 평전 등 이 분야의 많은 저서를 집필했다. 주요 저서로 『한국필화사』, 『백범 김구 평전』, 『을사늑약 1905 그 끝나지 않은 백년』, 『단재 신채호 평전』, 『만해 한용운 평전』, 『안중근 평전』, 『이회영 평전』, 『노무현 평전』, 『김대중 평전』, 『안창호 평전』, 『빨치산 대장 홍범도 평전』, 『김근태 평전』, 『안두희, 그 죄를 어찌할까』, 『10대와 통하는 독립운동가 이야기』, 『몽양 여운형 평전』, 『우사 김규식 평전』, 『위당 정인보 평전』, 『김영삼 평전』, 『보재 이상설 평전』, 『의암 손병희 평전』, 『조소앙 평전』, 『백암 박은식 평전』, 『나는 박열이다』, 『박정희 평전』, 『신영복 평전』, 『현민 유진오 평전』, 『송건호 평전』, 『외솔 최현배 평전』, 『3·1 혁명과 임시정부』, 『장일순 평전』, 『의열단, 항일의 불꽃』, 『수운 최제우 평전』, 『꺼지지 않는 오월의 불꽃: 5·18 광주혈사』, 『운암 김성숙』, 『이승만 평전』, 『김재규 장군 평전』, 『우당 이회영 평전』, 『겨레의 노래 아리랑』(근간) 등이 있다.

다산 정약용 평전

1판 1쇄 인쇄　　2023년 3월 15일
1판 1쇄 발행　　2023년 3월 20일

지은이　김삼웅　**펴낸이**　조추자　**펴낸곳**　도서출판 두레
등 록　1978년 8월 17일 제1-101호
주 소　(04075)서울시 마포구 독막로 100 세방글로벌시티 603호
전 화　02)702-2119(영업), 02)703-8781(편집)　**팩스**　02)715-9420
이메일　dourei@chol.com　**블로그**　blog.naver.com/dourei
트위터　https://twitter.com/dourei_books　**인스타그램**　instagram.com/dourei_pub

글ⓒ김삼웅, 2023

ISBN　978-89-7443-155-6　03990